W0308172

Das große Lexikon der Vornamen

Ralf Pauli

Das große Lexikon der Vornamen

Alle Namen – ihre Herkunft und ihre Bedeutung

Cormoran

© 1999 by LiteraServe Verlagsservice GmbH, Hamburg
Lizenzausgabe für den Cormoran Verlag in der Verlagshaus Goethestraße GmbH & Co. KG
Alle Rechte vorbehalten
Einbandgestaltung: Tony Stone Associates GmbH, München (Foto);
Autor: Ralf Pauli, München
Redaktion und Produktion: LiteraServe Verlagsservice GmbH, Hamburg
Layout und Satz: Lucie Deinzer, Luhmühlen
Druck und Bindung: Graphischer Großbetrieb Pößneck
Printed in Germany

ISBN 3-517-09037-9

Einführung

Menschen prägen Namen, und Namen prägen Menschen. Diese Wechselbeziehung ist uns allgegenwärtig. Welche Gedanken kommen Ihnen bei bestimmten Namen in den Sinn? Denken Sie doch einmal an Ihre Freunde oder an Menschen, denen Sie lieber aus dem Weg gehen? Sind Menschen mit dem Namen *Alexander* tatsächlich alle so erfolgreich, wie der Satiriker Max Goldt behauptet? Soll man den Rat Wigalf Drostes befolgen und sich vor der Verschlagenheit aller *Olivers* in acht nehmen? Diese Eindrücke sind äußerst subjektiv.

Jeder schreibt sein individuelles Vornamenslexikon. Vielleicht können Sie, wenn Sie traurige Erfahrungen mit *Antonias* und *Heinrichs* gemacht haben, Menschen mit gleichlautenden Namen nicht mehr unvoreingenommen begegnen. Die Namen lösen sofort bestimmte Gefühle aus. Das kann sich ändern. Möglicherweise klären Sie Ihr Verhältnis zu diesem Menschen. Falls nicht, lernen Sie vielleicht jemanden mit gleichem Namen kennen und sehen den Vornamen allmählich wieder in einem anderen Licht.

Für dieses ganz persönliche Namensregister brauchen Sie ein Lexikon, das Ihnen hilft, Ihre Erfahrungen mit dem Wissen über unsere Vornamen zu verbinden. Dieser Aufgabe stellt sich dieses Buch.

Der Anlässe, um in diesem Werk zu schmökern, können viele sein. Vielleicht stellt sich Nachwuchs ein. Der hoffentlich freudig erwartete Neuling braucht einen Namen, denn: Jedes Kind hat einen Namen. Welchen soll Ihr Kind bekommen? Die richtige Entscheidung zu treffen fällt nicht immer leicht. Sicherlich kennen auch Sie Menschen, die mit Ihrem Vornamen unzufrieden sind. Dennoch: Die Wahl des geeigneten Vornamens soll keine Qual, sondern eine Lust sein. Um die Vielfalt der Wahlmöglichkeiten zu zeigen, können Sie in diesem Lexikon unter über 5000 Vornamen mit allen denkbaren Varianten stöbern und endlich fündig werden. Warten Sie also nicht bis zum Geburtstermin, ehe Sie den Namen wählen. Nehmen Sie sich schon vorher genügend Zeit, um keine überstürzten Entscheidungen treffen zu müssen. In der Regel haben Sie mindestens ein bis drei Monate nach der Geburt Zeit, um dem Standesamt den gewählten Vornamen mitzuteilen.

Wie dürfen Sie Ihr Kind nennen? Nicht alles ist möglich. Der gesetzliche Rahmen wird durch die Genehmigungspraxis der Standesämter bestimmt. Es gibt eindeutige Vorgaben, an die Sie sich halten müssen. Den Vornamen, den Sie wählen, trägt Ihr Kind ein Leben lang. Der Name ist ein wichtiges Persönlichkeitsmerkmal und kann nicht ohne Not verändert werden. Ein Name prägt die Entwicklung des Kindes. Zügeln Sie daher im Interesse des Kindes Ihren Hang zum Zeitgeist, denn nach einigen Jahren muß es wahrscheinlich Ihre Kapriolen einmal büßen.

Jeder Name, der vom Standesamt akzeptiert werden soll, muß als solcher erkennbar sein. Abgesehen von traditionellen Namen, ist es nicht möglich, Ihr Kind nach Ideen, Gegenständen und Werthaltungen zu bezeichnen. So können Sie Ihren Sohn, auch wenn Sie jahrelang in einer Männergruppe aktiv waren, nicht nach althochdeutschem Muster *Weinerlich*, *Eiferbold* oder *Immertreu* nennen. Ebensowenig können Sie als Kindsnamen eine Produktbezeichnung bzw. einen Markennamen oder den Namen Ihres heißgeliebten Urlaubsortes wählen.

Doch Ausnahmen sind freilich immer möglich, also fragen Sie rechtzeitig bei Ihrem Standesamt nach. Daß sich Hartnäckigkeit auszahlt (zumindest für die Eltern) belegt der Fall eines Mädchens *Bavaria*, die seit einigen Jahren unseren Globus um einen neuen Vornamen bereichert. In den 80er Jahren wurden beispielsweise als männliche Vornamen zugelassen: *Pumuckl*, *Winnetou* und *Momo*. Nicht zu vergessen die 1995 in München genehmigten Namen *Alaska* und *Ingwer*. Fraglich ist allerdings, ob Sie wie das Spice-Girl Mel B. eine amtliche Genehmigung für die Vornamen *Phoenix Chi* erhalten würden. Dieser unkonventionelle Name deutet auf eine weitere Grundregel der Namensgebung hin.

Aus dem Namen muß unbedingt das Geschlecht des Kindes hervorgehen. Wählen Sie Namen, die diese Bedingung nicht erfüllen, dann müssen Sie einen eindeutigen zweiten Vornamen hinzufügen. So ist in katholisch geprägten Ländern der Zusatzname Maria für Männer gebräuchlich. Eine weitere Regel für Standesbeamte besagt, daß Familiennamen nicht als Vornamen eingetragen werden dürfen.

Warum geben Sie Ihrem Kind nicht mehrere Vornamen? Die Zahl ist nicht begrenzt. Unter den zwei oder drei Vornamen kann sich Ihr Kind im Laufe der Jahre den ihm genehmen Namen aussuchen. Denn die Bedeutung von Namen hängt stark von konkreten Namensträgern ab. Der Klang von Namen erschließt sich also keineswegs über ferne prominente Namensträger oder die sprachgeschichtliche Bedeutung des Namens, sondern ist prinzipiell offen für eigene Erfahrungen.

Viele Vornamen sind religiösen Ursprungs. Obwohl dieses Lexikon weder althochdeutsches Wörterbuch noch Heiligenkalender sein will, bietet es Ihnen erste Hinweise über die religiöse Herkunft und Bedeutung Ihres Lieblingsnamens. Diese Angaben sollen den kulturgeschichtlichen Hintergrund der einzelnen Vornamen beleuchten. Dazu gehört auch, daß wegen der staatlichen Wiedervereinigung in Deutschland in angemessener Weise auf die Namensgebung in der ehemaligen DDR eingegangen wird. Es fehlt in diesem Lexikon also nicht an Beispielen und Bezügen auf die Situation in den nun auch nicht mehr ganz so neuen Ländern.

Gerade in Deutschland sind viele Vornamen germanischen Ursprungs. Wo immer möglich, wurden Bedeutung und Herkunft der altertümlichen Namen angeführt. Die wenigsten Eltern werden heute ihr Kind einen derartigen Namen geben. Dies liegt nicht zuletzt an der anmaßenden Sprachpolitik in der Zeit der nationalsozialistischen Herrschaft, die so manchen zuvor unverdächtigen Namen in Verruf gebracht hat.

Doch die angestaubt klingenden und abseitig anmutenden Namen sind nach wie vor eine kaum versiegende Quelle für zahlreiche Wortneuschöpfungen, Wiederbelebungen und andere „Zusammenbackungen" (Herbert Rosendorfer). Welche Ergebnisse stellt die Sprachwissenschaft bereit? In Deutschland kennen wir im wesentlichen zwei Personennamen: den Vornamen und den Familiennamen.

Die Familiennamen haben sich hierzulande erst im späten Mittelalter herausgebildet, zuvor gab es meist nur einen einzigen Namen, unter dem man bekannt war. Die älteren deutschen Personennamen bestehen aus zwei Teilen, die vergleichbar den indianischen Namen eine konkrete Bedeutung aufweisen. Diese sprachwissenschaftlich ergründbaren Inhalte sind mit der Zeit allerdings verblaßt. Der unsprüngliche Namenssinn blieb jedoch erhalten und meistens in einer Silbe des Namens erkennbar, obwohl sich durch die Jahrhunderte Veränderungen der Lautung und Rechtschreibung ergaben. So veränderte sich *Kuoni-rât* (kühn und Rat) zur modernen Form *Konrad*, deren ursprüngliche Bedeutung sich nicht auf den ersten Blick erschließt. Die germanischen Namen bestehen meistens aus zwei Bedeutungseinheiten, die für sich stehen. Es ist nicht sinnvoll, nun den Namen *Konrad* mit „kühner Ratgeber" in unsere Sprache der Gegenwart zu übersetzen. Im Lexikonteil finden Sie daher bei den mehrgliedrigen germanischen Namen die Bedeutungserklärungen einzeln nebeneinander.

Zu den Nebenformen der Vornamen zählen Kurz- und Koseformen, die durch den häufigen Gebrauch als eigenständige Formen gebraucht werden. Die Koseformen deutscher Vornamen werden auf dreierlei Weise gebildet.

In der ersten Variante werden die unbetonten Silben des Vornamens weggelassen (Kürzung aus einem Wortstamm). Auf diese Weise sind die Kurzformen *Bert* aus *Bertold* und *Hilde* aus *Hildegard* entstanden.

Die zweite Variante wertet die unbetonten Silben des Vornamens auf und tilgt die ursprünglich in der Vollform betonte Silbe weitgehend (Kürzung aus zwei Wortstämmen). So wurde aus *Bernhard* die Kurzform *Bernd* und aus *Gertraud* die Koseform *Gerda*.

In der dritten Variante wird die Kurzform mit neuen Silben kombiniert, so daß von Weiterbildungen, Neubildungen und Ableitungen gesprochen werden kann. Die Endungen können die geschlechtliche Zuordnung des Namens markieren. Bei den Endungen mit Vokalen (*-a, -i, -o*) gilt das *-o* als männlich (*Bruno*) und das *-a* als weiblich (*Berta*). Die Endung *-i* tritt wegen des Einflusses des Englischen in der Variante *-y* auf und ist grundsätzlich mehrdeutig. Sie kann eine Verkleinerungsform beschreiben (*Willi*) oder einen eigenständigen Namen bilden (*Rudi*). Die geschlechtliche Markierung läßt sich nur über die Grundform des Namens erschließen (*Rudi* von *Rudolf*).

Von den konsonantischen Endungen sind geläufig das *-l* und das *-z*. Das *-l* bzw. *-el* ist nicht geschlechtsspezifisch und markiert meistens eine landschaftlich übliche Koseform (*Hansel*, *Gretel*). Die Endungen *-le* und *-li* werden meistens nur im vertrautesten Kreis gebraucht und weisen einen deutlichen Dialektbezug auf. Die Endung *-s-* ist selten und auf das niederdeutsche Sprachgebiet beschränkt (*Gese* von *Gertrud*). Dort finden sich auch das verkleinernde *-k-* (*Alke* von *Adelheid*) und die *-ing*-Endung (*Henning* von *Heinrich*).

Neben den deutschen Endungen hielten viele ursprünglich fremde Formen Einzug in den Sprachgebrauch (*-in*, *-inus*, *-ina*, *-ine*).

Als besonders fruchtbar für die Herausbildung von Neben-, Kurz- und Koseformen wurden von der Sprachwissenschaft die Namen *Katharina* und *Johannes* benannt (Günther Drosdowski).

Auffällig sind die vielen Nebenformen bzw. Parallelformen, die manche Vornamen aufweisen. Dieses Lexikon versteckt diese Nebenformen nicht hinter einer maßgeblichen Grundform eines Vollnamens, sondern führt sie alle einzeln auf. Neben den Vollformen existieren gekürzte bzw. kontrahierte

Formen, die im lexikalischen Teil als Kurzform bezeichnet werden. Zum Teil sind diese Formen nicht als Kurzformen im Bewußtsein. Der Name *Thimo* wird von den meisten Sprechern nicht als Kurzform von *Thietmar* wahrgenommen. Die wenigen kurzen germanischen Namen sind meistens Beinamen, die auf die geographische Herkunft des Trägers verweisen, zum Beispiel der ursprünglich aus Hessen stammende *Hasso*. Diese germanischen Namen dominierten trotz der fortschreitenden Christianisierung im frühen Mittelalter (bis zum 12. Jahrhundert). Nur vereinzelt verbreiteten sich die Namen aus der Levante: aus den Sprachen Aramäisch bzw. Hebräisch. ferner aus den Sprachen Latein und Griechisch. Die Namen der Märtyrer, Heiligen und biblischen Gestalten wurden im 13. Jahrhundert populär, als sich der Brauch durchsetzte, Neugeborenen einen Heiligen oder eine Heilige als Namensparton bzw. -patronin zuzuweisen. Da einige Heilige germanische Namen trugen (*Bernhard*, *Wolfgang*, *Hedwig*, *Adelheid*), blieb dieses Erbe lebendig.

Nichtkirchliche Namen aus anderen Kulturkreisen hatten es schwerer. Bis auf einige Adelige oder Gelehrte nannte kaum jemand sein Kind *Augustus*, *Beatrix*, *Cornelia*, *Irene* oder *Julius*. Von der Reformationszeit bis zum Anfang des 19. Jahrhunderts häufte sich die Wahl mehrerer Vornamen. Der Name des Taufpaten oder anderer Familienangehöriger oder ein Heiligenname wurden oft hinzugefügt, nicht zuletzt, um durch die Länge der Namenskette die Bedeutung des Trägers zu unterstreichen. Das Zeitalter der Konfessionalisierung, also der Herausbildung der protestantischen Glaubensrichtung und der katholischen Gegenbewegung, brachte in der Folgezeit bis ins 18. Jahrhundert gleichzeitig etliche pietistische Neubildungen (*Gotthilf*, *Gottlob*) und eine Vermehrung der Heiligennamen hervor (*Alois*, *Alfons*).

Viele Vornamen können in Varianten geschrieben werden. Das lateinische *C* kann das *K* ersetzen, das *f* kommt an die Stelle des *ph,* und ab und an fällt das *h* im *th* weg. Eine Besonderheit ist die Endungsvariante bei althochdeutschen Namen. Die Formen *Meinhard* und *Meinhart* beispielsweise sind gleichermaßen gebräuchlich. Dies gilt auch für die Silben *-gund*, *-trud*, *-rad*. Die Ursache dieser Varianten ist kulturgeschichtlich zu erklären. Die Universitäten registrierten ihre Studenten in der Wissenschaftssprache Latein. So wurde beispielsweise aus *Meinhart* generell *Meinhardus*, bis die lateinische Endung im Laufe der Zeit weitgehend erodierte und beide Schreibweisen etabliert waren.

Dieses Buch legt Wert auf aktuelle Trends der Vornamensgebung. Die internationale Verflechtung der Namensgebung schreitet voran. Eltern können aus einem Namensschatz aus germanischen, althochdeutschen, biblischen, griechischen und lateinischen Namen wählen.

Schon immer unterlag die Wahl der Vornamen den Moden und der vorherrschenden kulturellen Orientierung. Die Kunst und Literatur verbreitete die in Romanen oder Opern vorkommenden Namen in ganz Europa. Beispielhaft dafür steht Bizets Oper *Carmen*. Noch vor zweihundert Jahren formte die deutsche Literatur die Vornamenswahl. Die Germanen- und Mittelaltersehnsucht, die Ritterromantik und die Welt der Sagen belebten Namen wie *Hermann*, *Adalbert*, *Adelheid* und *Siegfried*.

Man mag es bedauern, aber heute werden die Moden nicht mehr von literarischen Werken geprägt. Das Leitmedium unserer Zeit ist das Fernsehen. Diese Entwicklung wurde nun berücksichtigt. Das Lexikon enthält viele Namensträger aus dem Bereich der schillernden und schnellebigen Medienwelt (Fernsehen, Film, Popmusik).

Das Wissen über fremde Weltgegenden vermehrte die Zahl der Vornamen. Einst exotische Namen wurden geläufig und sind heute gesellschaftlich allgemein anerkannt. Beliebte fremde Vornamen anderer Sprachen wurden übernommen. Heute dienen vielen Mitteleuropäern die nordamerikanische Kultur und die dort herrschenden Gepflogenheiten als Vorbild. Nicht zu unterschätzen sind die politischen und gesellschaftlichen Bedingungen für die Verbreitung von Vornamen.

Nicht immer wurden die Namen von Einwanderern „eingedeutscht“. Man denke nur an die Nachfahren polnischer Einwanderer im Ruhrgebiet oder an die Minderheiten in Deutschland, die ihre überkommenen Vornamen weitergaben. Neben dieser Behauptung eigener Traditionen steht schon immer der Versuch, durch die Vornamenswahl nicht nur religiöse oder landsmannschaftliche, sondern dezidiert politische Loyalität zum Ausdruck zu bringen. Die Kinder werden so zu Bannerträgern des elterlichen Fanatismus bzw. Opportunismus. Nur so lassen sich die vielen *Horsts* und *Horstas* nach 1933 erklären, die den nationalsozialistischen Kult um den NSDAP-„Märtyrer“ Horst Wessel spiegeln.

Doch die Orientierung an Personen des öffentlichen Lebens bei der Wahl des Vornamens kann auch positiv sein. Der Name *Placido* ist im deutschen Sprachraum wohl vor allem wegen der herausragenden Leistungen des Tenors Placido Domingo bekannt geworden.

Gibt es objektivierbare Kriterien für die Vornamenswahl? Dem Verfasser des populären Vornamenklassikers Lutz Mackensen verdanken wir folgende goldene Regeln:

- Vor- und Zuname sollen zueinander stimmen, auch geographisch (nicht: *Eike Pointner*).

- Vor- und Zuname sollen sich nicht reimen (nicht: *Meta Meier*).

- Vornamen sollen auf einem anderen Laut ausgehen, als der Zuname anlautet (nicht: *Grete Estermann*).

- Vokale in Vor- und Zunamen sollen nicht identisch sein (nicht: *Paul Hauser*).

- Vor- und Zunamen sollen rhythmisch abgestimmt sein.

- Lange Vornamen bei kurzen Zunamen und umgekehrt (*Christian Utz, Kai Himmelspforte*).

- Betonte und unbetonte Silben sollen in einem harmonischen Wechsel treten.

- Der Taufname sollte die Vollform sein. Koseformen werden im Alltag ohnehin verwendet (*Christiane* statt *Christl* eintragen lassen).

- Historische Namenskopplungen, Neuschöpfungen und Modennamen meiden (nicht *Augustus-Fridericus*, *Alaska*).

- Die Aussprache des Vornamens, besonders wenn dieser aus einer fremden Sprache kommt, sollte eindeutig sein (*Milena* wird in slawischen Sprachen auf der ersten Silbe betont).

Die beliebtesten Vornamen in Deutschland (Ost und West) waren 1996 nach der Statistik der Gesellschaft für deutsche Sprache (GfdS):

Rang	**Mädchen (Ost) 1996**	**Mädchen (West) 1996**	**Jungen (Ost) 1996**	**Jungen (West) 1996**
1	Maria/Marie	Maria/Marie	Maximilian	Alexander
2	Lisa	Julia	Lukas	Lukas
3	Laura	Katharina	Philipp	Maximilian
4	Anna/Anne	Anna/Anne	Florian	Daniel
5	Sophia/Sophie	Laura	Kevin	Michael
6	Julia	Marie	Max	Christian
7	Sara(h)	Sophia/Sophie	Felix	Philipp
8	Michelle	Lisa	Paul	Marcel
9	Vanessa	Sara(h)	Tom	Jan
10	Jessica	Lena	Erik	Tobias

Die beliebtesten Vornamen in Deutschland waren 1997 und 1998 nach der Statistik der Gesellschaft für deutsche Sprache (GfdS):

Rang	**Mädchen 1997**	**Mädchen 1998**	**Jungen 1997**	**Jungen 1998**
1	Maria/Marie	Maria/Marie	Alexander	Lukas
2	Sophia/Sophie	Julia	Maximilian	Alexander
3	Julia	Anna/Anne	Lukas	Maximilian
4	Laura	Sophia/Sophie	Philipp	Daniel
5	Anna/Anne	Marie	Daniel	Philipp
6	Sara(h)	Laura	Jan	Felix
7	Lisa	Lisa	Florian	Tim
8	Katharina	Vanessa	Niklas	Jan
9	Vanessa	Sara(h)	Felix	Florian
10	Michelle	Katharina	Dominik	Jonas

Die beliebtesten männlichen Vornamen der Bundesrepublik Deutschland der 30 Jahre (nach Weitershaus):

Achim	Danny	Gunnar	Johann
Adrian	David	Günther	Johannes
Alain	Dennis	Günter	Hannes
Alex	Detlef	Guido	Jonas
Alexander	Detlev	Hans	Jörg
Alfred	Dieter	Hansdieter	Jürg
André	Dietmar	Hansjörg	Jürgen
Andreas	Dirk	Hansjürgen	Jörn
Angelo	Dominik	Hans-	Josef
Anton	Eicke	Joachim	Joseph
Armin	Emanuel	Hanspeter	Julian
Arne	Enrico	Harald	Kai
Axel	Erich	Hartmut	Kay
Bastian	Erik	Heiko	Karl
Beat	Ernst	Heinrich	Karlheinz
Benedikt	Fabian	Heinz	Karsten
Benjamin	Felix	Helge	Kevin
Bernd	Florian	Helmut	Klaus
Bernt	Frank	Hendrik	Knut
Bernhard	Franz	Henrik	Kolja
Berthold	Franz-Josef	Henry	Kurt
Birger	Franz-Xaver	Henning	Lars
Björn	Friedrich	Herbert	Leif
Boris	Frederik	Hermann	Lennart
Bruno	Fritz	Holger	Lorenz
Burkard	Friedhelm	Horst	Lothar
Carl	Georg	Ingo	Ludwig
Caspar	Gerald	Jakob	Lutz
Christian	Gerd	Jan	Lukas
Christoph	Gert	Jean	Magnus
Christopher	Gerrit	Jens	Malte
Clemens	Gerhard	Joachim	Manfred
Daniel	Gregor	Jochen	Manuel

→

Marcel	Nikolaus	Robin	Timm
Mario	Niels	Roger	Timo
Markus	Nils	Roland	Tobias
Marc	Norbert	Rolf	Tom
Mark	Olaf	Roman	Toni
Marco	Oliver	Ronald	Torben
Marko	Olivier	Rüdiger	Torsten
Martin	Otto	Rudolf	Udo
Marten	Pascal	Sascha	Ulf
Marvin	Patrick	Sebastian	Ulrich
Matthias	Paul	Simon	Ulli
Mathis	Peter	Sören	Urs
Maximilian	Philipp	Stefan	Uwe
Max	Pierre	Stephan	Veit
Michael	Rainer	Steffen	Volker
Michel	Reiner	Sven	Walter
Mike	Ralf	Thomas	Werner
Mirko	René	Tiemo	Wilhelm
Moritz	Reto	Till	Wolfgang
Morten	Richard	Tilman	Wolfram
Nikolas	Robert	Tim	

Die beliebtesten weiblichen Vornamen der Bundesrepublik Deutschland der 30 Jahre (nach Weitershaus):

Adriane	Birgitte	Dorothea	Heidi
Agnes	Birte	Dorothee	Heike
Alexandra	Brigitte	Edith	Helene
Alexa	Britta	Elfriede	Helga
Alice	Carina	Elisabeth	Henrike
Almut	Carmen	Elke	Hildegard
Andrea	Carola	Elsbeth	Ilka
Angela	Carolin	Enke	Ilona
Angelika	Caroline	Erika	Ilse
Angelina	Carolyn	Esther	Imke
Annika	Chantal	Eva	Ina
Anita	Charlotte	Eva-Maria	Ines
Anja	Christa	Evelyn	Inga
Anke	Christel	Evi	Inge
Anna	Christiane	Felizitas	Ingeborg
Anna-Maria	Christina	Franziska	Ingrid
Anne	Christine	Frauke	Inka
Annegret	Claudia	Friederike	Irene
Annemarie	Constanze	Gabriela	Iris
Annette	Cora	Gabriele	Irma
Antje	Cordula	Gerda	Irmgard
Antonia	Corinna	Gertrud	Isabel
Ariane	Corinne	Gesa	Isabelle
Astrid	Cornelia	Gisela	Ivonne
Barbara	Dagmar	Grit	Jacqueline
Bärbel	Daniela	Gudrun	Jana
Beate	Danielle	Gunda	Janine
Beatrice	Deborah	Gundula	Jasmin
Beatrix	Denise	Gwendolin	Jeannette
Bettina	Desiree	Hanna	Jennifer
Bianca	Diana	Hannah	Jenny
Bianka	Doreen	Hannelore	Jessica
Birgit	Doris	Hedwig	Johanna

→

Judith	Margit	Nelly	Silke
Julia	Margrit	Nicola	Silvia
Juliane	Maria	Nicole	Sylvia
Julie	Marie	Nina	Simone
Jutta	Marianne	Nora	Sofie
Karen	Mareike	Pamela	Sonja
Karin	Mareile	Paola	Sophie
Karola	Marika	Patricia	Stefanie
Karolin	Marina	Peggy	Stephanie
Katharina	Marion	Petra	Steffi
Kathrin	Marita	Pia	Susanne
Katia	Marlene	Priska	Susan
Katja	Marlies	Rabea	Svenja
Katrin	Marlis	Ramona	Sybille
Kerstin	Martha	Rebecca	Tamara
Kirsten	Martina	Rebekka	Tanja
Kirstin	Maike	Regina	Tatjana
Klaudia	Meike	Regine	Teresa
Korinna	Melanie	Regula	Theresa
Kornelia	Melissa	Renate	Tina
Kristin	Michaela	Ricarda	Trix
Laura	Milena	Rita	Ulla
Lea	Mina	Rosa	Ulrike
Lena	Mira	Rosemarie	Ursula
Liane	Mireille	Roswitha	Uta
Lilian	Miriam	Rut	Ute
Linda	Mirjam	Ruth	Vanessa
Lisa	Mirja	Sabine	Vera
Lucia	Monika	Sabrina	Verena
Madeleine	Monique	Sandra	Veronika
Maja	Nadja	Sara	Viola
Manuela	Nadine	Sarah	Viviane
Maren	Natalie	Saskia	Wiebke
Margaret	Natascha	Serena	Wibke
Margret	Nele	Sibylle	

Abkürzungen

altengl.	altenglisch
altfranz.	altfranzösisch
amerik.	amerikanisch
arab.	arabisch
bay.	bayerisch
belg.	belgisch
bes.	besonders
bibl.	biblisch
bulgar.	bulgarisch
dän.	dänisch
eig.	eigentlich
engl.	englisch
finn.	finnisch
franz.	französisch
germ.	germanisch
got.	gotisch
griech.	griechisch
ital.	italienisch
kelt.	keltisch
lat.	lateinisch
m.	männlich
mhd.	mittelhochdeutsch
niederl.	niederländisch
norweg.	norwegisch
pers.	persisch
poln.	polnisch
röm.	römisch
rumän.	rumänisch
russ.	russisch
schwed.	schwedisch
schweiz.	schweizerisch
skan.	skandinavisch
slaw.	slawisch
span.	spanisch
tschech.	tschechisch
ungar.	ungarisch
w.	weiblich
walis.	walisisch
weibl.	weiblich

A

Aaltje, w., niederl./fries., Form von *Adelheid.*

Aaron, m., hebr. „der Erleuchtete“, bibl. Herkunft: der ältere Bruder Mose.

Abbo, m., ahd., Kurzform von *Adalbert* und *Adalbero.*

Abby, w., engl., Kurzform von *Abigail.*

Abel, m., 1. hebr. „Hauch, Vergänglichkeit“, bibl. Herkunft: zweiter Sohn Adams und Evas, der vom erstgeborenen Bruder Kain getötet wurde, 2. mittelalterliche Kurzform von *Albrecht* und *Adalbert.*

Abelina, w., Form von *Abel.*

Abelke, w., fries., Kurzform von *Alberta* und Namen mit *Adal-.*

Abelone, w., dänisch/norweg., Form von *Apollonia.*

Abi, m., hebr., Kurzform von *Abraham.*

Abigail, w., hebr. „Vaterfreude“, verbreitet im angelsächsischen Sprachraum.

Abo, m., Kurzform von *Adalbert.*

Abraham, m., hebr. „Vater der Menge, Vater der Menschen, erhabener Vater“, bibl. Partriarch, der bereit war, seinen Sohn Isaak für Gott zu opfern, prominenter Namensträger: Abraham Lincoln, Präsident der Vereinigten Staaten von Amerika.

Abram, m., Kurzform von *Abraham.*

Absalom, m., Form von *Absalon.*

Absalon, m., hebr. „Friedensvater“, bibl. Herkunft, der Sohn Davids.

Achaz, m., griech. „der Unschuldige, der Unbescholtene“.

Achill, m., Kurzform von *Achilles.*

Achilles, m., griech., der trojan. Held, Bezwinger Hektors, von Paris getötet, im Mittelalter ritterlicher Vorname (im 13. Jahrhundert in Franken), Nebenform von *Achilleus.*

A

Achilleus, m., Nebenform von *Achilles*.

Achillina, w., Form von *Achilles*.

Achim, m., Kurzform von *Joachim*; prominenter Namensträger: Achim von Arnim (eig. Ludwig Joachim), Autor der Romantik (1781–1831), der Hörfunkmoderator des Bayerischen Rundfunks Achim Bogdahn („Zündfunk").

Achmed, m., arab. „der zu Preisende, der Verehrungswürdige, der Lobenswerte".

Acke, m., schwed., Kurzform von *Axel*.

Ada, w., Kurzform von Namen mit *Adal-* und *Adel-*.

Adalbald, m., ahd. „adal" (edel) und „bald" (kühn).

Adalberga, w., ahd. „adal" (edel) und „bergan" (schützen), Nebenform von *Adelberga*.

Adalbero, m., ahd. „adal" (edel, vornehm) und „bero" (Bär).

Adalbert, m., ahd. „adal" (edel, vornehm) und „beraht" (berühmt, glänzend), im Mittelalter und im 19. Jahrhundert mit vielen Neben- und Kurzformen populär, bekannter Namensträger: der Schriftsteller Adalbert Stifter („Der Nachsommer").

Adalberta, w., Form von *Adalbert*.

Adalbod, m., ahd. „adal" (edel, vornehm) und „boto" (Bote, Gebieter).

Adalbold, m., Nebenform von *Adalbald*.

Adalbrand, m., ahd. „adal" (edel) und „brant" (Schwert, Waffe, die Schmerzen verursacht), die Namenssilbe „-brant" wurde von den Langobarden im 8. Jahrhundert verbreitet.

Adalbrecht, m., ahd., Nebenform von *Adalbert*.

Adalfried, m., ahd. „adal" (edel) und „fridu" (Friede).

Adalgard, w., ahd. „adal" (edel) und „gard" (Schutz).

A

Adalger, m., ahd. „adal" (edel) und „ger" (Speer).

Adalgis, m., ahd. „adal" (edel) und „gîs" (Pfeil).

Adalgunde, w., ahd. „adal" (edel) und „gund" (Kampf).

Adalgundis, w., Nebenform von *Adalgunde*.

Adalhard, m., ahd. „adal" (edel) und „hart" (kühn).

Adalhart, m., Nebenform von *Adalhard*.

Adalhelm, m., ahd. „adal" (edel) und „helm" (Schutz).

Adalie, w., Kurzform von Namen mit *Adal-* und *Adel-*.

Adalmann, m., ahd. „adal" (edel) und „man" (Mann).

Adalmar, m., ahd. „adal" (edel) und „mâr" (berühmt).

Adalmund, m., adh. „adal" (edel) und „munt" (Schutz) – von „munt" kommt „Vormund".

Adalrad, m., ahd., „adal" (edel) und „rât" (Rat).

Adalrich, m., ahd. „adal" (edel) und „rîch" (Fürst, Herrscher, mächtig).

Adalward, m., ahd. „adal" (edel) und „wart" (Hüter).

Adalwin, m., ahd. „adal" (edel) und „wini" (Freund).

Adalwolf, m., ahd. „adal" (edel) und „wolf" (Wolf), der erste König der Westgoten hieß Atha-ulf, Urform von *Adolf*.

Adalwulf, m., Nebenform von *Adalwolf*.

Adam, m., hebr. „der Mann aus Erde", als bibl. Name zur Reformationszeit beliebt, heute selten; bekannte Namensträger: der Mathematiker Adam Riese und der Unternehmer Adam Opel.

Adamo, m., ital., Form von *Adam*, in den 70er Jahren populär durch einen gleichnamigen Schlagersänger.

Adda, w., Kurzform von Namen mit *Adal-* und *Adel-*.

Adela, w., Kurzform von *Adelheid*.

A

Adelaide, w., franz., Form von *Adelheid.*

Adelar, m., ahd., Nebenform von *Adolar.*

Adelberga, w., ahd. „adal“ (edel) und „berga“ (Zuflucht, Schutz).

Adelbert, m., ahd., Nebenform von *Adalbert.*

Adelbrand, m., Nebenform von *Adalbrand.*

Adelbrecht, m., ahd., Nebenform von *Adalbert.*

Adelburga, w., Nebenform von *Adelberga.*

Adele, w., Kurzform von *Adelheid*, prominente Namensträgerinnen: die Schriftstellerin Adele Schopenhauer, die Schauspielerin Adele Sandrock.

Adéle, w., franz., Form von *Adele.*

Adelfriede, w., Form von *Adalfried.*

Adelgar, m., Nebenform von *Adalgar.*

Adelger, m., Nebenform von *Adalgar.*

Adelgund, w., ahd. „adal“ (edel) und „gund“ (Kampf).

Adelgunde, w., Nebenform von *Adelgund.*

Adelhard, m., ahd., Nebenform von *Adalhard.*

Adelheid, w., ahd. „adal“ (edel) und „heit“ (Wesen, Beschaffenheit), seit dem Mittelalter beliebt; prominente Namensträgerin: die Gemahlin Ottos des Großen, die heiliggesprochene Kaiserin Adelheid (gest. 999). In den Jahren der Mittelalterbegeisterung populär und mit vielen Kurzformen, heute selten.

Adelhelm, m., Nebenform von *Adalhelm.*

Adelher, m., ahd. „adal“ (edel) und „hêr“ (alt, weise).

Adelhild, w., ahd. „adal“ (edel) und „hiltja“ (Kampf).

Adelhilde, w., Form von *Adelhild.*

Adelinde, w., ahd. „adal" (edel) und „linta" (der Lindenholzschild).

Adeline, w., Form von *Adele.*

Adelmann, m., ahd. „adal" (edel) und „man" (Mann).

Adelmar, m., Nebenform von *Adalmar*, Vollform von *Elmar.*

Adelmut, w., ahd. „adal" (edel) und „muot" (Gesinnung, Geist, Gemüt).

Adelmute, w., Form von *Adelmut.*

Adelrich, m., ahd. „adal" (edel) und „rîch" (Fürst, König, mächtig).

Adelrune, w., ahd. „adal" (edel) und „rina" (Geheimnis).

Adeltraud, w., ahd. „adal" (edel) und „trûd" (wehrhaft).

Adeltrude, w., Nebenform von *Adeltraud.*

Adelward, m., Form von *Ahlwardt.*

Adelwin, m., Nebenform von *Adalwin, sehr selten.*

Adi, m., Kurzform von *Adolf.*

Adina, w., hebr. „die Zarte, die Weiche".

Adna, w., Nebenform von *Edna.*

Ado, m., Kurzform von *Adolf*, in Süddeutschland prominenter Namensträger: Ado Schlier, Rundfunkmoderator.

Adolar, m., ahd. „adal" (edel) und „aro" (Adler), durch die romantische Ritterdichtung verbreitet.

Adolf, m., germ./ahd., Form von *Adalwolf*, verbreiteter Fürstenname in Holstein und Nassau, bekannte Namensträger: der schwedische König Gustav Adolf und der allbekannte „Führer".

Adolfa, w., Form von *Adolf.*

Adolfine, w., Form von *Adolf.*

Adolfo, m., ital., Form von *Adolf.*

Adolph, m., engl., Form von *Adolf*, prominenter Namensträger: Adolph von Menzel, bildender Künstler (1815 bis 1905).

Adolphe, m., franz., Form von *Adolf*.

Adonia, w., Form von *Adonis*.

Adonias, m., Nebenform von *Adonis*.

Adonis, m., griech., Wurzel im semitischen „adon" (der Herr), Gottheit, verehrt mit Aphrodite und den Göttinnen der Liebe, der Schönheit und des Frühlings.

Adriaans, m., niederl., Form von *Adrian*.

Adrian, m., ital. „Mann aus der Hafenstadt Adria", Heiligen- und Papstname, Märtyrer, Patron der Schmiede, in Flandern und in der Schweiz verehrt, prominenter Namensträger: Adrian Wettach, besser bekannt als Clown Grock.

Adriana, w., franz., Form von *Adriane*.

Adriane, w., Form von *Adrian*.

Adriano, m., ital., Form von *Adrian*, prominenter Namensträger: Adriano Celentano, Schauspieler und Sänger.

Adrien, m., franz., Form von *Adrian*.

Adrienne, w., franz., Form von *Adriane*.

Adrion, m., Form von *Adrian*.

Adua, w., ital., Herkunft und Bedeutung unklar, bekannte Namensträgerin: die ehemalige Gattin des Startenors Luciano Pavarotti.

Äbi, m., schweiz., Kurzform von *Abraham* und *Adalbert*.

Ägid, m., Kurzform von *Ägidius*.

Ägidius, m., griech. „Schildhalter" nach „aigis" (Schild des Zeus) bei Homer, um 700 Abt in Südfrankreich (Kloster St. Gilles), Heiligenname, beliebter Nothelfer.

Ämilius, m., Form von *Emil*.

Aenna, w., Nebenform von *Anna*, – sehr seltene Form.

A

Aenne, **Änne**, w., Nebenformen von *Anna*.

Afra, w., lat. „Afrikanerin", Märtyrerin und Lokalheilige Augsburgs.

Agapitus, m., griech. „Geliebter", Märtyrer um 275, Patron von Kremsmünster.

Agascha, w., russ., Form von *Agathe*.

Agatha, w., neuere Form von *Agathe*, prominente Namensträgerin: die Schriftstellerin Agatha Christie.

Agathe, w., griech. „die Gute", Märtyrerin aus Sizilien des Jahres 251, im Mittelalter im deutschen Sprachgebiet auf der ersten Silbe betont, daher Frauenname.

Agda, w., schwed., Kurzform von *Agathe*.

Age, m, ahd., Kurzform von *Agilolf*.

Agenald, m., Nebenform von *Aginald*.

Aggie, w., engl., Kurzform von *Agathe*.

Aggy, w., Form von *Aggie*.

Agi, w., Kurz- und Koseform von Namen mit *Ag-*.

Agie, w., Form von *Agi*.

Agilbert, m., ahd. „agil" (Schwert) mit „ekka" (Waffenspitze) und „ber(ah)t" (berühmt, glänzend).

Agilo, m., Kurzform von *Agilbert*.

Agilolf, m., ahd. „agil" (Schwert) mit „ekka" (Waffenspitze) und „wolf" (Wolf), altes bayerisches Herrschergeschlecht der Agilolfinger im frühen Mittelalter, benannt nach Herzog *Agilolf*.

Agilulf, m., Form von *Agilolf*.

Agilwart, m., ahd. „agil" (Schwert) mit „ekka" (Waffenspitze) und „wart" (Hüter, Beschützer).

Agimund, m., ahd. „agil" (Schwert) mit „ekka" (Waffenspitze) und „munt" (Schutz).

A

Aglaia, w., griech. „Pracht, Glanz, Schönheit“, Göttin der Anmut.

Aglaja, w., Form von *Aglaia*.

Agi, w., Kurzform von *Agnes*.

Agilmund, m., Nebenform von *Agimund*.

Agimar, m., ahd. „agil“ (Schwert) mit „ekka“ (Waffenspitze) und „mâr“ (berühmt).

Agimund, m., ahd. „agil“ (Schwert) mit „ekka“ (Waffenspitze) und „munt“ (Schutz).

Agin, m., Kurzform von Namen mit *Agal-*.

Aginald, m., ahd. „agil“ (Schwert) mit „ekka“ (Waffenspitze) und „waltan“ (herrschen).

Agna, w., schwed., Form von *Agnes*.

Agnes, w., griech. „die Keusche“, Heiligenname, röm. Märtyrerin, Patronin der Jungfräulichkeit (um 300) (Sinnbild der Agnes: lat. „agnus“ [das Lamm]).

Agneta, w., Weiterbildung von *Agnes*.

Agnete, w., Weiterbildung von *Agnes*.

Agnita, w., Weiterbildung von *Agnes*.

Ago, m., Kurzform von Namen mit *Agi-* oder *Ago-*.

Agomar, m., Nebenform von *Agimar*.

Agnese, w., Weiterbildung von *Agnes*.

Ahasver, m., hebr. „Großfürst“.

Ahmed, m., Form von *Achmed*.

Aida, w., Herkunft und Bedeutung unklar, seit Verdis gleichnamiger Oper verbreitet.

Aigolf, m., ahd., Nebenform von *Agilolf*.

Aigulf, m., Nebenform von *Aigolf*.

Ailbert, m., Nebenform von *Agilbert*.

Aileen, w., engl., Nebenform von *Helen*.

Ailke, w., fries./niederl., Kurzform von *Adelheid*.

Aimé, m., franz. „der Geliebte“, Form von *Amatus*.

Aimée, w., franz., Form von *Amata*, jüngst bekannt durch den Spielfilm „Aimée und Jaguar“.

Aimo, m., 1. finn. „der Herr besitzt“, 2. Kurzform von *Haimo*.

Aina, w., finn. „immerwährend“.

Aischa, w., arab., Herkunft und Bedeutung unklar, Name der Gemahlin Mohammeds.

Aische, w., Form von *Aischa*.

Aja, w., ital. „die Erzieherin“.

Akelei, w., Name der Gebirgsblume, wird von Standesämtern als weiblicher Vorname akzeptiert.

Akim, m., slaw./niederdeutsch, Kurzform von *Joakim*.

Al, m., amerik./engl., Kurzform von Namen mit *Al-*, prominente Namensträger: der Komiker Al Bundy, der US-Filmschauspieler Al Pacino und der Sänger Al Jarreau.

Alain, m., franz., Form von *Alanus*, prominenter Namensträger: der Schauspieler Alain Delon.

Alajos, m., ungar., Form von *Alois*.

Alan, m., engl., Nebenform von *Alanus*.

Alanus, m., lat., das iranische Steppenvolk der Alani wanderte mit germanischen Stämmen nach Westen, ein Teil ging bis ins Gebiet des heutigen Ungarn, auch unter der Bezeichnung Alanen bekannt.

Alard, m., ahd., Kurzform von *Adalhard*, bekannter Namensträger: der Vetter Karls des Großen und Mitbegründer der Kloster Corvey und Herford, Alard.

A

Alarich, m., ahd. „alah" (Heiligtum, Tempel) und „rîch" (Fürst, König, mächtig).

Alawart, m., ahd. „al" (ganz) und „wart" (Hüter).

Alba, w., lat. „die weiße Perle, die Weiße".

Alban, m., lat. „Mann aus der italienischen Stadt Alba", Heiligenname, im Rheinland verehrt, u. a. ein St. Albanskloster in Mainz, prominenter Namensträger: der Komponist Alban Berg.

Alber, m., Kurzform von *Adalbrand* und *Adalbero*.

Alberich, m., ahd. „alb" (Naturgeist) und „rîch" (mächtig).

Albero, m., ahd. „adal" (edel) und „bero" (Bär), Kurzform von *Adalbero*.

Albert, m., Kurzform von *Adalbert*, bekannte Namensträger: der Bischof Albertus Magnus, Physiker Albert Einstein, der Theologe Albert Schweitzer und der Komponist Albert Lortzing.

Alberta, w., Form von *Albert*.

Alberte, w., Form von *Albert*.

Albertina, w., Weiterbildung von *Alberta*.

Albertine, w., Weiterbildung von *Alberta*.

Alberto, m., ital., Form von *Adalbert*.

Albhard, m., ahd. „alb" (Naturgeist) und „hart" (kühn).

Albin, m., Kurzform von *Albinus*, bekannt durch die Romanfigur Albin Kessel in Herbert Rosendorfers „Das Messingherz".

Albinus, m., lat. „der Weiße".

Albine, w., Form von *Albin*.

Albo, m., ahd., Kurzform von *Adalbert*.

Alboin, m., ahd., Kurzform von *Albin*.

Albold, m., Kurzform von *Adalbald*.

Albrand, m., seltene Kurzform von *Adalbrand*.

Albrecht, m., Kurzform von *Adalbert* und *Adalbrecht*, Nebenform von *Albert*, Fürstenname, prominente Namensträger: die Künstler Albrecht Dürer und Albrecht Altdorfer.

Albrun, w., ahd. „albi" (Elfe) und „rûna" (Geheimnis).

Albuin, m., Kurzform von *Albin*.

Alburg, w., Kurzform von *Adalburga*.

Albwin, m., ahd. „alb" (Naturgeist) und „wini" (Freund).

Alda, w., Kurzform von Namen mit *Al-* und *Adel-*.

Alde, m., Kurzform von Namen mit *Al-* und *Adel-*.

Aldebrand, m., Nebenform von *Adalbrand*.

Aldeger, m., Nebenform von *Adalger*.

Aldegund, w., Nebenform von *Adelgunde*.

Aldegunde, w., Nebenform von *Adelgunde*.

Adelburga, m. ahd. „adal" (edel) und „bergan" (schützen).

Aldemar, m., Nebenform von *Adalmar*.

Alderich, m., Nebenform von *Adalrich*.

Aldhelm, m., Nebenform von *Adalhelm*.

Aldiger, m., Nebenform von *Adalger*.

Aldina, w., Kurzform von *Geraldina*.

Aldine, w., Form von *Aldina*.

Aldo, m., ital., Kurzform von Namen mit *Adal-* (*Adalbero* und *Aldobrando*), bekannter Namensträger: der italienische Politiker Aldo Moro.

Aldobrando, m., ital., Form von *Adalbrand*.

Aldona, w., Form von *Aldo*.

Aldrik, m., niederl. „adal"

(edel, vornehm) und „rîk" (mächtig, reich).

Alea, w., Kurzform von *Eulalia.*

Alec, m., engl., Kurzform von *Alexander*, prominente Namensträger: die Schauspieler Alec Baldwin und Alec Guinness.

Aleide, w., Kurzform von *Adelheid.*

Alek, w., Form von *Aleko*, bekannte Namensträgerin: die aus dem Sudan stammende Engländerin Alek Wek, populäres Model und schwarze Medienschöne.

Aleko, m., slaw., Kurzform von *Alec.*

Aleksandr, m., russ., Form von *Alexander.*

Alena, w., slaw., Kurzform von *Magdalena.*

Alene, w., russ., Form von *Helene.*

Alenica, w., russ., Form von *Helene.*

Alenka, w., slaw., Form von *Magdalena.*

Alessa, w., Kurzform von *Alessandra.*

Alessandra, w., ital., Form von *Alexandra.*

Alessandro, m., ital., Form von *Alexander*, bekanntes Label der 90er-Jahre-Mode: Alessandro dell' Acqua.

Alessio, m., ital., Kurzform von *Alessandro.*

Aleta, w., fries./niederl., Kurzform von *Adelheid.*

Aletta, w., fries./niederl., Kurzform von *Adelheid.*

Alette, w., fries./niederl., Kurzform von *Adelheid.*

Alex, m./w., Kurzform von *Alexander* oder *Alexandra.*

Alexa, w., Kurzform von *Alexandra.*

Alexander, m., griech. „Männerabwehrer", bekannte Namensträger: Alexander der Große, Vorname in slawischen

Fürstenhäusern und der Forscher Alexander von Humboldt, der österreichische Komponist Alexander von Zemlinsky.

Alexandra, w., Form von *Alexander.*

Alexandre, m., franz., Form von *Alexander.*

Alexei, m., russ., Form von *Alexander.*

Alexej, m., russ., Form von *Alexander.*

Alexia, w., Kurzform von *Alexandra.*

Alexis, m., griech. „Beschützer", Kurzform von *Alexander.*

Alexius, m., Form von *Alexis.*

Alf, m., Kurzform von *Adolf* und *Alfred.*

Alf, m., engl., Kurzform von Namen mit *Alf-.*

Alfa, w., Kurzform von Namen mit *Alf-.*

Alfgard, w., ahd. „albi" (Elfe) und „gard" (Schutz).

Alfons, m., germ. „al" (ganz) oder „adal" (edel) und „funs" (bereit, willig).

Alfonsa, w., Form von *Alfons.*

Alfonso, m., span., Form von *Alfons,* geläufiger Fürstenname in Spanien und Portugal.

Alfrad, m., germ. „alf" (Naturgeist) und „rât" (Rat).

Alfred, m., Nebenform von *Alfrad,* bekannte Namensträger: der Journalist und Kritiker Alfred Kerr, der Moderator und Hobbykoch Alfred Biolek.

Alfreda, w., Form von *Alfred.*

Alfried, m., Kurzform von *Adalfried.*

Alfrun, w., Nebenform von *Albrun.*

Alger, m., Nebenform von *Adalger.*

Algonde, w., Nebenform von *Adalgunde.*

Algunde, w., Nebenform von *Adalgunde.*

Alhard, m., Kurzform von *Adalhard.*

Alhart, m., Kurzform von *Adalhard.*

Alheid, w., Kurzform von *Adelheid.*

Alheit, w., Form von *Alheid.*

Alhelm, m., ahd., Kurzform von *Adalhelm.*

Alice, w., Kurzform von *Elisabeth*, bekannte Namensträgerin: die „Emma"-Gründerin Alice Schwarzer.

Alick, m., Nebenform von *Alec.*

Alida, w., Kurzform von *Adelheid.*

Alik, m., russ., Form von *Adalbert.*

Alina, w., 1. arab. „die Erhabene", 2. russ., Form von *Helene.*

Alinde, w., Kurzform von *Adelinde.*

Aline, w., Form von *Alina.*

Alita, w., Kurzform von *Adelheid.*

Alix, w., Koseform von *Alexandra.*

Alja, w., Kurzform von *Alexandra.*

Aljoscha, m., russ., Koseform von *Alexander.*

Alke, w., niederdeutsch/friesisch, Kurz- und Koseform von Vornamen mit *Al-* und *Adel-.*

Alkje, w., niederdeutsch/friesisch, Kurz-und Koseform von Vornamen mit *Al-* und *Adel-.*

Alla, w., schwed., Form von *Alexandra.*

Allan, m., engl., Form von *Alanus.*

Allen, m., engl., Form von *Alanus.*

Allen, m., engl., Form von *Alain.*

Allister, m., engl., Form von *Alexander.*

Allram, m., ahd. „adal" (edel) und „hraban" (Rabe).

Allrich, m., Form von Aldrik.

Alma, w., lat./span. „die Nährende, die (nährende) Mutter", Kurzform von Vornamen mit *Amal-*.

Almar, m., Kurzform von *Adalmar*.

Almarich, m., Nebenform von *Amalrich*.

Almerich, m., Nebenform von *Amalrich*.

Almod, w., Nebenform von *Adelmut*.

Almoda, w., Nebenform von *Adelmut*.

Almudis, w., Nebenform von *Adelmut*.

Almut, w., Kurzform von *Adelmut*.

Almuth, w., Kurzform von *Adelmut*.

Alois, m., Kurzform von *Aloisius*.

Aloisia, w., Form von *Aloisius*.

Aloisius, m., latinisierte Form von *Alwisi*, in katholischen Gegenden verbreitet seit der Heiligsprechung des Jesuiten Aloysius von Gonzaga im 18. Jahrhundert, bekannter Namensträger: der Erfinder des Steindruckverfahrens Alois Senefelder.

Aloys, m., Form von *Aloisius*.

Aloysia, w., Form von *Aloisius*.

Alphons, m., Nebenform von *Alfons*.

Alphonse, m., franz., Form von *Alfons*.

Alraune, w., Nebenform von *Adelrune*.

Alrich, m., germ., Kurzform von *Adalrich*.

Alrun, w., Kurzform von *Adelrune*.

Alrune, w., Kurzform von *Adelrune*.

Althee, w., griech., „die Heilende".

Altje, w., Kurzform von *Adelheid.*

Altmann, m., germ. „adal“ (edel, vornehm) und „mann“ (Mann).

Alto, m., fries., Kurzform von *Altmann.*

Altraud, w., Kurzform von *Adeltraud.*

Altrud, w., Kurzform von *Adeltraud.*

Alva, w., Form von *Alba.*

Alvara, m., germ./span., Form von *Alwara.*

Alvaro, m., germ./span., Form von *Alawart.*

Alwara, w., ahd. „al“ (ganz) und „waran“ (bewahren).

Alwart, m., ahd. „al“ (ganz) und „waran“ (bewahren).

Alwig, m., germ. „al“ (ganz) und „wîg“ (Kampf).

Alwin, m., Kurzform von *Adalwin*, sehr selten, bekannter Namensträger: der Springreiter Alwin Schockemöhle, .

Alwine, w., Form von *Alwin.*

Alwisi, m., germ. „al“ (ganz) und „wîs“ (weise).

Ama, w., Kurzform von Namen mit *Am-.*

Amabel, w., engl., Form von *Amabella.*

Amabella, w., lat. „die Liebenswerte“.

Amadea, w., lat., Form von *Amadeus.*

Amadeo, m., ital., Form von *Amadeus.*

Amadeus, m., lat. „Gottes Liebster“, seit dem 12. Jahrhundert verbreitet, bekannter Namensträger: der Komponist Wolfgang Amadeus Mozart.

Amadus, m., lat. „der Liebenswerte“, Heiligenname, Apostel der Niederlande.

Amalberga, w., ahd. „amal“ (Kampf) und „bergan“ (schützen).

Amalbert, m., ahd. „amal“ (Kampf) und „beraht“ (glänzend).

Amalberta, w., Form von *Amalbert*.

Amalburga, w., ahd. „amal“ (Kampf) und „bergan“ (schützen).

Amalfried, m., ahd. „amal“ (Kampf) und „fridu“ (Frieden).

Amalfrieda, w., Form von *Amalfried*.

Amalgard, w., ahd. „amal“ (Kampf) und „gard“ (Schutz).

Amalgund, w., ahd. „amal“ (Kampf) und „gund“ (Kampf).

Amalgunde, w., ahd. „amal“ (Kampf) und „gund“ (Kampf).

Amalia, w., Kurzform von Vornamen mit *Amal-*.

Amalie, w., Kurzform von Vornamen mit *Amal-*.

Amalinde, w., ahd. „amal“ (Kampf) und „linta“ (der Lindenholzschild).

Amalrich, w., ahd. „amal“ (Kampf) und „rîch“ (Fürst, Herrscher, mächtig).

Amanda, w., lat. „die Liebenswerte“, prominente Namensträgerin: Amanda Lear, Popsängerin in den 70ern.

Amandus, m., lat. „der Liebenswerte“.

Amarante, w., griech. „die Unvergängliche, die Unverblühende (Blumenname)“.

Amaryllis, w., griech. „die Glänzende“, ursprünglich Name einer Nymphe, dann in Verwendung als Name einer Pflanzenfamilie.

Amata, w., lat. „die Geliebte“.

Amatus, m., lat. „der Geliebte“.

Amber, w., engl., Form von *Ambra*, das US-Model mit dem durchdringenden Blick: Amber Valletta.

Ambra, w., ital. „Bernstein“ und „die Blonde“.

Ambros, m., Kurzform von *Ambrosius*.

Ambrosia, w., Form von *Ambrosius*.

Ambrosius, m., griech. „Mann mit göttlicher Natur, der Unsterbliche", Heiligenname, Bischof v. Mailand, Lehrer des heiligen Augustinus.

Amédé, m., franz., Form von *Amadeus*.

Amelia, w., Nebenform von *Amalie*.

Amelie, w., Kurzform von Namen mit *Amal-*.

Amélie, w., franz., Form von *Amalie*.

Amelrich, m., ahd., Nebenform von *Amalrich*.

Amery, m., engl., Form von *Emerich*.

Amilius, m., lat. „aus dem Stamme der Ämilier".

Amke, w., niederdeutsch, Kurzform von Namen mit *Amal-*.

Amöna, w., lat. „die Anmutige".

Amon, m., griech. Form hergeleitet vom ägyptischen Gott Amun.

Ammon, m., griech., Nebenform von *Amon*.

Amos, m., hebr. „der Tragende, der Beladene".

Amrei, w., oberdeutsch, Kurzform von *Annemarie*.

Amy, w., engl., Kurzform von *Amata*.

Ana, w., span., Form von *Anna*.

Anabel, w., engl., Form von *Annabella*.

Anastas, m., Form von *Anastasius*.

Anastasia, w., Form von *Anastasius*.

Anastasius, m., griech. „der Auferstandene".

Anatol, m., Kurzform von *Anatolius*, prominenter Namensträger: Anatol France, Dichter.

Anatolius, m., griech. „Mann aus Anatolien (Kleinasien)".

Andel, w., oberdeutsch, Koseform von *Anna*.

Anderl, m., oberdeutsch, Koseform von *Andreas*.

Anders, m., Kurzform von *Andreas*.

Andi, m., Koseform von *Andreas*.

Andor, m., ungar., Form von *Andreas*.

András, m., ungar., Form von *Andreas*.

André, m., franz., Form von *Andreas*, bekannte Namensträger: der Kunst- und Kulturschaffende André Heller.

Andrée, w., franz., Form von *Andrea*.

Andrea, 1. w., Form von *Andreas*, 2. m., ital., Form von *Andreas*.

Andreas, m., griech. „der Mannhafte, der Tapfere".

Andrees, m., niederdeutsch/niederl., Form von *Andreas*.

Andrei, m., russ., Form von *Andreas*.

Andrej, m., russ., Form von *Andreas*.

Andres, m., niederdeutsch/niederl., Form von *Andreas*.

Andrew, m., engl., Form von *Andreas*.

Andries, m., niederdeutsch/niederl., Form von *Andreas*.

Andruscha, m., russ., Form von *Andreas*.

Andy, m., Koseform von *Andreas* und Kurzform von *Andrew*.

Anemone, w., Form hergeleitet vom Namen der Blume.

Angel, m., span., Form von *Angelus*.

Angela, w., griech. „der Engel".

Angéle, w., franz., Form von *Angela*.

Angelica, w., griech. „die Engelsgleiche“, bekannt durch Puccinis Kurzoper „Schwester Angelica“.

Angelika, w., Form von *Angelica.*

Angelina, w., ital. „das Engelchen“.

Angélique, w., franz., Form von *Angelika.*

Angelo, m., ital., Form von *Angelus.*

Angelus, m., griech. „der Engel“.

Angus, m., kelt./engl., Herkunft unklar, möglicherweise „der Gestrenge“.

Anica, w., slaw., Form von *Anna.*

Anika, w., slaw., Form von *Anna.*

Anita, w., span., Form von *Anna* und Kurzform von *Juanita.*

Anja, w., russ., Form von *Anna.*

Anjuschka, w., russ., Koseform von *Anja.*

Anka, w., poln./ungar., Koseform von *Anna.*

Anke, w., niederdeutsch, Kurz- und Koseform von *Anna.*

Ann, w., engl., Form von *Anna.*

Anna, w., hebr. „die Gnadenreiche, Huldvolle“, prominente Nameströgerin: die Schriftstellerin Anna Seghers („Das siebte Kreuz“ und „Transit“).

Anna, w., Form von *Anno.*

Annabarbara, w., Doppelname aus *Anna* und *Barbara.*

Annabell, w., Doppelname aus *Anna* und *Bella.*

Annabella, w., Doppelname aus *Anna* und *Bella.*

Annabeth, w., Doppelname aus *Anna* und der Koseform *Beth.*

Annalena, w., Doppelname aus *Anna* und *Helene, Lena, Magdalene.*

Annalene, w., Doppelname aus *Anna* und *Lene*.

Annalisa, w., Doppelname aus *Anna* und *Lisa*.

Annamaria, w., Doppelname aus *Anna* und *Maria*.

Annamira, w., Doppelname aus *Anna* und *Mira*.

Annbritt, w., schwed., Doppelname aus *Anna* und *Brigitte*.

Anne, w., 1. engl., Form von *Anna*, 2. Nebenform von *Anna*.

Annedore, w., Doppelname aus *Anne* und *Dora* bzw. *Dorothea*.

Annegret, w., Doppelname aus *Anne* und *Grete* bzw. *Margarete*.

Anneheide, w., Doppelname aus *Anne* und *Adelheid*.

Annekatrin, w., Doppelname aus *Anne* und *Katharina*.

Anneke, w., niederdeutsch/niederl., Koseform von *Anna*.

Annele, w., süddeutsch, Koseform von *Anna*.

Annelene, w., Doppelname aus *Anne* und *Helene*, *Lene*, *Magdalene*.

Anneli, w., Nebenform von *Anna*.

Annelies, w., Doppelname aus *Anne* und *Elisabeth*, *Liese*, *Luise*.

Anneliese, w., Form von *Annelies*.

Annelore, w., Doppelname aus *Anne* und *Eleonore*, *Lore*.

Annelotte, w., Doppelname aus *Anne* und der Koseform *Lotte*.

Annemarei, w., Nebenform von *Annemarie*.

Annemarie, w., Doppelname aus *Anne* und *Maria*.

Annemie, w., Nebenform von *Annemarie*, im Rheinland verbreitet.

Annerose, w., Doppelname aus *Anna* und *Rosa*.

Annetraud, w., Doppelname aus *Anne* und *Gertraude*.

Annetraude, w., Form von *Annetraud*.

Annette, w., Koseform von *Anna*.

Anni, w., Koseform von *Anna*.

Annice, w., altengl., Nebenform von *Anne*.

Annie, w., Koseform von *Anna*.

Annika, w., schwed., Koseform von *Anna*.

Annina, w., Weiterbildung von *Anna*.

Anninka, w., poln./schwed., Nebenform von *Anna*.

Annkathrin, w., Doppelname aus *Anna* und *Kathrin*.

Anno, m., Kurzform von *Anton*.

Annunzia, w., ital., Nebenform von Annunziata.

Annunziata, w., ital. „(Mariä) Verkündigung".

Anny, w., Koseform von *Anna*.

Anouk, w., arab., „die Hübsche".

Ansbert, m., germ. „ans" (Gott) und „beraht" (glänzend).

Anselm, m., germ./ahd., 1. „ans" (Gott) und „helm" (Schutz), der Name geht zurück auf Asen, ein germ. Göttergeschlecht, das in Asgard wohnt (germ. „ass" [Pfahl, Balken]), 2. Heiligenname (nach Anselm v. Canterbury), prominenter Namensträger: die Maler Anselm Feuerbach (1829–1880) und Anselm Kiefer (*1945), auch bekannt durch die Romanfigur Anselm Kristlein in Martin Walsers „Das Einhorn".

Anselma, w., Form von *Anselm*.

Ansfried, m., germ. „ans" (Gott) und „fridu" (Frieden).

Ansgar, m., germ. „ans" (Gott) und „gêr" (Speer), bekannter Namensträger: der Erzbischof von Hamburg-Bremen und „Apostel des Nordens“: der Heilige Ansgar.

Ansgard, w., germ. „ans“ (Gott) und „gard“ (Schutz).

Anshelm, m., Nebenform von *Anselm.*

Answald, m., germ. „ans“ (Gott) und „waltan“ (herrschen).

Antek, m., poln., Form von *Antonius.*

Anthea, w., Form hergeleitet von griech. „anthos“ (die Blume).

Anthonius, m., niederl., Form von *Antonius*, bekannter Namensträger: der Maler Anthonius van Dyck.

Anthony, m., engl., Form von *Antonius.*

Antje, w., niederdeutsch/niederl., Koseform von *Anna.*

Antoine, m., franz., Form von *Antonius.*

Antoinette, w., franz., Koseform von *Antonia.*

Anton, m., Form von *Antonius*, bekannter Namensträger: der Komponist Anton Bruckner.

Antonella, w., ital., Koseform von *Antonia.*

Antonetta, w., Weiterbildung von *Antonia.*

Antonia, w., Form von *Antonius.*

Antonie, w., Form von *Antonius.*

Antonín, m., tschech., Form von *Antonius.*

Antonina, w., poln., Form von *Antonia.*

Antonio, m., ital., Form von *Antonius*, bekannter Namensträger: der Komponist Antonio Vivaldi.

Antonius, m., lat. „vom römischen Geschlecht Antonia“.

Antony, m., engl., Form von *Antonius.*

Anuschka, w., slaw., Koseform von *Anna.*

Apke, m., fries., Form von *Adalbert.*

Apollinus, m., griech. „dem Gott Apollo geweiht".

Apollon, m., griech., Form von *Appolonius.*

April, w., engl./amerik., Form hergeleitet vom Monatsnamen.

Arabella, w., lat., Form aus „kleine Araberin" und „Bella" (die Schöne).

Araldo, m., ital., Form von *Harold* bzw. *Harald.*

Aranka, w., ungar., Form von *Aurelia.*

Arantxa, w., span., Form von *Aurelia.*

Arbo, m., Kurzform von *Arbogast.*

Arbogast, m., ahd. „arbi" (der Erbe) und „ast" (der Gast, der Fremde).

Archi, m., engl., Koseform von *Archibald.*

Archibald, m., engl., Form von *Archimbald* und *Erkenbald.*

Archimbald, m., altfranz., Form von *Erkenbald.*

Arend, m., Kurzform von *Arnold.*

Areta, w., amerik., latinisierte Herleitung von griech. „aretê" (Tugend).

Aretha, w., Form von *Areta.*

Aria, w., Kurzform von *Adriane.*

Ariaans, m., niederl., Form von *Adrian.*

Ariadne, w., griech. „die Liebliche", Gestalt der griech. Mythologie, Tochter des Königs von Kreta und der Pasiphaë verhalf Theseus im Labyrinth mit einem Garnknäuel zur Freiheit.

Arian, m., niederl./ungar., Form von *Adrian.*

Ariane, w., franz., Form von *Ariadne.*

Aribert, m., franz., Form von *Herbert.*

Arietta, w., ital., Kurzform von *Ariane*.

Arild, m., dän., Form von *Arnold*.

Arista, w., griech., Form von *Aristides*.

Aristid, m., Kurzform von *Aristides*.

Aristides, m., griech. „der Beste“.

Arlett, w., franz., Kurzform von *Arnoullet*.

Arlette, w., franz., Nebenform von *Arlett*.

Armand, m., franz., Form von *Hermann*.

Armande, w., franz., Form von *Hermanna*.

Armando, m., ital., Form von *Hermann*.

Armgard, w., Nebenform von *Irmgard*.

Armin, m., Kurzform von *Arminius*.

Arminius, m., latinisierte Form von germ. *Ermen-* und *Irmin-*, Name eines Cheruskerfürsten.

Arnaldo, m., ital., Form von *Arnold*.

Arnaud, m., franz., Form von *Arnold*.

Arnauld, m., franz., Form von *Arnold*.

Arnd, m., Kurzform von *Arnold*.

Arndt, m., Kurzform von *Arnold*.

Arne, m., Kurzform von Namen mit *Arn-*.

Arnfried, m., ahd. „arn“ (Adler) und „fridu“ (Frieden).

Arnfrieda, w., Form von *Arnfried*.

Arnfriede, w., ahd., Form von *Arnfried*.

Arnger, m., ahd. „arn“ (Adler) und „gêr“ (Speer).

Arnika, w., 1. ungar., Form von *Arnolde*, 2. Form hergeleitet vom Namen der Blume.

Arno, m., Kurzform von *Arnold.*

Arnold, m., ahd. „arn“ (Adler) und „waltan“ (herrschen), Heiligenname, bekannter Namensträger: der Schriftsteller Arnold Zweig.

Arnolde, m., franz., Form von *Arnold.*

Arnoullet, franz., Form von *Arnold.*

Arntraud, w., ahd. „arn“ (Adler) und „trûd“ (wehrhaft).

Arnulf, m., ahd. „arn“ (Adler) und „wolf“ (Wolf), prominenter Namensträger: der Berliner Historiker Arnulf Baring.

Aron, m., Kurzform von *Aaron.*

Árpád, m., ungar., Form hergeleitet von ungar. „arpa“ (Gerstenkorn), bekannter Namensträger: Árpád Göncz, ungarischer Staatspräsident, Erzähler, Romancier, Dramatiker und Übersetzer.

Art, m., kelt./engl., Kurzform von *Arthur.*

Arthur, m., kelt./engl., Form hergeleitet von der Sagengestalt des König Artus und seiner Runde, bekannter Namensträger: der Schriftsteller Arthur Schnitzler.

Artur, m., Nebenform von *Arthur.*

Artura, w., Form von *Arturo.*

Arturo, m., ital., Form von *Arthur*, bekannt durch Bertolt Brechts Stück „Der aufhaltsame Aufstieg des Arturo Ui“ von 1941.

Arvid, m., nordisch „ar“ (Adler) und „vidh“ (weit).

Arwed, m., Nebenform von *Arvid.*

Asgard, w., Nebenform von *Ansgard.*

Asja, w., russ., Kurzform von *Anastasia.*

Asmus, m., Kurzform von *Erasmus.*

Aspasia, w., griech. „die Willkommene“.

Assunta, w., ital. „die in den Himmel aufgenommene Maria“.

Asta, w., Kurzform von *Anastasia*, *Astrid* und *Augusta*.

Astrid, w., germ. „ans“ (Gott) und „truthi“ (treu, beliebt), bekannte Namensträgerin: die Schriftstellerin Astrid Lindgren.

Aswin, m., ahd. „ask“ (Speer aus dem Holz der Esche) und „wini“ (Freund).

Aswine, w., Form von *Aswin*.

Athanasia, w., Form von *Athanasius*.

Athanasius, m., griech. „der Unsterbliche“.

Attila, m., gotisch „das Väterchen“, bekannter Namensträger: der Schauspieler Attila Hörbiger.

Aubrey, engl./franz., Form von *Alberich*.

Audrey, w., altengl., Kurzform von *Adeltrude*, bekannte Namensträgerin: die Schauspielerin Audrey Hepburn.

August, m., Form von *Augustus*, bekannter Namensträger: August Bebel, die führende Gestalt der deutschen Arbeiterbewegung.

Augusta, w., Form von *Augustus*.

Auguste, w., Form von *Augustus*.

Auguste, m., franz., Form von *Augustus*, prominenter Namensträger: der Bildhauer Auguste Rodin.

Augustin, m., Weiterbildung von *Augustus*.

Augustinus, m., Weiterbildung von *Augustus*, Heiligenname.

Augusto, m., ital., Form von *Augustus*.

Augustus, m., lat. „der Erhabene, der Ehrwürdige“.

Aurel, m., Kurzform von Aurelius, bekannter Namensträger: der Kaiser Marc Aurel.

Aurelia, w., Form von *Aurelius*.

Aurelie, w., Form von *Aurelius*.

Aurelius, m., lat. „aus Gold gemacht", Name eines römischen Geschlechts.

Aurora, w., lat. „das Morgenrot", römische Göttin.

Austen, m., niederdeutsch, Form von *August*.

Austin, m., engl., Form von *Augustin*.

Austina, w., Form von Augustine.

Autica, w., rumän. „die Goldene".

Ava, m., russ., Form von *August*.

Axel, m., schwed., Form von *Absalon*.

Azius, m., Kurzform von *Bonifatius*, *Pankratius* und *Servatius*.

Azo, m., Nebenform von *Azzo*.

Azzo, m., 1. ital., Kurz- und Koseform von Namen mit *Ad*, 2. fries., Kurzform von Namen mit *Ad-*.

B

Babett, w., franz., Kurz- und Koseform von *Barbara* bzw. *Elisabeth.*

Babette, w., Form von *Babett.*

Babs, w., Kurz- und Koseform von *Barbara*, gegenwärtig bekannte Namensträgerin: Babs Becker, die Ehefrau des Tennisspielers Boris Becker.

Bärbel, w., Kose- und Kurzform von *Barbara*, prominente Namensträgerin: Bärbel Bohley, ehemalige Bürgerrechtlerin in der DDR.

Balda, w., Kurzform von Namen mit *Bald-.*

Baldebert, m., ahd. „bald“ (kühn) und „beraht“ (glänzend).

Baldegund, w., ahd. „bald“ (kühn) und „gund“ (Kampf).

Baldegunde, w., Nebenform von *Baldegund.*

Balder, m., nordgermanischer Gott, Sohn Odins und der Frigg, vom bösen Gegenspieler Loki getötet.

Baldomar, m., ahd. „bald“ (kühn) und „mâr“ (berühmt).

Balduin, m., ahd. „bald“ (kühn) und „wini“ (Freund).

Baldur, m., nordisch, Form von *Balder.*

Baldus, m., Nebenform von *Balthasar.*

Baldwin, m., engl., Form von *Balduin.*

Balte, m., Nebenform von *Balthasar.*

Balthasar, m., babylonisch/hebr. „Gott schütze sein Leben“, bibl. Herkunft.

Baltes, m., fries., Kurzform von Namen mit *Bal-.*

Balthilde, w., ahd. „bald“ (kühn) und „hiltja“ (Kampf).

Baltrun, w., ahd. „bald“ (kühn) und „rûna“ (Geheimnis).

Balzer, m., Kurzform von *Balthasar.*

Baptist, m., griech. „Täufer“,

bibl. Herkunft, Beiname des Johannes.

Baptista, w., Form von *Baptist.*

Baptiste, m., franz., Form von *Baptist.*

Barb, w., Kurzform von *Barbara.*

Barbara, w., griech. „die Fremde", bekannte Namensträgerin: die Heilige Barbara aus Nikomedien, Barbara Bush, die Gattin des ehemaligen US-Präsidenten George Bush.

Barbe, w., franz., Form von *Barbara.*

Barberina, w., ital., Koseform von *Barbara.*

Barbie, Koseform von *Barbara.*

Barbro, w., schwed., Form von *Barbara.*

Bardo, m., Kurzform von *Bardolf.*

Bardolf, m., ahd. „barta" (Streitaxt) und „wolf" (Wolf).

Bardulf, m., Nebenform von *Bardolf.*

Barnabas, m., aramäisch „Sohn des Nabas" und „tröstliche Weissagung", bibl. Herkunft, Levit aus Zypern, gemeinsam mit Paulus einer der wichtigsten Verbreiter des christlichen Glaubens.

Barnd, m., fries., Kurzform von *Bernhard.*

Barnet, m., engl., Form von *Bernhard.*

Bartel, m., Nebenform von *Barthel.*

Barthel, m., Kurzform von *Bartholomäus.*

Barthélemy, m., franz., Form von *Batholomäus.*

Barthold, m., niederdeutsch, Nebenform von *Berthold.*

Bartholomäus, m., aramäisch/griech. „Sohn des Tolmai", bibl. Herkunft, der Legende nach wurde dem Apostel in Armenien bei lebendigen Leib die Haut abgezogen.

B

Bartholomé, m., franz., Form von *Batholomäus*.

Bartolomeo, m., ital., Form von *Batholomäus*.

Baruch, m., hebr. „der Gesegnete“, bibl. Herkunft, Gehilfe von Jeremia, eine ihm zugerechnete Schrift wurde in die Bibel aufgenommen, es zählt zu den Apokryphen der Luther-Bibel.

Bascha, m., Herkunft und Bedeutung unklar, bekannter Namensträger: Bascha Mika, Chefredakteur der Tageszeitung in Berlin.

Basil, m., Nebenform von *Basilius*.

Basilius, m., griech. „der Königliche“.

Bastian, m., Kurzform von *Sebastian*.

Bastien, m., franz., Form von *Sebastian*, bekannt durch Mozarts frühes Singspiel „Bastien et Bastienne“.

Bastienne, w., franz., Form von *Bastien*.

Bathilde, w., ahd. „batu“ (Kampf) und „hiltja“ (Kampf).

Batiste, m., franz., Form von *Baptist*.

Battista, w., ital., Form von *Baptist*.

Baudoin, w., franz., Form von *Balduin*.

Bea, w., Kurzform von *Beate*.

Beat, m., schweiz., Form von *Beatus*.

Beata, w., Nebenform von *Beate*.

Beate, w., lat. „die Glückliche“.

Beatrice, w., ital., Form von *Beatrix*.

Béatrice, w., franz., Form von *Beatrix*.

Beatrix, w., lat. „die Glücksbotin“, bekannte Namensträgerin: die Königin der Niederlande.

Beatus, m., lat. „der Glückliche“.

Becki, w., Kurz- und Koseform von *Rebekka*.

Becky, w., Nebenform von *Becki*.

Beda, m., ungar., Kurzform von *Benedikt*.

Beeke, w., fries., Form von Namen mit *Bert-*.

Beka, w., Nebenform von *Beeke*.

Béla, m., ungar., Form von *Adalbert*, bekannter Namensträger: der Komponist und Erforscher der Volksmusik: Béla Bartók.

Bele, w., Koseform von *Gabriele*.

Beline, w., engl., Form von *Béline*.

Belinda, w., ital./engl., Form hergeleitet von „bello" (schön) und „beltà" (Schönheit).

Béline, w., franz., Form von *Benignus*.

Bella, w., ital./span. „die Schöne", Kurzform von *Arabella* bzw. *Isabella*, von manchen Sprechern als eigenständiger Vorname angesehn.

Ben, m., hebr./engl., Kurzform von *Benjamin*.

Bendine, w., fries., Kurzform von *Bernhardine*.

Bendix, m., Kurzform von *Benediktus*.

Benedetta, w., ital., Form von *Benedikta*.

Benedetto, m., ital., Form von *Benediktus*, prominenter Namensträger: der italienische Historiker Bennedetto Croce.

Benedikt, m., Form von *Benediktus*.

Benedikta, w., Form von *Benedikt*.

Benedikte, w., Nebenform von *Benedikta*.

Bénédict, m., franz., Form von *Benediktus*.

Benedicto, m., ital., Form von *Benedikt*.

Benedikt, m., Nebenform von *Benediktus.*

Benedikta, w., Form von *Benediktus.*

Benediktus, m., lat. „der Gesegnete".

Bengt, m., schwed., Form von *Benedikt.*

Benigius, m., lat. „der Gütige", Heiligenname.

Benigna, w., lat. „die Gütige".

Benita, w., span., Form von *Benedikta.*

Benito, m., ital., Kurzform von *Benedikt.*

Benjamin, hebr. „Sohn des Glücks, Glückskind", bekannter Zeitgenosse: Benjamin Lebert, jugendlicher Debüt-Autor (Teenager-Erzählung „Crazy").

Bennet, m., engl., Form von *Benedikt.*

Bennett, m., engl., Form von *Benedikt.*

Benno, m., Kurzform von *Bernhard.*

Benny, m., Koseform von *Benjamin*, bekannter Namensträger: der Musiker Benny Goodman.

Bénoît, franz., Form von *Benedikt.*

Bent, m., schwed., Form von *Benedikt.*

Beppo, m., 1. bay., Koseform von *Joseph*, bekannter Namensträger: der Schauspieler Beppo Brehm, 2. ital., Koseform von *Giuseppe.*

Berenike, w., griech. „die Siegbringende".

Berhard, m., Nebenform von *Bernhard.*

Berit, w., schwed., Nebenform von *Birgit.*

Berlind, w., ahd. „bero" (Bär) und „linta" (der Lindenholzschild).

Berlinde, w., Nebenform von *Berlind.*

Bernadette, w., franz., Koseform von *Bernarde.*

Bernald, m., ahd. „bero“ (Bär) und „waltan“ (herrschen).

Bernard, m., 1. engl., Form von *Bernhard*, 2., franz., Form von *Bernhard.*

Bernarda, w., Form von *Bernard.*

Bernardino, m., ital., Koseform von *Bernhard.*

Bernardo, m., ital., Form von *Bernhard.*

Bernd, m., Kurzform von *Bernhard.*

Bernhard, m., ahd. „bero“ (Bär) und „hart“ (kühn).

Bernharda, w., Form von *Bernhard.*

Bernharde, m., franz., Form von *Bernhard.*

Bernhardin, m., Weiterbildung von *Bernhard.*

Bernhardine, w., Weiterbildung von *Bernharda.*

Bernhelm, m., ahd. „bero“ (Bär) und „helm“ (Schutz).

Bernhild, w., ahd., Nebenform von *Bernhilde.*

Bernhilde, w., ahd. „bero“ (Bär) und „hiltja“ (Kampf).

Bernhold, m., ahd. „bero“ (Bär) und „waltan“ (herrschen).

Berni, m., Kurzform von *Bernhard.*

Berno, m., Kurzform von Namen mit *Bern-.*

Bernold, m., ahd. „bero“ (Bär) und „waltan“ (herrschen).

Bernt, m., Kurzform von *Bernhard.*

Bero, m., Kurzform von *Bernhard.*

Berno, m., Kurzform von *Bernhard.*

Bernward, m., ahd. „bero“ (Bär) und „wart“ (Hüter).

Bert, m., Kurzform von Namen mit *Bert-* bzw. *-bert.*

Berta, w., Kurzform von Namen mit *Bert-* bzw. *-berta.*

Berte, w., Neben- und Koseform von *Berta.*

Bertel, 1. w., Neben- und Koseform von *Berta*, 2. m., Koseform von *Berthold.*

Bertfried, m., ahd. „beraht" (glänzend) und „fridu" (Frieden).

Bertfriede, w., Form von *Bertfried.*

Bertha, w., jüngere Nebenform von *Berta*, prominente Namensträgerin: die Politikerin und Frauenrechtlerin Bertha Suttner.

Berthild, w., ahd. „beraht" (glänzend) und „hiltja" (Kampf).

Berthilde, w., Nebenform von *Berthild.*

Berthold, m., ahd. „beraht" (glänzend) und „waltan" (herrschen).

Berti, m., Kurzform von Namen mit *Bert-* bzw. *-bert*, prominenter Namensträger: der ehemalige Nationaltrainer Berti (Hubert) Vogts.

Bertil, m., schwed., Form von Namen mit *Bert-.*

Bertila, w., schwed., Form von Namen mit *Bert-.*

Bertina, w., ahd., Kurzform von *Albertina* und *Albertine.*

Bertine, w., ahd., Nebenform von *Bertina.*

Bertl, m., Kurz- und Koseform von Namen mit *Bert-* bzw. *-bert.*

Berto, m., Kurzform von Namen mit *Bert-* bzw. *-bert.*

Bertold, m., Nebenform von *Berthold.*

Bertolf, m., ahd. „beraht" (glänzend) und „wolf" (Wolf).

Bertolt, m., Nebenform von *Berthold.*

Bertrada, w., ahd. „beraht" (glänzend) und „rât" (Rat).

Bertram, m., ahd. „beraht"

(glänzend) und „hraban“ (Rabe).

Bertrand, m., franz., Form von *Bertram*, herausragender Namensträger: der britische Philosoph Bertrand Russel.

Bertrun, w., ahd. „beraht“ (glänzend) und „rûna“ (Geheimnis).

Bertulf, m., Nebenform von *Bertolf*.

Bess, w., engl., Kurz- und Koseform von *Elizabeth*.

Bessie, w., engl., Form von *Bess*.

Bessy, w., engl., Nebenform von *Bessie*.

Beth, w., engl., Kurzform von *Elizabeth*.

Bethli, w., schweiz., Kurzform von *Elisabeth*.

Betsy, w., Form von *Bess*.

Bette, w., engl., Form von *Beth*, bekannte Namensträgerin: die US-Schauspielerin Bette Midler.

Betti, w., Kurzform von *Elisabeth*.

Bettina, w., Weiterbildung von *Betti*, bekannte Namensträgerin: die aus DDR-Tagen populäre Liedermacherin Bettina Wegner.

Bettine, w., Nebenform von *Bettina*.

Betty, w., Form von *Bette*.

Bianca, w., ital. „die Weiße“.

Bianka, w., Nebenform von *Bianca*.

Biankamarie, w., Doppelname aus *Bianka* und *Marie*.

Bibi, w., nordisch, Kurzform von *Brigitte*.

Bibiana, w., Weiterbildung von *Viviana*.

Bibiane, w., Nebenform von *Bibiana*.

Biddy, w., engl., Koseform von *Brigitte*.

Bilhild, w., ahd. „billi“ (Schwert) und „hiltja“ (Kampf).

Bilke, w., niederdeutsch, Kurzform von *Sybille.*

Bill, m., Kurzform von *William*, prominenter Namensträger: Bill Clinton, US-Präsident.

Billa, w., Kurzform von *Sybille.*

Bille, w., Form von *Billa.*

Billfried, m., ahd. „billi“ (Schwert) und „fridu“ (Frieden).

Billhard, m., ahd. „billi“ (Schwert) und „hart“ (kühn).

Billy, m., Kurzform von *William.*

Bina, w., Form von *Bine.*

Bine, w., Kurzform von *Sabina* und *Sabine.*

Bionda, w., ital. „die Blonde“.

Birger, m., nordisch „Beschützer“.

Birgit, w., schwed., Form von *Brigitte.*

Birgitta, w., Form von *Birgit.*

Birk, m., alemannisch, Kurzform von *Burkhard.*

Birke, w., Form hergeleitet vom Namen des Baumes, von den Standesämtern als weiblicher Vorname zugelassen.

Birte, w., nordisch, Kurzform von *Birgit*, seit dem Auftreten von Birte Karolus, Talk-Frau im Privatfernsehen, im Süden bekannt geworden.

Björk, w., nordisch „Bär“, prominente Namensträgerin: die isländische Popsängerin Björk.

Björn, m., schwed., „bero“ (Bär), in Norddeutschland verbreitet, Modename der 70er Jahre, bekannter Namensträger: der Tennisspieler Björn Borg.

Blaise, m., franz., Form von *Blasius.*

Blanca, w., ital./span., „die Helle, die Weiße“.

Blanche, w., franz. „die Helle, die Weiße“.

Blanda, w., lat. „die Freundliche“.

Blanka, w., Nebenform von *Blanca.*

Blandina, w., Weiterbildung von *Blanda.*

Blandine, w., Form von *Blandina.*

Blasi, m., Kurzform von *Blasius.*

Blasius, m., lat. „der Lispler“, ursprünglich Beiname.

Bob, m., engl., Lallform von *Robert.*

Bobby, m., engl., Koseform von *Robert.*

Bodmar, m., Nebenform von *Bodomar.*

Bodwin, m., Nebenform von *Bodowin.*

Bodo, m., ahd., Kurzform von Namen mit *Bodo-*, prominente Namensträger: ZDF-Fernsehjournalist Bodo H. Hauser, der SPD-Politiker Bodo Hombach.

Bodomar, m., ahd. „boto“ (Bote, Gebieter) und „mâr“ (berühmt).

Bodowin, m., ahd. „boto“ (Bote, Gebieter) und „wini“ (Freund).

Börge, m., schwed., Nebenform von *Birger.*

Börries, m., Form von *Liborius.*

Bogdan, m., slaw., Form von *Theodor.*

Bogdana, w., slaw., Form von *Bogdan.*

Bogisław, m., slaw., Form von *Gottlob.*

Bogumil, m., slaw., Form von *Gottlieb.*

Bogusłav, m., slaw., Nebenform von *Bogisław.*

Bohumil, m., slaw., Nebenform von *Bogumil.*

Boi, m., fries. „der Knabe, der Bub“.

Boie, m., Nebenform von *Boi.*

Boje, m., Nebenform von *Boi*.

Bolesłav, m., Nebenform von *Bolesław*.

Bolesław, m., slaw. „Mehrer des Ruhms“.

Bolko, m., Kurzform von *Bolesław*.

Bolo, m., Kurzform von *Bolesław*.

Bona, w., lat. „die Gute“.

Bonaventura, m., lat. „wer Glück verspricht“.

Bonifacius, m., lat., Nebenform von *Bonifatius*.

Bonifatia, w., Form von *Bonifatius*.

Bonifatius, m., lat. „der Wohltäter“, Heiligenname, ursprünglich angelsächsisch *Wynfrith*.

Bonifaz, m., lat., Kurzform von *Bonifatius*.

Bonita, w., span., Nebenform von *Bona*.

Bonnie, w., Weiterbildung von *Bona*.

Bonny, w., Weiterbildung von *Bona*.

Borchard, m., Nebenform von *Burkhard*.

Boris, m., Kurzform von *Borisław*, bekannter Zeitgenosse: der russische Präsident Boris Jelzin.

Borisłav, m., slaw. „buro“ (Kampf) und „slava“ (Ruhm).

Bork, m., niederdeutsch, Form von *Burkhard*.

Borris, m., Form von *Liborius*.

Bosse, m., niederdeutsch, Kurzform von *Burkhard*.

Bosso, m., niederdeutsch, Kurzform von *Burkhard*.

Botho, m., Nebenform von *Bodo*, bekannter Namesträger: der Dramatiker und Essayist Botho Strauß.

Boto, m., Nebenform von *Botho*.

Botwin, m., Nebenform von *Bodowin.*

Boy, m., 1. engl. „Knabe, Bub", bekannter Namensträger: der britische Popsänger Boy George, 2. fries. „Knabe, Bub", bekannter Namensträger: der Schauspieler und Regisseur Boy Gobert.

Bram, m., niederl./niederdeutsch, Kurzform von *Abraham.*

Branco, m., slaw., Kurzform von *Branislaw.*

Brand, m., Kurzform von Namen mit *Brand-* und *-brand.*

Brandolf, m., ahd. „brant" (Waffe) und „wolf" (Wolf).

Brandon, m., engl., Form von *Brandolf.*

Branko, m., slaw., Kurzform von *Branislaw.*

Branka, w., Form von *Branko.*

Branislaw, m., slaw., Form von *Bronislaw.*

Brecht, m., ahd., Kurzform von *Adalbert*, *Albrecht* und *Lambrecht.*

Brenda, w., engl., Nebenform von *Bridget.*

Brendan, m., engl., Form von *Brandolf.*

Brian, m., kelt., Form hergeleitet von „bryn" (Hügel).

Bride, w., engl., Kurz- und Koseform von *Bridget.*

Briddy, w., Form von *Bride.*

Bridget, w., engl., Form von *Brigitte*, prominente Namensträgerin: die Filmschauspielerin Bridget Fonda, das US-Model Bridget Hall.

Brig, w., Kurzform von *Brigitte.*

Briga, w., Form von *Brig.*

Brigga, w., Form von *Brig.*

Brigida, w., latinisierte Form von *Bridget.*

Brigitta, w., kelt., Nebenform von *Brigitte.*

Brigitte, w., kelt. „die Erhabene, die Hohe“, prominente Namensträgerin: die Autorin Brigitte Reimann.

Brit, Kurzform von *Birgit* und *Birgitta.*

Britt, w., Form von *Brit.*

Britta, w., Kurzform von *Brigitta* bzw. *Brigitte*, wegen eines Markennamens (Wasserfiltersystem) ungebräuchlich.

Broder, m., fries./skan. „Bruder“.

Bronia, w., slaw., Kurzform von *Bronisława.*

Bronisław, m., slaw. „bronja“ (Panzer, Harnisch) und „slava“ (Ruhm).

Bronisława, w., slaw., Form von *Bronisław.*

Bror, m., fries., Kurzform von *Broder.*

Brown, m., engl., Form von *Bruno.*

Bruce, m., kelt./engl., vermutlich „der Starke“.

Brun, m., Kurzform von *Bruno.*

Bruna, w., Kurzform von *Brunhilde.*

Brunhild, w., Nebenform von *Brunhilde.*

Brunhilde, w., ahd. „brunni“ (Panzer, Harnisch) und „hiltja“ (Kampf).

Bruna, w., Kurzform von *Brunhilde.*

Bruni, w., Koseform von *Brunhilde.*

Bruno, m., ahd. „braun“, bekannter Namensträger: der Kabarettist Bruno Jonas, der ehemalige Regierungschef Österreichs, Bruno Kreisky.

Brunold, m., ahd. „braun“ und „waltan“ (herrschen).

Bruntje, w., fries., Koseform von *Brunhild.*

Burchard, m., Nebenform von *Burkhard.*

Burga, w., Kurzform von Namen mit *Burg-* und *-burg.*

Burgel, w., bay., Koseform von Namen mit *Burg-* und *-burg*.

Burghard, m., Nebenform von *Burkhard*.

Burghild, w., Nebenform von *Burghilde*.

Burghilde, w., ahd. „bergan" (schützen) und „hiltja" (Kampf).

Burgit, w., kontrahierende Neubildung von *Burg-* und *Birgit*.

Burgunde, ahd. „bergan" (schützen) und „gund" (Kampf).

Bürk, w., Kurzform von *Burkhard*.

Burk, w., Kurzform von *Burkhard*.

Burkard, m., Nebenform von *Burkhard*.

Burkhard, m., ahd. „bergan" (schützen) und „hart" (kühn).

Burt, m., engl., Nebenform von *Bert*, bekannter Namensträger: der US-Filmschauspieler Burt Lancaster.

Busse, m., niederdeutsch, Kurzform von *Burkhard*.

Busso, m., niederdeutsch, Kurzform von *Burkhard*.

Cäcilia, w., Nebenform von *Caecilie.*

Caecilie, w., lat. „Frau, aus dem römischen Geschlecht der Caecilier", die heilige Caecilia (3. Jahrhundert) gilt als Patronin der Musik, darauf beziehen sich Händels „Cäcilien-Ode" und Heinrich von Kleists „Die heilige Cäcilie oder die Macht der Musik".

Caecilius, m., lat. „Mann, aus dem römischen Geschlecht der Caecilier".

Caesar, m., hergeleitet von lat. „schneiden", Beiname des römischen Geschlechts der Julier.

Cäsar, m., lat., eindeutschende Form von *Caesar.*

Cajus, m., Nebenform von *Kajus.*

Calman, m., Nebenform von *Kalmán.*

Calvin, m., Bedeutung unklar, verbreitet durch den Kirchenreformer Johann Calvin, prominenter Namensträger: Calvin Klein, amerikanischer Modemacher.

Camill, m., franz., Kurzform von *Camille.*

Camilla, w., Form von *Camillus*, durch Literatur und Film aufgekommen, prominente Namensträgerin: die Schauspielerin Camilla Horn, Die Geliebte des Prinzen von Wales.

Camille, m., franz., Form von *Camillus.*

Camillus, m., röm., lat. „der Edle".

Candid, m., lat., Nebenform von *Candida.*

Candida, w., lat. „die Hellglänzende, die Weiße".

Candy, w., engl., Kurzform von *Candid.*

Cara, w., kelt. „die Liebe, die Wertvolle".

Caren, w., schwed., Nebenform von *Karin.*

Carin, w., Nebenform von *Karin.*

Carina, w., ital., Weiterbildung von *Cara.*

C

Caritas, w., lat. „die Liebe, die Nächstenliebe“.

Carl, m., Nebenform von Karl, bekannter Namensträger: der Journalist und Herausgeber Carl von Ossietzky.

Carla, w., Nebenform von *Karla*.

Carline, w., engl., Nebenform von *Caroline*.

Carlo, m., ital., Form von *Karl*, bekannter Namensträger: der SPD-Politiker Carlo Schmid.

Carlos, m., span., Form von *Karl*, bekannter Namensträger: der internationale Top-Terrorist mit Decknamen Carlos.

Carlota, w., span., Form von *Charlotte*.

Carlotta, w., ital., Form von *Charlotte*.

Carmela, w., span., Weiterbildung von *Carmen*.

Carmen, w., span., Kürzung aus „Virgen del Carmen“ (Jungfrau vom Berg Karmel in Palästina), bekannt durch Bizets Oper „Carmen“.

Carol, 1. m., rumän./engl., Form von *Karl*, 2. w., engl., Kurzform von *Caroline*.

Carola, w., latinisiert von *Carla*.

Carolin, w., Kurzform von *Caroline*.

Carolina, w., Weiterbildung von *Carola*.

Caroline, w., engl., Form von *Karoline*.

Carolus, m., lat., Form von *Karl*.

Carolyn, w., engl., Form von *Karoline*.

Carrie, w., engl., Koseform von *Carol*.

Carry, w., engl., Koseform von *Carol*.

Carsta, w., Form von *Carsten*.

Carsten, m., niederdeutsch, Form von *Christian*, Nebenform von *Karsten* und *Kersten*.

Cary, m., engl., Nebenform von *Carl*, bekannter Namensträger: der Schauspieler Cary Grant.

Casimir, m., Nebenform von *Kasimir*.

Caspar, m., m., pers. „Schatzmeister“, Nebenform von *Kaspar*.

Cassandra, w., Nebenform von *Kassandra*.

Cassie, w., engl., Form von *Cassius*.

Cassius, m., lat. „Mann aus dem römischen Geschlecht Cassia“.

Cassy, w., engl., Form von *Cassius*.

Castor, m., latinisierte Form von *Kastor*.

Catalina, w., ital., Form von *Katharina*.

Catarina, w., ital., Nebenform von *Caterina*.

Caterina, w., ital., Form von *Katharina*.

Catherina, w., ital., Nebenform von *Caterina*.

Cathérine, w., franz., Form von *Katherina*.

Cathleen, w., engl., Form von *Katharina*.

Cathreen, w., engl., Form von *Katharina*.

Cécile, w., franz., Form von *Cäcilie*.

Cecil, m., engl., Form von *Cäcilie*, bekannter Namensträger: Cecil Rhodes, britischer Kolonialist im südlichen Afrika.

Cecily, w., engl., Form von *Cäcilie*.

Cedric, m., kelt./engl. „Häuptling, Anführer“.

Cees, m., niederl., Form von *Cornelius*, bekannter Namensträger: der Autor Cees Nooteboom.

Céleste, w., franz., Form von *Cölestine*.

Celestina, w., ital., Form von *Cölestine*.

C

Celia, w., Kurzform von *Cäcilie*.

Céline, w., franz., Form von *Cäcilie*.

Cella, w., Kurzform von *Marcella*.

César, m., franz., Form von *Caesar*.

Cesare, m., ital., Form von *Caesar*.

Chantal, w., franz. „der Gesang", Name der Ordensstifterin der Salesianerinnen.

Charis, w., griech. „die Anmutige, die Liebreizende".

Charity, w., engl., Form von *Charitas*.

Charitas, w., Nebenform von *Caritas*.

Charlene, w., engl., Kurzform von *Charlotte*.

Charles, m., engl./franz., Form von *Karl*, bekannte Namensträger: der Prinz von Wales Charles und der General und Politiker Charles de Gaulle.

Charley, m., engl., Koseform von *Charles*.

Charlot, w., Kurzform von *Charlotte*.

Charlotta, w., franz., Nebenform von *Charlotte*.

Charlotte, w., franz., Form von *Charles*, durch franz. Kultureinfluß Modename des 18. Jahrhunderts.

Charlton, m., engl., Nebenform von *Charles*, bekannter Namensträger: der Filmschauspieler Charlton Heston.

Charly, m., engl./franz., Koseform von *Charles*.

Che, m., Rufname des bolivianischen Revolutionärs Che Guevara noch 1970 vom Standesamt Erding nicht zugelassen, inzwischen als Zweitname möglich.

Cem, m., türk., Herkunft und Bedeutung unklar, bekannter Namensträger: der bündnisgrüne Politiker Chem Özdemir.

Cheryl, w., engl., Form von *Charles*, prominente Namensträgerinnen: die Sängerin Cheryl Studer und die Popsängerin Cheryl Crow.

Chiara, w., ital., Form von *Klara.*

Chlodwig, m., franz., Form von *Ludwig,* bekannte Namensträger: die fränkischen Könige des Frühmittelalters.

Chloe, w., griech. „das frische Grün, der junge Keim".

Chlothilde, w., Nebenform von *Klothilde.*

Chris, m./w., Kurzform von Namen mit *Chris-*.

Chrissy, m./w., Koseform von Namen mit *Chris-*.

Christa, w., Kurzform von *Christine.*

Christamaria, w., Doppelname aus *Christa* und *Maria.*

Christamarie, w., Nebenform von *Christamaria.*

Christel, w., oberdeutsch, Kurz- und Koseform von *Christine* und *Christa.*

Christelle, w., schweiz., Weiterbildung von *Christel* und *Christiane.*

Christhild, w., pietistische Neubildung in Anlehnung an ahd. „hiltja" (Kampf).

Christian, m., Form von *Christós*, ehemals beliebter Name in protestantischen Gebieten, prominente Namensträger: der französische Modeschöpfer Christian Dior und der Lyriker Christian Morgenstern.

Christiana, w., Form von *Christian.*

Christiane, w., Form von *Christian.*

Christianus, m., lat. „der Christ".

Christin, w., Kurzform von *Christiana.*

Christina, w., Nebenform von *Christiana.*

Christine, w., Nebenform von *Christiane*, prominente Namensträgerin: Christine, Gustav Adolfs Tochter und Königin von Schweden.

Christo, m., Kurzform von *Christoforo*, prominenter Namensträger: der Reichstags-Verpackungskünstler Christo.

Christof, m., Nebenform von *Christoph.*

Christoffer, m., engl., Nebenform von *Christopher.*

Christoforo, m., span., Form von *Christoph.*

Christoph, m., Form von *Christophorus*, bekannter Namensträger: der Schriftsteller Christoph Hein.

Christophe, m., franz., Form von *Christoph.*

Christopher, m., engl., Form von *Christoph.*

Christophorus, m., griech. „Träger Christi".

Christós, m., griech. „der Gesalbte".

Chrysantha, w., Form von *Chrysanthus.*

Chrysanthus, m., griech. „Goldblume".

Chrysostomus, m., griech. „Goldmund".

Cia, w., Kurzform von *Lucia.*

Cilia, w., engl., Kurzform von *Cecily.*

Cilla, w., Koseform von *Cäcilie.*

Cilli, w., Koseform von *Cäcilie.*

Cilly, w., engl., Kurzform von *Cecily.*

Cinderella, w., engl., Name des Aschenputtels im englischen Sprachraum.

Cindy, w., engl., Kurzform von *Cinderella*, bekannte Zeitgenossin: das US-Model Cindy Crawford.

Cintia, w., ungar., Form von *Cynthia.*

Cinzia, w., ital., Form von *Cynthia.*

Cissi, w., Kurz- und Koseform von *Cäcilie*, *Cäcilia* und *Cecily.*

Cissy, w., Kurz- und Koseform von *Cäcilie*, *Cäcilia* und *Cecily*.

Claartje, w., fries./niederl., Form von *Klara*.

Claas, m., niederl./niederdeutsch, Kurzform von *Nikolaus*, Nebenform von *Klaas* und *Klas*.

Cläre, w., eindeutschende Form von *Claire*.

Claire, w., franz., Form von *Klara*.

Clara, w., Nebenform von *Klara*, bekannte Namensträgerin: die Politikerin der KPD, Clara Zetkin.

Clarinda, w., engl., Neubildung von *Clara*.

Clarissa, w., Nebenform von *Klarissa*.

Clark, m., lat./engl. „Geistlicher“, bekannter Namensträger: der US-Schauspieler Clark Gable.

Claude, 1. w., franz., Form von *Claudia*, 2. m., Form von *Claudius*, Heiligenname, verehrt in Frankreich und im Rheinland, bekannter Namensträger: Claude Monet.

Claudette, w., franz., Koseform von *Claude*.

Claudia, w., Form von *Claudius*, prominente Namensträgerin: die Medienschöne Claudia Schiffer.

Claudine, w., Weiterbildung von *Claudia*.

Claudio, m., ital., Form von *Claudius*, im deutschen Sprachraum im Gebiet der ehemaligen DDR verbreitet.

Claudius, m., lat. „aus dem römischen Geschlecht der Claudier“.

Claus, m., Kurzform von *Nikolaus*, Nebenform von *Klaus*.

Clayton, m., engl. möglicherweise „Haus aus Erde“.

Clelia, w., lat. „Frau aus dem Geschlecht der Cloelia“.

Clemens, m., lat. „der Milde“, Nebenform von *Klemens*,

bekannter Namensträger: Clemens von Brentano.

Clementia, w., lat., Form von *Clemens.*

Clementina, w., Weiterbildung von *Clementia.*

Clementine, w., Weiterbildung von *Clementia.*

Cliff, m., Kurzform von *Clifford.*

Clifford, m., engl., Ortsbezeichung, möglicherweise „bei den Klippen".

Clifton, m., engl., Nebenform von *Clifford.*

Clint, m., engl., Herkunft und Bedeutung unklar, bekannter Zeitgenosse: der Filmschauspieler Clint Eastwood.

Clinton, m., engl., Herkunft und Bedeutung unklar.

Clio, w., griech. „die Rühmende", in der Mythologie die Muse der Geschichte, zwischenzeitlich als Markenname des Automobilherstellers Renault bekannt.

Clive, m., engl., ursprünglich Familienname.

Clivia, w., lat., Form hergeleitet vom Namen der Amaryllispflanze.

Clothilde, w., Nebenform von *Klothilde.*

Clytus, w., griech. „der Berühmte", Nebenform von *Klytus.*

Cölestin, m., Nebenform von *Cölestinus.*

Cölestine, w., Form von *Cölestinus.*

Cölestinus, m., lat. „der Himmlische".

Coletta, w., ital., Kurzform von *Nicoletta.*

Colette, w., franz., Kurzform von *Nicolette.*

Colin, m., engl., Kurzform von *Nicolaus.*

Coloman, m., vermutlich kelt., wenig gebräuchliche Nebenform von *Koloman.*

Columba, m., Form von *Kolumba.*

Columban, m., Form von *Kolumban*, bekannter Namensträger: der Ordensstifter und Abt von Bobbio, der Heilige Columbanus.

Concepión, w., span. „die Empfangende".

Concetta, ital. „die Empfangende".

Concha, w., span., Kurzform von *Concepión.*

Conchita, w., span., Kurzform von *Conceptión.*

Conni, w., engl., Kurzform von *Cornelia* und *Constance*, bekannte Namensträgerin: die Schauspielerin Cornelia Froboess.

Conny, w., engl., Kurzform von *Cornelia* und *Constance.*

Conrad, m., 1. Nebenform von *Konrad*, 2. engl., Form von *Konrad.*

Constance, w., engl., Nebenform von *Konstanze.*

Corbinian, m., Nebenform von *Korbinian.*

Corinna, w., griech., Dichterin und Geliebte Ovids.

Corinne, w., griech., Nebenform von *Corinna.*

Cornelia, w., röm., Form von *Cornelius*, bekannte Namensträgerin: Goethes Schwester.

Cornélie, w., franz., Form von *Cornelia.*

Cornelius, m., lat. „aus dem römischen Geschlecht der Cornelier".

Cornell, m./w., Kurzform von *Cornelius* und *Cornelia.*

Corny, m./w., Kurzform von *Cornelius* und *Cornelia.*

Corona, w., lat. „der Kranz, die Krone", Heiligenname, prominente Namensträgerin: Corona Schröter, von Goethe verehrte Sängerin, mit dem Namen assoziieren heute wohl viele das gleichnamige Exportbier aus Mexiko.

C

Corrado, m., ital., Form von *Konrad*.

Corrie, w., engl., Kurzform von *Cornelia*.

Corry, w., engl., Kurzform von *Cornelia*.

Corvin, m., lat., Kurzform von *Corvinius*.

Corvina, m., lat. „der Rabe".

Corvinius, m., lat. „kleiner Rabe".

Corvinus, m., lat. „der Rabe".

Cosima, w., Weiterbildung von *Cosmas*, prominente Namensträgerin: Cosima Wagner.

Cosimo, m., griech./ital., Form von *Cosmas*.

Cosmas, m., griech. „Ordnung, Glanz, Schönheit".

Cosmea, w., Form hergeleitet vom Namen der Blume Cosmee.

Cosmo, m., engl., Form von *Cosimo*, bekannter Zeitgenosse: der Sohn der Sängerin Nina Hagen.

Crescentia, w., lat. „die Erblühende, die Wachsende", Heiligenname, besondere Verehrung in Ostbayern.

Crispin, m., lat., Kurzform von *Crispinus*.

Crispinus, m., lat. „Mann mit krausem Haar".

Cristobal, m., span., Form von *Christoph*.

Curd, m., Kurzform von *Konrad*, Nebenform von *Curt* und *Kurt*, prominenter Namensträger: der Schauspieler Curd Jürgens.

Curt, m., Kurzform von *Konrad*, Nebenform von *Curd* und *Kurt*.

Curtis, m., engl., hergeleitet von altfranzösisch „curtise" (höflich, höfisch).

Cynthia, w., engl., hergeleitet von griech. „Frau, die vom Berg Kynthos stammt", Beiname der Göttin Artemis.

C

Cyprian, m., lat., hergeleitet von griech. „kyprioi“ (die Zyprioten).

Cyra, w., Nebenform von *Kyra.*

Cyrano, m., Herkunft und Bedeutung unklar, bekannter Namensträger: Cyrano de Bergerac, franz. Dichter und Frühaufklärer des 17. Jahrhunderts.

Cyriac, m., griech., Nebenform von *Cyriacus.*

Cyriacus, m., lat., hergeleitet von griech. „kyriakós“ (zum Herrn gehörig).

Cyrille, m., franz., Nebenform von *Cyrillus.*

Cyrillus, m., lat., hergeleitet von griech. „kyrios“ (zum Herrn gehörig).

D

Dag, m., Kurzform von Namen mit *Dago-*.

Dagmar, w., dänisch, Umbildung von *Dragomira*, bekannte Namensträgerin: die leitende ARD-Nachrichtenredakteurin Dagmar Berghoff („Tagesschau").

Dagny, w., dän. „dag" (Tag) und „ny" (neu).

Dagobert, m., kelt./ahd. „dago" (gut) und „beraht" (glänzend).

Dagomar, m., kelt./ahd. „dago" (gut) und „mâr" (berühmt).

Daisy, w., engl. „die Gänseblume".

Dale, m., amerik., Herkunft und Bedeutung unklar, prominenter Zeitgenosse: der US-Lebenshilfe-Longseller Dale Carnegie („Sorge dich nicht, lebe!").

Dalila, w., hebr. „die Sehende" bzw. „Frau mit wallendem Haar".

Dalilah, w., Nebenform von *Dalila*, bekannte Namensträgerin: die Sängerin Daliah Lavi.

Damaris, w., griech. „die Gattin, die Geliebte", bekannt durch eine Athenerin, die von Paulus zum Christentum bekehrt wurde.

Damian, m., griech. „der Bezwinger" bzw. „Mann des Volkes", Heiligenname.

Dan, m., 1. engl., Kurzform von *Daniel*, bekannter Namensträger: der Historiker Dan Diner, 2. hebr., bibl. Herkunft, einer der zwölf Söhne Jakobs und Ahnherr einer der zwölf Stämme der Israeliten.

Dana, w., slaw., Kurzform von *Bogdana*.

Dania, w., Kurzform von *Daniela*.

Danja, w., Kurzform von *Daniela*.

Daniel, m., hebr. „Gott ist mein Richter", bibl. Herkunft, Gestalt der jüdischen Überlieferung, Israelit im Dienst babylonischer Herrscher.

D

Daniela, w., ital., Form von *Daniel*.

Daniella, w., ital., Form von *Daniel*.

Danielle, w., franz., Form von *Daniela*, prominente Namensträgerin: die britische Bestsellerautorin Danielle Steel.

Danilo, m., slaw., Form von *Daniel*.

Dankmar, m., ahd. „dank" (Gedanke) und „mâr" (berühmt).

Dankrad, m., ahd. „dank" (Gedanke) und „rât" (Rat).

Dankwart, m., ahd. „dank" (Gedanke) und „wart" (Hüter).

Danni, w., Koseform von *Daniela*.

Danniebelle, w., Doppelname aus den Koseformen *Danni* und *Bella*.

Danny, m., engl., Koseform von *Daniel*, bekannter Namensträger: der Komiker Danny de Vito.

Dano, m., slaw., Kurzform von *Daniel*.

Danuta, w., poln., Form von *Daniella*, bekannte Namensträgerin: die Gattin des polnischen Ex-Präsidenten Lech Walesa.

Dany, m./w., franz., Koseform von *Daniel*, *Daniela* und *Danielle*.

Daphne, w., griech. „Lorbeer, Lorbeerbaum", bekannte Namensträgerin: die Schriftstellerin Daphne du Maurier.

Daria, w., Form von *Darius*.

Darja, w., russ., Kurzform von *Dorofeja*.

Dario, m., ital., Form von *Darius*, prominenter Namensträger: der Dramatiker und Literaturnobelpreisträger Dario Fo.

Darius, m., griech. „der Mächtige, der Bezwinger", hergeleitet aus dem Namen persischer Herrscher, bekannter Namensträger: der Widersacher Alexanders.

D

Dave, m., Kurzform von *David.*

David, m., hebr. „der Geliebte", bibl. Herkunft, jüngster der acht Söhne von Jesse, König von Juda und über ganz Israel, bekannter Namensträger: der israelische Politiker David Ben Gurion.

Davida, w., Form von *David.*

Davide, m., franz., Form von *David.*

Davina, w., engl., in Schottland verbreitete Form von *David.*

Dawn, w., engl. „die Morgenröte".

Dean, m., engl./amerik. „Ältester".

Debald, m., niederdeutsch, Form von *Dietbald.*

Debbie, w., engl., Kurzform von *Debora.*

Debora, w., hebr. „Bienenfleißige", bibl. Herkunft, Prophetin und Richterin der Israeliten.

Deborah, w., Nebenform von *Debora.*

Decima, w., span. „die Zwölftgeborene", in der Karibik verbreitet.

Dedo, m., fries., Form von *Dietrich.*

Deddo, m., Nebenform von *Dedo.*

Degenhard, m., ahd. „degan" (Held, Krieger) und „hart" (kühn).

Deike, w., fries., Kurzform von Namen mit *Diet-.*

Dela, w., Kurzform von *Adele.*

Dele, w., Kurzform von *Adele.*

Delf, m., Kurzform von *Detlef.*

Delia, w., griech. „von der Insel Delos stammend", Beiname der Göttin Artemis.

Delila, w., Nebenform von *Dalila.*

Delihah, w., Nebenform von *Delila.*

D

Della, w., engl., Kurzform von *Delia*.

Demetrius, m., griech. „der großen Erdgöttin und Vegetationsgottheit Demeter geweiht".

Denis, m., franz./engl., Form von *Dionysos*.

Denise, w., Form von *Denis*.

Dennis, m., franz./engl., Nebenform von *Denis*.

Deno, m., Kurzform von *Degenhard*.

Derek, m., niederdeutsch/engl., Kurzform von *Dietrich*, prominenter Namensträger: Derek Wallcot, Literaturnobelpreisträger.

Derik, m., fries., Form von *Dietrich*.

Derk, m., Nebenform von *Derek*.

Derrick, m., engl., Form von *Dietrich*.

Desideria, w., lat., Form von *Desiderius*.

Desiderius, m., lat. „der Erwünschte".

Désiré, m., franz., Form von *Desiderius*.

Désirée, w., franz., Form von *Desideria*, bekannte Namensträgerin: die Moderatorin Désirée Nosbusch.

Deta, w., Kurzform von Namen mit *Diet-*.

Detlef, m., ahd. „diet" (Volk) und „laib" (Sohn, Nachkomme, Erbe), bekannter Zeitgenosse: der Filmregisseur Detlef Buck.

Detlev, m., Nebenform von *Detlef*.

Detmar, m., niederdeutsch, Form von *Dietmar*.

Devon, w., engl., gleichnamige Grafschaft im Süden Englands, Name des US-japanischen Models Devon Aokis.

Dewald, m., niederdeutsch, Form von *Dietwald*.

Diana, w., lat., italische Waldgottheit, Hüterin der Wildnis und der Frauen, mit der griech. Artemis gleichgesetzt, prominente Namensträgerin: Lady Di, Princess of Wales, verstorbene und verehrte Prinzenmutter Britanniens.

Diane, w., Nebenform von *Diana*.

Dick, m., engl., Lallform von *Richard*.

Dicky, m., engl., Koseform von *Richard*.

Didda, w., fries., Kurzform von Namen mit *Diet-*.

Diddi, m., Nebenform von *Didi*.

Didier, m., franz., Form von *Desiderius*.

Didi, m., Kurzform von *Dietrich*.

Dido, 1. w., phönizisch/griech., sagenhafte Königin Karthagos und Mondgottheit, 2. m., fries., Kurzform von *Dietrich*.

Diebald, m., Nebenform von *Dietbald*.

Diedrich, m., ahd. „diet" (Volk) und „rîch" (Fürst, Herrscher, mächtig), Nebenform von *Dietrich*.

Diego, m., span., Form von *Jakob*, prominenter Namensträger: der argentinische Fußballspieler Diego Maradonna.

Diemo, m., Kurzform von *Dietmar*.

Dierk, m., Nebenform von *Dirk*.

Dieta, w., Kurzform von Namen mit *Diet-*.

Dietbald, m., ahd. „diet" (Volk) und „bald" (kühn).

Dietberga, w., ahd. „diet" (Volk) und „bergan" (schützen).

Dietbert, m., ahd. „diet" (Volk) und „beraht" (glänzend).

Dietbrand, m., ahd. „diet" (Volk) und „brant" (Schwert).

Dietburga, w., Nebenform von *Dietberga*.

D

Dieter, m., Kurzform von *Dietrich*, bekannter Namensträger: der Kabarettist Dieter Hildebrandt.

Dieterik, m., niederl./niederdeutsch/friesisch, Form von *Dietrich*.

Dietfried, m., ahd. „diet" (Volk) und „fridu" (Frieden).

Dietgard, w., ahd. „diet" (Volk) und „gard" (Schutz).

Dietger, m., ahd. „diet" (Volk) und „gêr" (Speer).

Diethard, m., ahd. „diet" (Volk) und „hart" (kühn).

Diethelm, m., ahd. „diet" (Volk) und „helm" (Schutz).

Diether, m., ahd. „diet" (Volk) und „hêr" (Krieger).

Diethild, w., Nebenform von *Diethilde*.

Diethilde, w., ahd. „diet" (Volk) und „hiltja" (Kampf).

Dietleib, m., ahd., Form von *Detlef*.

Dietlind, w., Nebenform von *Dietlind*.

Dietlinde, w., ahd. „diet" (Volk) und „linta" (der Lindenholzschild).

Dietmar, m., ahd. „diet" (Volk) und „mâr" (berühmt), bekannter Namensträger: der Schauspieler Dietmar Schönherr.

Dietmut, w., Nebenform von *Dietmut*.

Dietmute, w., ahd. „diet" (Volk) und „muot" (Gesinnung).

Dietram, m., ahd. „diet" (Volk) und „hraban" (Rabe).

Dietrich, m., ahd. „diet" (Volk) und „rîch" (Fürst, Herrscher, mächtig), bekannte Namensträger: der Theologe und Vertreter des kirchlichen Widerstands gegen die NS-Herrschaft Dietrich Bonhoeffer.

Dietrun, w., ahd. „diet" (Volk) und „rîna" (Geheimnis).

Dietwald, m., ahd. „diet"

(Volk) und „waltan“ (herrschen).

Dietward, m., ahd. „diet“ (Volk) und „wart“ (Hüter).

Dietwin, m., ahd. „diet“ (Volk) und „wini“ (Freund).

Dietwolf, m., ahd. „diet“ (Volk) und „wolf“ (Wolf).

Dietz, m., oberdeutsch, Kurzform von *Dietrich*.

Diktus, m., Kurzform von *Benediktus*.

Dilla, w., Kurzform von *Odilie*.

Dimitri, m., russ., Form von *Demetrius*.

Dimitrij, m., russ., Form von *Dimitiri*.

Dimo, m., Nebenform von *Diemo*.

Dina, w., 1. hebr., bibl. Herkunft, Tochter von Lea und Jakob, 2. Kurzform von *Adina* und weiteren Namen mit *-dina* und *-tina*.

Dinah, w., hebr., Nebenform von *Dina*.

Dino, m., ital., Kurzform von *Bernardino*.

Diona, w., Nebenform von *Dione*.

Dione, w., griech., 1. Name der Tochter des Atlas und Gattin des Tantalos, 2. Erdgöttin und Begleiterin des Zeus.

Dionys, m., griech., Kurzform von *Dionysios*.

Dionysios, m., griech. „der Fröhliche, dem Gott Dionysos geweiht“, Gott des Weines und der Ekstase, der griechischen Sage nach der Hüfte des Zeus entsprungen.

Dionysius, m., Nebenform von *Dionysios*.

Diotima, w., griech. „dios“ (Gott) und „tima“ (bestimmt), „die für Gott bestimmte“.

Dirk, m., niederdeutsch, Kurzform von *Dietrich*.

Ditrich, m., Nebenform von *Dietrich*.

Ditte, w., Kurzform von Namen mit *Diet-*.

Dittmar, m., Nebenform von *Dietmar*.

Dix, m., Kurzform von *Benedikt*.

Djarmila, w., kirgisisch, bekannt durch die literarische Gestalt in Tschingis Aitmatows gleichnamiger Erzählung.

Dodo, m., niederdeutsch, Koseform von Namen mit *-dolf*.

Dörte, w., niederdeutsch, Kurzform von *Dorothea*, bekannte Namensträgerin: Dörte Caspary, ehemalige IM des MfS.

Dörthe, w., Nebenform von *Dörte*.

Dolf, m., Kurzform von Namen mit *-dolf*, prominente Namensträger: der Journalist Dolf Sternberger, der Schauspieler Dolf Lundgren.

Dolfes, m., Kurzform von Namen mit *-dolf*.

Dolly, w., engl., Kurzform von *Dorothy*, prominente Namensträgerin: Dolly Buster, busengewaltige Moderatorin des deutschen Privatfernsehens.

Dolores, w., span., beiname der Mutter Maria, „virgen de los dolores" (Jungfrau der Schmerzen).

Doma, w., slaw., Form von *Dominika*.

Domenica, w., ital., Form von *Dominika*.

Domenico, m., ital., Form von *Dominikus*.

Domingo, m., span., Form von *Dominikus*.

Dominic, m., engl., Form von *Dominikus*.

Dominik, m., lat., Nebenform von *Dominikus*.

Dominika, w., lat., Form von Dominikus.

Dominikus, m., lat. „dem Herrn gehörend", Heiligenname, Name des Gründers des

Dominikanerordens, der einer sehr angesehenen spanischen Adelsfamilie entstammte.

Dominique, m., franz., Form von *Dominikus*.

Don, m., engl., Kurzform von *Donald*, prominenter Namensträger: der Autor Don DeLilo („White Noise“ [Weißes Rauschen]).

Donald, m., engl., hergeleitet von kelt. „domhnall“ (Herrscher der Welt), bekannter Namensträger: der Schauspieler Donald Sutherland („Wenn die Gondeln Trauer tragen“).

Donat, m., Kurzform von *Donatus*.

Donata, w., lat., Form von *Donatus*.

Donatella, w., ital., Form von *Donata*, prominente Namensträgerin: Donatella Versace, Modeschöpferin, trat das Erbe des Bruders Gianni an.

Donatus, m., lat. „Geschenk Gottes“.

Donna, w., ital./span. „die Herrin“, bekannte Zeitgenossin: die Autorin Donna Leon.

Dora, w., Kurzform von *Dorothea* und *Theodora*.

Dore, w., Nebenform von *Dora*.

Doreen, w., engl., Kurzform von *Dorothy*.

Dorette, w., franz., Koseform von *Dorothée*.

Dorian, m., griech. „der Dorer“, bekannt durch Oscar Wildes „Das Bildnis des Dorian Gray“.

Dorina, w., Weiterbildung von *Dora*.

Dorinda, w., Weiterbildung von *Dora*.

Doris, w., Kurzform von *Dorothea* und *Theodora*, prominente Namensträgerinnen: die Autorin und Regisseurin Doris Dörrie und die US-Schauspielerin Doris Day.

Dorit, w., Kurzform von *Dorothea*.

Doritt, w., Nebenform von *Dorit*.

Dorle, w., Koseform von *Dorothea*.

Doro, w., Kurzform von *Dorothea*, bekannt durch die Filmfigur in Doris Dörries Komödie „Der bewegte Mann".

Dorofeja, w., russ., Form von *Dorothea*.

Dorota, w., tschech., Form von *Dorothea*.

Dorothea, w., griech. „Gottesgeschenk", Umformung von *Theodora*.

Dorothee, w., Nebenform von *Dorothea*.

Dorothée, w., franz., Form von *Dorothea*.

Dorothy, w., engl., Form von *Dorothea*.

Dorte, w., niederdeutsch, Kurzform von *Dorothea*.

Dorthe, w., niederdeutsch, Kurzform von *Dorothea*.

Dortje, w., fries., Form von *Dorothea*.

Dory, w., engl., Koseform von *Dorothy*.

Dotty, w., engl., Koseform von *Dorothy*.

Douglas, m., engl., hergeleitet von kelt. „dubhglas" (dunkelblau), ursprünglich Flußname.

Draga, w., slaw., Form von *Dragan*.

Dragan, m., slaw., Kurzform von *Dragomir*.

Dragica, w., slaw., From von *Dragan*.

Drago, m., slaw., Nebenform von *Dragan*.

Dragomir, m., slaw. „dragi" (wertvoll) und „mir" (Friede).

Drewes, m., niederdeutsch, Kurzform von *Andreas*.

Dries, m., niederdeutsch, Nebenform von *Drewes*.

Dubravka, w., tschech.

„dobru“ (gut) und Name einer Pflanze.

Dudo, m., niederdeutsch, Koseform von Namen mit *-dolf*.

Dunja, w., slaw., Kurzform von *Eudokia*.

Durs, m., schweiz., Kurzform von *Dorian*, bekannter Namensträger: der Berliner Lyriker Durs Grünbein.

Dusja, w., russ., Kurzform von *Ida*.

Dustin, m., engl. Herkunft und Bedeutung unklar, bekannter Zeitgenosse: der Schauspieler Dustin Hoffman.

Dwight, m., altengl. „der Weiße“, bekannter Namensträger: der General und spätere US-Präsident Dwight D. Eisenhower.

E

Earl, m., engl./amerik. „eorl" (der Freie), in den USA Vorname, in Großbritannien Adelsprädikat.

Ebba, w., Kurzform von Namen mit *Eber-*.

Ebbo, m., Kurzform von Namen mit *Eber-*.

Ebergard, w./m., ahd. „ebur" (Eber) und „gard" (Schutz).

Ebergund, w., Nebenform von *Ebergund*.

Ebergunde, w., ahd. „ebur" (Eber) und „gund" (Kampf).

Eberhard, m., ahd. „ebur" (Eber) und „hart" (kühn), bekannter Namensträger: der Regierende Bürgermeister Berlins Eberhard Diepgen (CDU).

Eberharde, w., Form von *Eberhard*.

Eberhardine, w., Weiterbildung von *Eberharde*.

Eberhelm, m., ahd. „ebur" (Eber) und „helm" (Schutz).

Eberhild, w., ahd. „ebur" (Eber) und „hiltja" (Kampf).

Ebermund, m., ahd. „ebur" (Eber) und „munt" (Schutz).

Eberolf, m., ahd., Nebenform von *Eberwolf*.

Ebert, m., Kurzform von *Eberhard*.

Eberta, w., Kurzform von *Eberharde*.

Eberwin, m., ahd. „ebur" (Eber) und „wini" (Freund).

Eberwolf, m., ahd. „ebur" (Eber) und „wolf" (Wolf).

Ebo, m., Kurzform von Namen mit *Eber-*, Nebenform von *Ebbo*.

Eckart, m., Nebenform von *Eckehard*.

Eckbert, m., ahd. „ecko" (Schwertspitze) und „beraht" (glänzend), Kurzform von *Egbert*.

Ecke, m., Kurzform von Namen mit *Eck-*.

E

Eckehard, m., Nebenform von *Eckehart*.

Eckehart, m., ahd. „ecko“ (Schwertspitze) und „hart“ (kühn).

Eckhard, m., Nebenform von *Eckehard*.

Ecki, m., Kurz- und Koseform von *Ekkehard* bzw. *Eckhard*.

Ed, m., engl., Kurzform von *Edward*.

Edda, w., Kurzform von Namen mit *Ed-*, rare Namensträgerin: die Germanistin Edda Ziegler.

Eddie, m., engl., Koseform von *Edward*.

Eddy, m., engl., Nebenform von *Eddie*.

Ede, m., Kurzform von *Eduard*.

Edel, w., Kurzform von Namen mit *Edel-*.

Edelberga, w., ahd., Nebenform von *Adalberga*.

Edelbert, m., ahd., Nebenform von *Adalbert*.

Edelberta, w., ahd., Nebenform von *Adalberta*.

Edelbrecht, m., ahd., Nebenform von *Adalbert*.

Edelburg, w., ahd., Nebenform von *Adalburga*.

Edelburga, w., ahd., Nebenform von *Adalburga*.

Edelgard, w., ahd., Nebenform von *Adalgard*.

Edelmar, m., ahd., Nebenform von *Adalmar*.

Edeltraud, w., ahd., Nebenform von *Adeltraud*.

Edgar, m., altengl. „ead“ (Besitz, Erbe) und „gêr“ (Speer), bekannte Namensträger: der Schauspieler an den Münchner Kammerspielen Edgar Selge und der amerikanische Schriftsteller Edgar Allen Poe.

Edgard, w., Form von *Edgar*.

Edina, w., altengl., Weiterbildung von *Edna*.

Edith, w., altengl. „ead“ (Erbe, Besitz) und „gyth“ (Kampf), bekannte Namensträgerin: die Sängerin Edith Piaf.

Editha, w., latinisierte Form von *Edith*.

Edmund, m., altengl./ahd. „ôd“ (Besitz, Glück) und „munt“ (Schutz), bekannter Namensträger: der bayerische Ministerpräsident und CSU-Vorsitzende Edmund Stoiber.

Edna, w., engl., hergeleitet von hebr. „adna“ (Wonne, Glück).

Edoardo, m., ital., Form von *Eduard*.

Édouard, m., franz., Form von *Eduard*.

Edsert, m., Nebenform von *Edzard*.

Eduard, m., altengl./ahd. „ôd“ (Besitz, Glück) und „wart“ (Hüter), Namensträger: Eduard Simson, Präsident des deutschen Parlaments in der Frankfurter Paulskirche (1848/49), der Lyriker Eduard Mörike.

Edvard, m., schwed./norweg., Form von *Eduard*, bekannter Namensträger: Edvard Grieg.

Edward, m., engl., Form von *Eduard*, bekannter Zeitgenosse: der britische Dramatiker Edward Bond.

Edwige, w., franz., Form von *Hedwig*.

Edwin, m., altengl./ahd. „ôd“ (Besitz, Glück) und „wini“ (Freund), bei manchen ist der Name heute eher als Bezeichnung des japanischen Jeans-Labels bekannt (Edwin).

Edwina, w., Form von *Edwin*.

Edwine, w., Nebenform von *Edwina*.

Edwyn, m., engl., Nebenform von *Edwin*, bekannter Namensträger: der Popmusiker Edwyn Collins.

Edyth, w., Nebenform von *Edith*.

Edzard, m., fries., Form von *Eckehard*, bekannter Zeitgenosse: der Sohn des ehemaligen Berliner Bürgermeisters und vormalige Manager Edzard Reuter.

Edzart, m., fries., Form von *Eckehart.*

Effi, w., Kurzform von *Elfriede.*

Efraim, m., hebr. „der Fruchtbare“, bibl. Herkunft, Bruder des Manasse und Sohn der Asenat und Josefs, Ahnherr einer der zwölf Stämme Israels.

Egbert, m., Nebenform von *Eckbert*, bekannter Zeitgenosse: der umstrittene Finanzjournalist und „Guildo Horn der Börse“, Egbert Prior.

Egberta, w., Form von *Egbert.*

Egbertine, w., Weiterbildung von *Egberta.*

Egbrecht, m., ahd., Nebenform von *Eckbert.*

Egge, m., fries., Kurzform von Namen mit *Egin-.*

Egid, m., Kurzform von *Egidio.*

Egidi, m., Kurzform von *Egidius.*

Egidio, m., ital., Form von *Ägidius.*

Egidius, m., Form von *Ägidius*, bekannter Namensträger: der langjährige DFB-Präsident Egidius Braun.

Egil, m., Kurzform von Namen mit *Egi-.*

Egilbert, m., Nebenform von *Agilbert.*

Egilo, m., Kurzform von Namen mit *Egi-* und Nebenform von *Egil.*

Egilof, m., Nebenform von *Agilolf.*

Eginald, m., ahd. „ecko“ (Schwertspitze) und „waltan“ (herrschen).

Eginhard, m., ahd. „ecko“ (Schwertspitze) und „hart“ (kühn).

Egino, m., Kurzform von Namen mit *Egin-.*

Eginolf, m., ahd. „ecko“

(Schwertspitze) und „wolf“ (Wolf).

Egmond, m., niederl., Nebenform von *Agimund.*

Egmund, m., niederdeutsch, Nebenform von *Agimund.*

Egolf, m., Nebenform von *Egilolf.*

Egon, m., Nebenform von *Egino*, bekannte Namensträger: der Nachfolger Honeckers in der DDR, Egon Krenz, der Journalist Egon Erwin Kisch.

Ehm, m., fries., Kurzform von Namen mit *Egin-.*

Ehregott, m., pietistische Neubildung in Anlehnung an *Timotheus.*

Ehrenfried, m., Neubildung in Anlehnung an *Arnfried.*

Ehrengard, w., Neubildung von „Ehre“ mit ahd. „gard“ (Schutz).

Ehrentraud, w., Neubildung von „Ehre“ mit ahd. „trûd“ (wehrhaft).

Ehrhard, m., ahd., Nebenform von *Erhard.*

Ehud, m., hebr., bibl. Herkunft, einer der ersten Richter Israels aus dem Stamm Benjamin, Kämpfer gegen die Moabiter, bekannter Zeitgenosse: Ehud Barak, israelischer Premierminister.

Eike, m., niederdeutsch, Kurzform von Namen mit *Ecke-* und *Eg-.*

Eiko, m., niederdeutsch, Nebenform von *Eicke.*

Eilard, m., Nebenform von *Agilhard.*

Eilbert, m., Nebenform von *Agilbert* und *Egilbert.*

Eileen, w., engl., Nebenform von *Helen* oder *Eleanor.*

Eilert, m., Kurzform von *Eilhard* und *Agilwart.*

Eilhard, m., Nebenform von *Agilhard.*

Eilika, w., Form von *Eiliko.*

Eiliko, m., niederdeutsch,

Form von Namen mit *Agil-* und *Eil-*.

Eilmar, m., Nebenform von *Agilmar*.

Einar, m., nordisch/skandinavisch „einn" (einzeln) und „heri" (Krieger).

Einhard, m., Nebenform von *Eginhard*.

Eirik, m., nordisch, Form von *Erich*.

Eitel, m., ahd. „eitel" (einzig und allein).

Ekkehard, m., Nebenform von *Eckehard*.

Ela, w., Kurzform von *Elisabeth* und *Michaela*.

Elaine, w., engl., Nebenform von *Helen* oder *Eleanor*.

Elard, m., niederdeutsch, Nebenform von *Eilhard*.

Elberich, m., Nebenform von *Alberich*.

Elbert, m., Nebenform von *Egilbert* und *Eilbert*.

Eleanor, w., engl., Form von *Eleonore*, prominente Namensträgerin: Eleanor Roosevelt, ehemalige First Lady der USA.

Eleasar, m., hebr. „Gottes Hilfe", bibl. Herkunft., Sohn von Aaron und dessen Nachfolger als Priester.

Elektra, w., griech. „die Strahlende".

Elena, w., ital., Form von *Helene*.

Eleni, w., griech., Form von *Helene*.

Eleonore, w., 1. Form von *Ellinor*, 2. Nebenform von *Eleonora*.

Eléonore, w., franz., Form von *Eleonore*.

Elfe, w., Kurzform von *Elfriede*.

Elfgard, w., Neubildung von Namen mit *Elf-* und *-gard*.

Elfi, w., Kurzform von *Elfriede*.

Elfriede, w., 1. ahd., Nebenform von *Adalfriede*, 2. Form von *Alfred*, prominente Namensträgerin: die österreichische Schriftstellerin Elfriede Jelinek.

Elfrun, w., Nebenform von *Albrun*.

Elga, w., nordisch, Nebenform von *Helga*.

Elger, m., Nebenform von *Adalger*.

Eliane, w., franz., Form von *Elias*.

Eliano, m., ital., Form von *Elias*.

Elias, m., hebr. „Jahwe ist mein Gott", bibl. Herkunft, Prophetenname.

Eliette, w., franz., Kurzform von *Eliane*.

Eligius, m., lat. „der Auserwählte".

Elin, w., schwed., Form von *Helene*.

Elisa, w., Kurzform von *Elisabeth*.

Elise, w., Kurzform von *Elisabeth*.

Elisabeth, w., hebr. „die Gottgeweihte", bibl. Herkunft.

Elisabetta, w., ital, Form von *Elisabeth*.

Eliza, w., engl., Kurzform von *Elizabeth*.

Elizabeth, w., engl., Form von *Elisabeth*.

Elke, w., fries., Koseform von *Adelheid*, bekannte Namensträgerinnen: die Autorin Elke Heidenreich, die Schauspielerin Elke Sommer.

Elko, m., niederdeutsch, Kurzform von Namen mit *Agil-* oder *Egil*.

Ella, w., Kurz- und Koseform von *Elfriede*, *Eleonore* oder *Elisabeth*.

Ellen, w., engl., Kurzform von *Helene* und *Eleonor*.

Elli, w., Kurz- und Koseform von *Elfriede*, *Eleonore* oder *Elisabeth*.

Ellice, w., engl., Form von *Elias*.

Ellinor, w., arab. „Gott ist mein Licht", Form von *Eleonore*.

Elliot, w., engl., Form von *Elias*.

Ellis, m., engl., Form von *Elias*.

Elly, w., Kurz- und Koseform von *Elfriede*, *Eleonore* oder *Elisabeth*, prominente Namensträgerin: Elly Heuss-Knapp, Gattin des Bundespräsidenten Heuss.

Elma, w., 1. Nebenform von *Alma*, 2. Kurzform von *Elmira*.

Elmar, m., Kurzform von *Adalmar*, *Egilmar* und *Eilmar*, bekannter Namensträger: der Schauspieler Elmar Wepper.

Elmer, m., Kurzform von *Adalmar*, *Egilmar* und *Eilmar*, Nebenform von *Elmar*.

Elmi, m., Kurzform von *Elmar*.

Elmira, w., arab./span. „die Erhabene, die Fürstliche".

Elmo, m., 1. Kurzform von *Elmar*, 2. ital., Kurzform von *Erasmus*.

Elna, w., schwed., Kurzform von *Helena*.

Elsa, w., Kurz- und Koseform von *Elisabeth*.

Elsabe, w., Kurzform von *Elisabeth*.

Elsbe, w., Kurzform von *Elisabeth*.

Elsbeth, w., Kurzform von *Elisabeth*.

Else, w., Kurz- und Koseform von *Elisabeth*, bekannte Namensträgerin: die Schriftstellerin Else Lasker-Schüler.

Elsi, w., Kurz- und Koseform von *Elisabeth*.

Elsie, w., engl., Kurzform von *Elizabeth*.

Elsy, w., engl., Kurzform von *Elizabeth*.

Elton, m., altengl. „aus dem Hofe“, bekannter Zeitgenosse: Elton John, Popsänger.

Elvira, w., gotisch/span., Nebenform von *Alwara.*

Elvis, m., engl., Form von *Alwin*, prominente Namensträger: der Musiker Elvis Costello, der zu lange schon im Schatten des „King of Rock'n'Roll“ (Elvis Presley) steht.

Emanuel, m., griech./lat., Form von *Immanuel.*

Emanuela, w., Form von *Emanuel.*

Emelrich, m., ahd. „amal“ (Kampf) und „rîch“ (Fürst, Herrscher, mächtig).

Emeran, m., Nebenform von *Emmeran.*

Emerentia, w., lat. „die Verdienstvolle, die Würdevolle“.

Emerenz, w., Nebenform von *Emerentia.*

Emerich, m., Nebenform von *Emmerich.*

Emil, m., lat., Form von *Ämilius*, bekannter Namensträger: der Maler Emil Nolde.

Émile, m., franz., Form von *Emil.*

Emilia, w., Form von *Emil.*

Emilio, m., span./ital., Form von *Emil.*

Emily, w., engl., Form von *Emilie.*

Emma, w., Kurzform von Namen mit *Erm-* oder *Irm-*, prominente Namensträgerin: die Schauspielerin Emma Thompsen.

Emmeline, w., Weiterbildung von *Emma.*

Emmeran, m., latinisierte Form von *Heimran.*

Emmerich, m., latinisierte Form von *Heimrich.*

Emmi, w., Koseform von *Emma.*

Emmo, m., Kurzform von Namen mit *Eme-* und *Erm-.*

Emmy, w., Koseform von *Emma.*

Emmylou, w., engl./amerik., Doppelname aus *Emily* und *Louise.*

Ena, w., Kurzform von *Helena.*

Enders, m., Nebenform von *Anders.*

Endres, m., Nebenform von *Andres.*

Engel, m., Kurzform von Namen mit *Engel-.*

Engelberg, m., germ./ahd. „angel“ (vom Stamm der Angeln) und „bergan“ (schützen).

Engelberga, w., Form von *Engelberg.*

Engelbert, m., germ./ahd. „angel“ (vom Stamm der Angeln) und „beraht“ (glänzend), bekannter Nameströger: der Komponist Engelbert Humperdinck („Hänsel und Gretel“).

Engelberta, w., Form von *Engelbert.*

Engelburga, w., germ./ahd. „angel“ (vom Stamm der Angeln) und „bergan“ (schützen).

Engelfried, m., germ./ahd. „angel“ (vom Stamm der Angeln) und „fridu“ (Frieden).

Engelhard, m., germ./ahd. „angel“ (vom Stamm der Angeln) und „hart“ (kühn).

Engelmar, m., germ./ahd. „angel“ (vom Stamm der Angeln) und „mâr“ (berühmt).

Enno, m., fries., Kurzform von *Eginhard* und *Einhard.*

Enrica, w., ital., Form von *Enrice.*

Enrice, m., ital./span., Form von *Heinrich.*

Enrico, m., ital./span., Nebenform von *Enrice*, bekannte Namensträger: der Tenor Enrico Caruso.

Enya, w., kelt., Bedeutung unklar, prominente Namensträgerin: irische Popsängerin Enya.

E

Enzio, m., ital., Kurzform von *Enrico.*

Enzo, m., ital., Nebenform von *Enzio.*

Ephraim, m., hebr., Nebenform von *Efraim*, bekannte Namensträger: der Dichter Gotthold Ephraim Lessing, der Satiriker Ephraim Kishon.

Eraldo, m., ital., Form von *Harald.*

Erasme, m., franz., Form von *Erasmus.*

Erasmo, m., ital., Form von *Erasmus.*

Erasmus, m., griech. „der Anmutige, der Liebenswerte", prominenter Namensträger: der Philosoph und Humanist Erasmus von Rotterdam.

Erdmann, m., 1. Form von *Hartmann*, 2. Nebenform von *Adam.*

Erdmute, w., pietistische Neubildung, Form von *Erdmann.*

Erdmuthe, w., Nebenform von *Erdmute.*

Erhard, m., ahd. „era" (Ehre) und „hart" (kühn), Nebenform von *Ehrhard.*

Eric, m., engl., Form von *Erich.*

Erich, m., nordisch „era" (Ehre) und „rîch" (Fürst, Herrscher, mächtig), bekannter Namensträger: der Autor Erich Kästner.

Erik, m., nordisch/schwed., Form von *Erich.*

Erika, w., Form von *Erik* und *Erich.*

Erkenbald, m., ahd. „erchan" (edel) und „bald" (kühn).

Erkenbert, m., ahd. „erchan" (edel) und „beraht" (glänzend).

Erkenfried, m., ahd. „erchan" (edel) und „fridu" (Frieden).

Erkengard, m., ahd. „erchan" (edel) und „gard" (Schutz).

E

Erkenhild, w., ahd. „erchan“ (edel) und „hiltja“ (Kampf).

Erkentrud, w., ahd. „erchan“ (edel) und „trûd“ (wehrhaft).

Erkenwald, m., ahd. „erchan“ (edel) und „waltan“ (herrschen).

Erla, w., Kurzform von Namen mit *Erl-*.

Erland, m., nordisch „erlendr“ (der Fremde).

Erle, w., Kurzform von Namen mit *Erl-*.

Erlfried, m., ahd., Nebenform von *Erlfriede*.

Erlfriede, w., ahd. „erl“ (frei, edel) und „fridu“ (Frieden).

Erlwin, m., ahd. „erl“ (frei, edel) und „wini“ (Freund).

Erlwine, w., ahd., Form von *Erlwin*.

Erma, w., Nebenform von *Irma*.

Ermanno, m., ital., Form von *Hermann*.

Ermenbert, m., Nebenform von *Irmbert*.

Ermenfried, m., Nebenform von *Irmfried*.

Ermengard, w., Nebenform von *Irmgard*.

Ermenhard, m., Nebenform von *Irmenhard*.

Ermenhild, w., Nebenform von *Irmhild*.

Ermenrich, m., germ./ahd. „irmin“ (groß, allumfassend) und „rîch“ (Fürst, Herrscher, mächtig).

Ermentraud, w., Nebenform von *Irmtraud*.

Ermgard, w., Nebenform von *Irmgard*.

Ermina, w., ital., Form von *Hermine*.

Ermino, m., ital., Form von *Hermann*.

Ermlinde, w., Nebenform von *Irmlinde*.

Ermtrud, w., Nebenform von *Irmtraud*.

Erna, w., Kurzform von Namen mit *Arn-* oder *Ern-*.

Ernest, m., engl., Form von *Ernst*, prominenter Namensträger: der Schriftsteller Ernest Hemingway.

Ernesta, w., Form von *Ernst*.

Ernestine, w., Weiterbildung von *Ernesta*.

Ernestino, m., ital./span., Form von *Ernst*.

Ernestinus, m., latinisiert, Form von *Ernst*.

Ernesto, m., ital./span., Form von *Ernst*.

Ernestus, m., latinisiert, Form von *Ernst*.

Ernfriede, w., Nebenform von *Arnfriede*.

Erni, 1. m., engl., Kurzform von Namen mit *Ern-*, bekannter Namensträger: die Stoffpuppe der Kindersendung *Sesamstraße*, Form von *Arni*. 2. w., Kurz- und Koseform von Namen mit *Er-*, bekannte Namensträgerin: die Schauspielerin Erni Singerl.

Erno, m., ital., Kurzform von *Ernesto*.

Ernst, m., ahd. „ernust" (beharrlich, entschlossen), bekannter Namensträger: der Künstler und Schriftsteller Ernst Barlach.

Errol, m., engl., Nebenform von *Earl*, bekannter Namensträger: der Filmschauspieler Errol Flynn.

Erwin, m., Weiterbildung von *Herwin*, bekannter Namensträger: der Schriftsteller Erwin Strittmatter.

Erwine, w., Form von *Erwin*.

Erwino, m., ital., Form von *Erwin*.

Erzsébet, w., ungar., Form von *Elisabeth*.

Esau, m., hebr., bekannter Namensträger: Esau Matt, Protagonist in Erwin Strittmatters Romantrilogie „Der Laden".

Esra, m., hebr. „Gott ist Hilfe“, bibl. Herkunft, Priester, Schriftgelehrter und Hüter der jüdischen Religion und Identität in Babylonien, führte die Juden zurück nach Jerusalem, verehrt als zweiter Mose.

Esmeralda, w., span. „Edelstein, Smaragd“.

Estalla, w., span., Nebenform von *Estella.*

Estella, w., span., Form von *Estrella*, bekannte Namensträgerin aus der Welt der Mode und des Sports: Estella Warren, Meisterin im Synchronschwimmen und bekannt als „Chanel-No.5“-Model.

Estelle, w., franz., Form von *Stella.*

Estéban, m., span., Form von *Stephan.*

Estevan, m., span., Form von *Stephan.*

Esther, w., pers. „der Stern“, bibl. Herkunft., Frau des Perserkönigs Artaxerxes sowie Adoptivtochter und Nichte des Juden Mordechai, verhinderte durch ihr kühnes Einschreiten die Tötung aller Juden im Perserreich.

Estrella, w., span. „der Stern“.

Ethel, w., Kurzform von Namen mit *Ethel-.*

Ethelbert, m., engl., Form von *Adalbert.*

Ethelgard, w., engl., Form von *Edelgard.*

Étienne, m., franz., Form von *Stephan.*

Etiennette, w., franz., Form von *Stephanie.*

Etta, w., Kurzform von *Henrietta*, *Marietta* und Nebenformen von *Edda.*

Ettore, m., ital., Form von *Hektor.*

Etzel, m., Form von *Attila.*

Eugen, m., griech. „der Edelgeborene“, bekannter Namensträger: der Schriftsteller Eugen Roth.

Eugenia, w., Form von *Eugen.*

Eugene, m., engl., Form von *Eugen.*

Eugéne, m., franz., Form von *Eugen.*

Eugenie, w., Nebenform von *Eugenia.*

Eugenio, m., ital., Form von *Eugen.*

Eulalia, w., griech. „die Beredte".

Eulalie, w., Nebenform von *Eulalia.*

Euphemia, w., griech. „die Glücksverheißende".

Eusebia, w., griech. „die Fromme, die Gottesfürchtige".

Eusebio, m., span., Form von *Eusebius.*

Eusebius, m., griech. „der Fromme, der Gottesfürchtige".

Eustach, m., Kurzform von *Eustachius.*

Eustachius, m., griech. „der Schöne, der Ährenreiche".

Ev, w., Kurzform von *Eva.*

Eva, w., hebr. „die Lebenspendende", der Name kam nie aus der Mode, in jüngster Zeit bekannt geworden: die Tschechin Eva Herzigová, Wonderbra-Schönheit.

Evamaria, w., Doppelname aus *Eva* und *Maria.*

Evander, m., engl., möglicherweise kontrahierende Neubildung von *Eva* und *Leander*, prominenter Namensträger der Sportwelt: der Boxprofi Evander Holyfield, seit 1997 um ein Stück Ohr ärmerer Gegner Mike Tysons.

Evangelos, m., griech. „der Sendbote, der Engel".

Eve, w., engl., Form von *Eva.*

Éve, w., franz., Form von *Eva.*

Eveline, w., engl., Weiterbildung von *Eva.*

Evelyn, w., engl., Weiterbildung von *Eva.*

Everhard, m., Nebenform von *Eberhard.*

Everose, w., Doppelname aus *Eva* und *Rosa*.

Evi, w., Koseform von *Eva*.

Evita, w., span., Koseform von *Eva*, prominente Namensträgerin: Evita Péron, Gattin des ehemaligen argentinischen Machthabers und Medienikone (Musical, Verfilmung mit Popsängerin Madonna).

Ewa, w., slaw., Form von *Eva*.

Ewald, m., ahd. „ewa“ (Recht, Ordnung) und „waltan“ (herrschen), bekannter Namensträger: Ewald Lienen, Fußball-Profi der 70er Jahre.

Ewi, m., Kurz- und Koseform von *Eberhard*.

Ezechiel, m., hebr. „Gott stärkt“, bibl. Herkunft.

Ezra, m., hebr., Nebenform von *Esra*, bekannter Namensträger: der amerikanische Dichter und Kritiker Ezra Loomis Pound.

Ezzo, m., ital., Nebenform von *Adolfo*.

F

Fabia, w., lat., Form von *Fabius*.

Fabian, m., lat., Weiterbildung von *Fabius*.

Fabiane, w., Weiterbildung von *Fabia*.

Fabiano, m., ital./span., Form von *Fabius*.

Fabien, m., franz., Form von *Fabius*.

Fabio, m., ital./span., Form von *Fabius*.

Fabiola, w., Weiterbildung von *Fabia*.

Fabius, m., lat. „römischer Geschlechtername: die Fabier".

Faith, w., engl. „die Treue, die Tugendhafte".

Falco, m., Nebenform von *Falko*, in der ehemaligen DDR häufiger verbreitet als im Westen Deutschlands, prominenter Namensträger: Künstlername des 1998 verstorbenen österreichischen Popsängers.

Falk, m., ahd. „falcho" (der Falke).

Falko, m., ahd., Nebenform von *Falk*.

Fanni, w., Kurzform von *Franziska* und *Stephanie*.

Fannie, w., Kurzform von *Franziska* und *Stephanie*.

Fanny, w., engl., Kurzform von *Frances*, bekannte Figur aus der Literaturgeschichte: Fanny Hill.

Farah, w., arab. „die Lust, die Freude".

Faralda, w., Nebenform von *Fahrhild*.

Faramund, m., ahd. „fara" (Sippe) und „munt" (Schutz).

Farfried, m., ahd. „faran" (fahren, reisen) und „fridu" (Frieden).

Farhild, w., ahd. „faran" (fahren, reisen) und „hiltja" (Kampf).

Farmund, m., ahd., jüngere Form von *Faramund*.

F

Fatima, w., arab., Name der jüngsten Tochter des Propheten Mohammed.

Fausta, w., lat., Form von *Faustus*.

Faustina, w., Weiterbildung von *Fausta*.

Faustinus, m., Weiterbildung von *Faustus*.

Faustus, m., lat. „erfreulich, günstig".

Faye, w., engl., Nebenform von *Faith*, bekannte Namensträgerin: die US-Schauspielerin Faye Dunaway.

Fedder, m., fries., Kurzform von *Friedrich*.

Feddo, m., fries., Kurzform von *Friedrich*.

Fédéric, m., franz., Form von *Friedrich*.

Federico, m., ital., Form von *Friedrich*.

Federigo, m., span., Form von *Friedrich*.

Fedor, m., russ., Form von *Fjodor*.

Fee, w., Kurz- und Koseform von *Felicitas*.

Fei, w., Kurzform von *Sophie*.

Feli, w., Kurz- und Koseform von *Felicitas*.

Felice, m., ital., Form von *Felix*.

Felicia, w., Form von *Felix*.

Felicitas, w., lat. „die Glückliche, die Glückselige".

Felipe, w., span., Form von *Philipp*.

Felix, m., lat. „der Glückliche", bekannte Namensträger: der Komponist Felix Mendelssohn-Bartholdy.

Felizia, w., Form von *Felix*.

Felizitas, w., Nebenform von *Felicitas*.

Feodor, m., russ., Form von *Fjodor*.

Feodora, w., russ., Form von *Theodora*.

Feodosi, m., russ., Form von *Theodosius.*

Feodosia, w., russ., Form von *Feodosi.*

Ferd, m., Kurzform von *Ferdinand.*

Ferdi, m., Kurzform von *Ferdinand.*

Ferdinand, m., germ./ahd. „fridu“ (Schutz) und „nant“ (kühn), bekannte Namensträger: der Dramatiker Ferdinand Raimund, ansonsten beliebter Vorname im Hause Habsburg.

Ferdinande, w., Form von *Ferdinand.*

Ferdl, m., oberdeutsch, Koseform von *Ferdinand.*

Ferenc, m., ungar., Form von *Franz.*

Ferfried, m., ahd., Nebenform von *Farfried.*

Ferhild, w., Nebenform von *Farhild.*

Ferike, w., fries., Kurzform von *Frederike.*

Fermund, m., ahd., Nebenform von *Farmund.*

Fernand, m., franz., Kurzform von *Ferdinand.*

Fernandel, m., franz., Form von *Ferdinand*, bekannter Namensträger: der französische Komiker.

Fernandez, m., span., Form von *Ferdinand.*

Fernando, m., ital., Form von *Ferdinand.*

Ferrand, m., franz., Form von *Ferdinand.*

Ferry, m., franz., Kurzform von *Frédéric.*

Fidel, m., span., Kurzform von *Fidelis*, prominenter Namensträger: Fidel Castro, Cubas Staatschef.

Fidelia, w., lat. „die Treue, die Zuverlässige“.

Fidelio, m., ital., Form von *Fidelis.*

Fidelis, m., lat. „der Treue, der Zuverlässige“.

F

Fides, w., lat. „das Vertrauen, der Glaube“.

Fieke, w., niederdeutsch, Kurzform von *Sophie*.

Fiene, w., niederdeutsch, Kurzform von *Josephine*.

Fiete, m., niederdeutsch, Kurzform von *Friedrich*.

Fietje, m., Nebenform von *Fiete*.

Filibert, m., ahd. „fibu“ (viel) und „beraht“ (glänzend).

Filiberta, w., Form von *Filibert*.

Filippa, wx., ital., Form von *Philippa*.

Filippo, m., ital., Form von *Philipp*.

Fina, w., Kurzform von *Josephine*.

Finn, m., irisch, Kurzform von „Find Macc Umaill“ (Umaills Sohn), Sagengestalt.

Fiona, w., kelt./gälisch/walis. „fionn“ (rein, weiß, schön), beliebt in Schottland und Irland.

Fioretta, w., ital., Koseform von *Flora*.

Fips, m., Kurzform von *Philipp*, bekannter Zeitgenosse: der norddeutsche Komiker der 70er Jahre, Fips Asmussen.

Firmin, m., Weiterbildung von *Firmus*.

Firminius, m., Weiterbildung von *Firmus*.

Firmus, m., lat. „der Standhafte“.

Fita, w., Kurzform von *Friederike*.

Fjodor, m., russ., Form von *Theodor*, bekannter Namensträger: der Schriftsteller Fjodor Dostojewski.

Fjodora, w., Form von *Fjodor*.

Flavia, w., lat., 1. „die Blonde“, 2. „aus dem römischen Geschlecht der Flavier“.

Flavio, m., ital., Form von *Flavius.*

Flavius, m., lat., 1. „der Blonde“, 2. „aus dem römischen Geschlecht der Flavier“.

Fleur, w., franz., Form von *Flora.*

Fleurette, w., franz., Koseform von *Fleur.*

Flora, w., lat. „die Blühende“.

Florence, w., engl./franz., Form von *Florenze.*

Florens, m., lat. „der Blühende, in der Blüte des Lebens Stehende“.

Florentin, m., Weiterbildung von *Florens.*

Florentine, w., Form von *Florentin.*

Florentinus, m., Weiterbildung von *Florens.*

Florenz, m., Nebenform von *Florens.*

Florenze, w., Form von *Florens.*

Floretta, w., span., Kurzform von *Flora.*

Florette, w., Form von *Floretta.*

Flori, m., Koseform von Namen mit *Flo-*.

Florian, m., lat., Nebenform von *Florianus*, Heiligenname.

Floriane, w., Form von *Florian.*

Florianus, m., lat. „der Blühende“.

Florin, m., Nebenform von *Florian.*

Florinus, m., Nebenform von *Florian.*

Floris, m., niederl./span. „der Blühende“.

Flutus, m., rätoromanisch, Form von *Florian.*

Focke, m., fries., Kurzform von Namen mit *Volk-*.

Focko, m., fries., Kurzform von Namen mit *Volk-*.

Folke, w., fries., Kurzform von Namen mit *Volk-*.

Folker, m., Nebenform von *Volker*.

Folkher, m., Nebenform von *Volkher*.

Fons, m., Kurzform von *Alfons*.

Fortunat, m., lat., Nebenform von *Fortunatus*.

Fortunata, w., lat. „die Gesegnete, die Beglückte".

Fortunatus, m., lat. „der Gesegnete, der Beglückte".

Fränze, w., Koseform von *Franziska*.

Franca, w., ital., Kurzform von *Francesca*.

Frances, w., engl., Form von *Franziska*.

Francesca, w., ital., Form von *Franziska*.

Francesco, m., ital., Form von *Franz* und *Franziskus*, Name des heiligen Franz von Assisi, der wegen der Herkunft seiner Mutter „Französlein" genannt wurde.

Francine, w., Form von *Franz*.

Francis, w., engl., Form von *Franz*.

Franciscus, m., latinisierte Form von *Franziskus*.

Franciska, w., Nebenform von *Franziska*.

Franciszek, m., poln., Form von *Franz*.

Franco, m., ital., Kurzform von *Francesco*.

François, m., franz., Form von *Franz*, bekannter Namensträger: der Dichter François Rabelais.

Françoise, w., franz., Form von *Franziska*.

Franek, m., poln., Koseform von *Franciszek*.

Franeka, w., poln., Form von *Franziska*.

Franja, w., slaw., Kurzform von *Franziska*.

F

Frank, m., 1. ahd. „der Franke“, bekannte Namensträger: der DDR-Schlagerstar Frank Schöbel, der frühe Werbefachmann, Bänkelsänger und Schriftsteller Frank Wedekind, 2. Kurzform von Namen mit *Frank-*.

Franka, w., Form von *Frank*.

Franklin, m., engl., Form von *Franko*, bekannter Namensträger: der US-Präsident Franklin Delano Roosevelt.

Franko, m., Nebenform von *Frank*.

Frankobert, m., ahd. „der Franke“ und „beraht“ (glänzend).

Frans, m., niederl./schwed., Form von *Franz*, prominenter Namensträger: der Musiker Frans Brüggen.

Frantek, m., poln., Koseform von *Franciszek*.

Franz, w., Kurzform von *Franziskus*, bekannte Namensträger: die Romanfigur Alfred Döblins Franz Biberkopf, der Schriftsteller Franz Kafka.

Franzi, w., Koseform von *Franziska*, bekannte Namensträgerin: die Schwimmersportlerin Franzi v. Almsick.

Franzine, w., Form von *Franz*.

Franziska, w., Form von *Franziskus*.

Franziskus, m., lat., Form von *Francesco*.

Frauke, w., fries. „kleine Frau“, bekannte Namensträgerin: Frauke Ludowig, Moderatorin im Privatfernsehen.

Fred, m., Kurzform von Namen mit *Fred-* oder *-fred* (z. B. *Alfred*), prominenter Namensträger: Fred Kogel, Programmchef in der deutschen Fernsehunterhaltung.

Freddie, m., engl., Kurzform von *Alfred* und *Frederick*.

Freddo, m., Nebenform von *Fred*.

Freddy, m., engl., Kurzform von *Alfred* und *Frederick*, bekannter Namensträger: der Schlagersänger Freddy Quinn.

F

Fredegund, w., Nebenform von *Friedegund.*

Frederic, m., engl., Form von *Friedrich*, bekannter Zeitgenosse: Frederic von Anhalt.

Frédéric, m., franz., Form von *Friedrich*, Nebenform von *Fédéric.*

Frederich, m., fries., Form von *Friedrich.*

Frederick, m., engl., Form von *Friedrich.*

Frederik, m., niederdeutsch, Form von *Friedrich.*

Fredo, m., Nebenform von *Freddo.*

Fredrich, m., fries., Form von *Friedrich.*

Fredrik, m., 1. niederdeutsch, Form von *Friedrich*, 2. schwed., Form von *Friedrich.*

Freia, w., nordisch, Herrin, Frau und altnordische Gottheit.

Frek, m., niederdeutsch, Kurzform von *Frederik.*

Frerich, m., fries., Kurzform von *Frederich.*

Frerk, m., niederdeutsch, Kurzform von *Frederik.*

Freya, w., Nebenform von *Freia.*

Fricka, w., nordisch, Kurzform von *Friederike.*

Frida, w., Kurzform von Namen mit *Fried-* oder *-friede.*

Friddo, m., Kurzform von *Friedrich.*

Fridericus, m., lat., Form von *Friedrich.*

Frido, m., Kurzform von *Friedrich.*

Fridolin, m., Kurzform von *Friedrich.*

Fridtjof, m., norweg. „fridu" (Frieden) und „ioffor" (Fürst), Nebenform von *Frithjof.*

Fried, m., Kurzform von Namen mit *Fried-.*

Frieda, w., Kurzform von Namen mit *Fried-* oder *-friede.*

Friedbert, m., ahd. „fridu" (Frieden) und „beraht" (glänzend).

Friedebald, m., ahd. „fridu" (Frieden) und „bald" (kühn).

Friedeger, m., ahd. „fridu" (Frieden) und „gêr" (Speer), Nebenform von *Friedger*.

Friedegund, w., ahd. „fridu" (Frieden) und „gund" (Kampf).

Friedegunde, w., Nebenform von *Friedegund*.

Friedel, w., Koseform von Namen mit *Fried-* oder *-friede*.

Friedelind, w., ahd. „fridu" (Frieden) und „linta" (der Lindenholzschild).

Friedelinde, w., Nebenform von *Friedelind*.

Friedemann, m., ahd. „fridu" (Frieden) und „mann" (Mann).

Friedemar, m., ahd. „fridu" (Frieden) und „mâr" (berühmt).

Friedemund, m., ahd. „fridu" (Frieden) und „munt" (Schutz).

Friedensreich, m., Neubildung, bekannter Namensträger: der österreichische Architekt und bildende Künstler Friedensreich Hundertwasser.

Frieder, m., Kurzform von *Friedrich* oder *Gottfried*.

Friederike, w., Form von *Friedrich*.

Friederun, w., Nebenform von *Friederun*.

Friedewald, m., ahd. „fridu" (Frieden) und „waltan" (herrschen).

Friedewart, m., ahd. „fridu" (Frieden) und „wart" (Hüter), Nebenform von *Friedwart*.

Friedger, m., ahd. „fridu" (Frieden) und „gêr" (Speer).

Friedhelm, m., ahd. „fridu" (Frieden) und „helm" (Schutz).

Friedhild, w., ahd. „fridu" (Frieden) und „hiltja" (Kampf).

Friedhilde, w., Nebenform von *Friedhild*.

F

Friedlieb, m., pietistische Neubildung.

Friedo, m., Kurzform von *Friedolin*.

Friedolin, m., Kurzform von *Friedrich*.

Friedrich, m., ahd. „fridu" (Frieden) und „rîch" (Fürst, Herrscher, mächtig), bekannter Namensträger: der König von Preußen Friedrich I., Friedrich Schiller, der Erzähler Friedrich Percyval Reck-Malleczewen.

Friedrun, w., ahd. „fridu" (Frieden) und „rûna" (Geheimnis).

Friedwald, m., ahd. „fridu" (Frieden) und „waltan" (herrschen), Nebenform von *Friedewald*.

Friedwart, m., ahd. „fridu" (Frieden) und „wart" (Hüter).

Frieso, m., ahd. „der Friese".

Frigga, w., nordisch, Kurzform von *Friederike*.

Frigyes, m., ungar., Kurzform von *Friedrich*.

Friso, m., Nebenform von *Frieso*.

Frithjof, m., schwed. „fridu" (Frieden) und „ioffor" (Fürst), Nebenform von *Fridtjof*.

Fritz, m., Kurzform von Namen mit *Fried-*.

Fritzi, w., Koseform von *Friederike*.

Frizzi, w., Koseform von *Friederike*.

Frodebert, m., ahd. „fruot" (klug) und „beraht" (glänzend).

Frodegard, w., ahd., Nebenform von *Frodgard*.

Frodgard, w., ahd. „fruot" (klug, weise) und „gard" (Schutz).

Frodehild, w., ahd. „fruot" (klug, weise) und „hiltja" (Kampf).

Frodemund, m., ahd. „fruot" (klug) und „munt" (Schutz), Nebenform von *Fromund*.

Frodewin, m., ahd. „fruot"

(klug) und „wini“ (Freund), Nebenform von *Frowein* und *Frowin*.

Frodewine, w., ahd. „fruot“ (klug) und „win“ (Freundin).

Frodhild, w., Nebenform von *Frodehild*.

Frommhold, m., pietistische Neubildung in Anlehnung an *Frommwald*.

Frommwald, m., ahd. „fruma“ (Nutzen, Ertrag) und „waltan“ (herrschen).

Fromund, m., ahd. „fruot“ (klug, weise) und „munt“ (Schutz), Nebenform von *Frodemund*.

Fromut, w., ahd. „fruot“ (klug, weise) und „muot“ (Gesinnung).

Frowein, m., ahd. „fruot“ (klug, weise) und „wini“ (Freund), Nebenform von *Frodewin* und *Frowin*.

Frowin, m., ahd. „fruot“ (klug, weise) und „wini“ (Freund), Nebenform von *Frodewin* und *Frowein*.

Fryderyk, m., poln. Form von *Friedrich*.

Fulbert, m., Nebenform von *Volbert*.

Fulberta, w., Nebenform von *Volkberta*.

Fulke, m., fries., Kurzform von Namen mit *Volk-*.

Fulko, m., fries., Kurzform von Namen mit *Volk-*.

Fürchtegott, m., pietistische Neubildung, bekannter Namensträger: der Schriftsteller Christian Fürchtegott Gellert.

G

Gaard, m., niederl., Form von *Gerhard.*

Gabi, w., Kurzform von *Gabriele.*

Gábor, m., ungar., Form von *Gabriel.*

Gabriel, m., hebr. „Mann Gottes, Held Gottes", bibl. Herkunft, der Erzengel Gabriel ist u. a. der Patron der Übermittler von Nachrichten.

Gabriela, w., hebr., Form von *Gabriel.*

Gabriele, 1. w., Nebenform von *Gabriela.*, 2. m., ital., Form von Gabriel.

Gabriella, w., ital., Form von *Gabriela.*

Gabriello, m., ital., Form von *Gabriel.*

Gabrio, m., ital., Form von *Gabriel.*

Gaby, w., Kurzform von *Gabriele.*

Gail, w., altengl./ahd., „geil" (fröhlich, lebhaft).

Gandolf, m., altisländisch „gandr" (Zauberei) und „wolf" (Wolf).

Gandulf, m., Nebenform von *Gandolf.*

Gangolf, m., Umbildung von *Wolfgang.*

Gard, m., fries., Kurzform von *Gerhard.*

Garda, w., Kurz- und Koseform von *Gerharde.*

Gardi, w., Kurz- und Koseform von *Gerharde.*

Gardy, w., Kurz- und Koseform von *Gerharde.*

Garlef, m., niederdeutsch „gêr" (Speer) und „leiba" (Sohn, Erbe).

Garlieb, m., Nebenform von *Garlef.*

Garrit, m., fries., Kurzform von *Gerhard.*

Gary, m., amerik., nach einer Stadt am Michigansee, bekannter Namensträger: der Schauspieler Gary Cooper.

G

Gaspard, m., franz., Form von *Kaspar*.

Gasparé, m., franz., Form von *Kaspar*.

Gasparo, m., ital./span., Form von *Kaspar*.

Gaston, m., franz., Form von *Vedastus*, bekannt ist die Comic-Figur Gaston.

Gaudens, m., lat. „Mann, der sich freut".

Gaudentius, m., lat., Nebenform von *Gaudens*.

Gaudenz, m., lat., Nebenform von *Gaudens*.

Gauthier, m., franz., Form von *Waldemar* und *Walther*.

Gawril, m., russ., Form von *Gabriel*.

Gawrila, m., russ., Form von *Gabriel*.

Geba, w., Kurzform von *Gebharde*.

Gebba, w., Kurzform von *Gebharde*.

Gebbert, m., niederdeutsch, Form von *Gebhard*.

Gebbo, m., niederdeutsch, Form von *Gebhard*.

Gebhard, m., ahd. „geba" (Gabe) und „hart" (kühn).

Gebharde, w., Form von *Gebhard*.

Gebke, m., Kurzform von *Gebhard*.

Gedeon, m., hebr., Nebenform von *Gideon*, Befreier Israels von der Herrschaft der Midianiter.

Geelke, w., fries., Koseform von *Gela*.

Geert, m., niederdeutsch, Kurzform von *Gerhard*.

Geerta, w., niederdeutsch, Koseform von *Gertrud*.

Geerte, w., niederdeutsch, Kurz- und Koseform von *Gertrud*.

Geertje, w., niederdeutsch, Kurz- und Koseform von *Gertrud*.

G

Gela, w., Kurz- und Koseform von *Angela* und *Angelika*.

Gellért, m., ungar., Form von *Gerhard*.

Geli, w., Kurz- und Koseform von *Angela* und *Angelika*, bekannte Namensträgerin: Geli Raubal, Hitlers Nichte, die 1930 in des „Führers" Privatwohnung am Prinzregentenplatz erschossen aufgefunden wurde.

Gemma, w., lat. „Edelstein, Kleinod".

Gene, m., amerik., Kurzform von *Eugen*, bekannter Namensträger: der US-Filmschauspieler Gene Hackman.

Geneviève, w., franz., Form von *Genoveva*.

Genia, w., Kurzform von *Eugenia*.

Genoveva, w., altfranzösisch „gen" (Volk) und „wefa" (Frau).

Geo, m., Kurzform von *Georg*, sehr selten.

Geoffrey, m., engl., Form von *Gottfried*.

Geoffroy, m., franz., Form von *Gottfried*.

Georg, m., griech. „der Bauer, der Landmann", bekannter Namensträger: der gesellschaftskritische Schriftsteller der politischen Vormärz-Bewegung, Georg Büchner.

George, m., engl., Form von *Georg*.

Georges, m., franz., Form von *Georg*.

Georgette, w., franz., Koseform von *Georgine*.

Georgia, w., Form von *Georg*.

Georgianna, w., bekannte Namensträgerin: Georgianna Robertson, Top-Model aus Jamaika.

Geórgios, m., griech. „der Bauer, der Landmann".

Gerogina, w., engl., Weiterbildung von *Georgia*.

Georgine, w., franz., Weiterbildung von *Georgia*.

Geradus, m., niederl., Form von *Gerhard*.

Gerald, m., ahd. „gêr“ (Speer) und „waltan“ (herrschen).

Geralde, w., Form von *Gerald*.

Geraldine, w., Form von *Gerald*, bekannte Namensträgerin: die Schauspielerin Geraldine Chaplin.

Geraldo, m., ital., Form von *Gerald*.

Gérard, m., franz., Form von *Gerhard*, bekannter Namensträger: Gérard Depardieu, franz. Schauspieler.

Gerardo, m., ital., Form von *Gerhard*.

Géraud, m., franz., Form von *Gerald*.

Gerbald, m., ahd. „gêr“ (Speer) und „bald“ (kühn), Nebenform von *Gerbold*.

Gerbert, m., ahd. „gêr“ (Speer) und „beraht“ (glänzend).

Gerbod, m., ahd. „gêr“ (Speer) und „boto“ (Bote, Gebieter).

Gerbold, m., ahd. „gêr“ (Speer) und „bald“ (kühn), Nebenform von *Gerbald*.

Gerborg, w., germ. „gêr“ (Speer) und „bergan“ (schützen).

Gerbrand, m., ahd. „gêr“ (Speer) und „brant“ (Schwert).

Gerburg, w., Nebenform von *Gerborg*.

Gerd, m., Kurzform von *Gerhard*.

Gerda, w., 1. nordisch „gerdhr“ (Hüterin) und ahd. „gard“ (Schutz), 2. Kurzform von *Gertrud*.

Gerde, w., Nebenform von *Gerda*.

Gerdi, w., Nebenform von *Gerda*.

Gereon, m., lat., hergeleitet

von griech. „geron“ (Ältester, Greis).

Gerfried, m., ahd. „gêr“ (Speer) und „fridu“ (Frieden).

Gerhard, m., ahd. „gêr“ (Speer) und „hart“ (kühn), Nebenform von *Gerhart*, bekannte Namensträger: der Kabarettist Gerhard Polt, der deutsche Bundeskanzler Gerhard Schröder.

Gerharde, w., Form von *Gerhard*.

Gerhardine, w., Form von *Gerhard*.

Gerhart, m., ahd. „gêr“ (Speer) und „hart“ (kühn), Nebenform von *Gerhard*.

Gerhild, w., ahd. „gêr“ (Speer) und „hiltja“ (Kampf).

Gerhilde, Nebenform von *Gerhild*.

Gerit, 1. w., fries., Kurzform von *Gerharde*, Nebenform von *Gerrit*, 2. m., fries., Kurzform von *Gerhard*.

Gerke, 1. w., fries., Kurzform von Namen mit *Ger-* (z. B. *Gertrud*), 2. m., fries., Kurzform von Namen mit *Ger-*, Nebenform von *Gerko*.

Gerko, m., fries., Kurzform von Namen mit *Ger-*, Nebenform von *Gerke*.

Gerlind, w., ahd. „gêr“ (Speer) und „linta“ (der Lindenholzschild).

Gerlinde, w., ahd. „gêr“ (Speer) und „linta“ (der Lindenholzschild).

Gerlindis, w., ahd. „gêr“ (Speer) und „linta“ (der Lindenholzschild).

German, m., ahd. „gêr“ (Speer) und „man“ (Mann).

Germanus, m., lat. „der Germane“.

Germar, m., ahd. „gêr“ (Speer) und „mâr“ (berühmt).

Germo, m., ahd., Kurzform von *Germar*.

Gernot, m., ahd. „gêr“ (Speer) und „nôt“ (in Bedrängnis), Umkehrung von *Notker*.

Gero, m., ahd., Kurzform von Namen mit *Ger-*.

Gerold, m., ahd., Nebenform von *Gerald*.

Gerolf, m., ahd. „gêr“ (Speer) und „wolf“ (Wolf).

Gerrit, 1. w., Kurzform von *Gerharde*, Nebenform von *Gerit*, 2. m., fries., Kurzform von *Gerhard*.

Gert, m., Kurzform von *Gerhard*, bekannter Namensträger: der Schauspieler und „James-Bond“-Bösewicht Gert Fröbe.

Gerta, w., Kurz- und Koseform von *Gertrud*.

Gerti, w., Kurz- und Koseform von *Gertrud*.

Gertraud, w., Nebenform von *Gertrud*.

Gertraude, w., Nebenform von *Gertrud*.

Gertraut, w., Nebenform von *Gertrud*.

Gertrud, w., ahd. „gêr“ (Speer) und „trûd“ (wehrhaft).

Gertrude, w., Nebenform von *Gertrud*, bekannte Namensträgerin: die Schriftstellerin Gertrude Stein.

Gerwald, m., ahd., Nebenform von *Gerald*.

Gerwig, m., ahd. „gêr“ (Speer) und „wîg“ (Kampf).

Gerwin, m., ahd. „gêr“ (Speer) und „wini“ (Freund).

Gerwine, w., ahd. „gêr“ (Speer) und „wini“ (Freundin).

Gesa, w., niederdeutsch, Kurzform von *Gertrud*.

Gese, w., Nebenform von *Gesa*.

Gesche, w., fries., Nebenform von *Gesa*.

Gesina, w., Weiterbildung von *Gesa*.

Gesine, w., Weiterbildung von *Gesa*.

Gewehard, m., niederdeutsch, Nebenform von *Gebhard*.

Geza, m., ungar., rührt von

einem osmanischen Ehrentitel her.

Gherardo, m., ital., Form von *Gerhard*.

Giacomo, m., ital., Form von *Jacob*.

Giacomino, m., ital., Weiterbildung von *Giacomo*.

Gian, m., ital., Kurzform von *Giovanni*, Nebenform von *Gianni*.

Gianna, w., ital., Kurzform von *Giovanna*, bekannte Namensträgerin: die italienische Popsängerin Gianna Nanini.

Gianni, m., ital., Kurzform von *Giovanni*, Nebenform von *Gian*.

Giannina, w., ital., Koseform von *Giovanna*.

Gideon, m., hebr. „Krieger", bibl. Herkunft.

Gidi, m., Kurz- und Koseform von *Ägidius*.

Gidius, m., franz., Form von *Ägidius*.

Gieselinde, w., ahd. „gîsil" (Pfeilschaft) und „linta" (der Lindenholzschild).

Gil, m., 1. Kurzform von *Ägidius* und *Gilbert*, 2. span., Kurzform von *Ägidius*.

Gila, w., Kurz- und Koseform von *Gisela*.

Gilbert, m., Nebenform von *Giselbert* und *Gisbert*.

Gilbrecht, m., Nebenform von *Gieselbrecht* und *Giselbert*.

Gilda, w., ital./span., Kurzform von *Gertrud*.

Gildo, m., Kurzform von Namen mit *Gil-*.

Giles, m., engl., Form von *Ägidius*.

Gilg, m., engl., Form von *Ägidius*.

Gilian, m., engl., Form von *Julius*.

Gill, m., engl., Form von *Ägidius*.

Gilla, w., schwed., Kurzform von *Gisela*.

Gilles, m., franz., Form von *Ägidius*.

Gillian, w., engl., Form von *Juliane*.

Gils, m., Kurzform von *Ägidius* und *Gilbert*, Nebenform von *Gil*.

Gina, w., Kurzform von *Regina*.

Gine, w., Kurzform von *Regine*.

Ginette, w., franz., Koseform von *Genoveva*.

Giorgio, m., ital., Form von *Georg*.

Giovanna, w., ital., Form von *Johanna*.

Giovanni, m., ital., Form von *Johannes*, bekannter Namensträger: Giovanni Boccaccio („Das Dekameron").

Giraldo, m., ital., Form von *Gerald*, Nebenform von *Geraldo*.

Gisa, w., Kurzform von Namen mit *Gis-*.

Gisbert, m., Kurzform von *Giselbert* und *Gieselbrecht*, Nebenform von *Gisbrecht*.

Gisberta, w., Form von *Gisbert*.

Gisbrecht, m., Kurzform von *Giselbert* und *Gieselbrecht*, Nebenform von *Gisbert*.

Gisela, w., ahd., unklare Bedeutung, eventuell Kurzform von Namen mit *Gis-*.

Giselberga, w., ahd. „gîsil" (Pfeilschaft) und „bergan" (schützen).

Giselbert, m., ahd. „gîsil" (Pfeilschaft) und „beraht" (glänzend), Nebenform von *Gisbert*.

Giselberta, w., Form von *Giselbert*.

Giselbrecht, m., ahd. „gîsil" (Pfeilschaft) und „beraht" (glänzend).

Giselburga, w., ahd. „gîsil"

(Pfeilschaft) und „bergan“ (schützen).

Giselher, m., ahd. „gîsil“ (Pfeilschaft) und „hêr“ (Krieger).

Giselle, w., franz., Form von *Gisela*.

Giselmar, m., ahd. „gîsil“ (Pfeilschaft) und „mâr“ (berühmt), Nebenform von *Gismar*.

Giselmund, m., ahd. „gîsil“ (Pfeilschaft) und „munt“ (Schutz).

Gislind, w., ahd. „gîsil“ (Pfeilschaft) und „linta“ (der Lindenholzschild), Nebenform von *Gieselinde*.

Gismar, m., ahd. „gîsil“ (Pfeilschaft) und „mâr“ (berühmt), Nebenform von *Giselmar*.

Gismondo, m., ital., Form von *Gismund*.

Gismund, m., ahd. „gîsil“ (Pfeilschaft) und „munt“ (Schutz).

Giso, m., Kurzform von Namen mit *Gis-*.

Gitta, w., Kurzform von *Brigitta*.

Gitte, w., Kurzform von *Brigitte*.

Giuglio, m., ital., Form von *Julius*.

Giulio, m., ital., Form von *Julius*.

Giuliano, m., ital., Form von *Julius*.

Giulietta, w., ital., Form von *Julia*.

Giuseppe, m., ital., Form von *Joseph*, bekannter Namensträger: der Dirigent und Komponist Giuseppe Sinopoli.

Gladys, w., walis./engl., Form von *Claudius*.

Glaubrecht, m., pietistische Neubildung des 17. Jahrhunderts.

Glen, w./m., engl., Kurzform von *Glenda* und *Glenn*, prominente Namensträgerin:

Glen Close, US-Filmschauspielerin.

Glenda, w., walis./engl., Form von *Glenn*.

Glenn, m., walis./engl., möglicherweise Ortsname, bekannter Namensträger: der US-Filmschauspieler Glenn Ford.

Gloria, w., lat. „Ehre, Ruhm", bekannte Namensträgerin: Gloria von Thurn und Taxis.

Glorius, m., lat. „Ehre, Ruhm".

Goda, w., Kurzform von Namen mit *God-*.

Godehard, m., niederdeutsch, Form von *Gotthard*.

Godelinde, w., ahd. „Gott" (Gott) und „linta" (der Lindenholzschild).

Godo, m., Kurzform von Namen mit *Gode-*.

Godolewa, w., niederdeutsch, Form von *Gottlieb*.

Godwin, m., niederdeutsch, Form von *Gottwin*.

Göntje, w., fries., Koseform von *Gunda*.

Görge, m., Kurzform von *Georg*.

Götz, m., Kurzform von Namen mit *Gott-*, bekannter Namensträger: der Ritter Götz von Berlichingen.

Golo, m., Kurzform von Namen mit *Gode-*, Nebenform von *Godo*, prominenter Namensträger: der Historiker und Essayist Golo Mann.

Golda, w., hebr. „die Goldene", prominente Namensträgerin: die israelische Politikerin Golda Meir.

Gontard, m., Nebenform von *Gunthard*.

Goran, m., serbokroatisch, Form von *Georg* und *Jürgen*.

Gorch, m., niederdeutsch, Form von *Georg*, bekannt wegen des Segelschulschiffes der Bundesmarine: die Gorch Fock, benannt nach dem Pseudonym eines Schriftstellers des 19. Jahrhunderts.

Gordon, m., altengl., schottischer Adels- und Ortsname.

Gordy, m., engl., Koseform von *Gordon*.

Gosbert, m., ahd. „gaut“ (Gote) und „beraht“ (glänzend).

Goswin, m., ahd. „gaut“ (Gote) und „wini“ (Freund).

Gottbert, m., ahd. „gott“ (Gott) und „beraht“ (glänzend).

Gottfried, m., ahd. „gott“ (Gott) und „fridu“ (Frieden), bekannte Namensträger: der Schauspieler und „James-Bond“-Bösewicht Gottfried John, der Schriftsteller Gottfried Keller.

Gotthard, m., ahd. „gott“ (Gott) und „hart“ (kühn).

Gotthelf, m., pietistische Neubildung.

Gotthilf, m., pietistische Neubildung.

Gotthold, m., pietistische Neubildung.

Gottlieb, m., pietistische Neubildung.

Gottlob, m., pietistische Neubildung.

Gottschalk, m., ahd. „gott“ (Gott) und „schalk“ (Knecht).

Gottwald, m., ahd. „gott“ (Gott) und „waltan“ (herrschen).

Gottwin, m., ahd. „gott“ (Gott) und „wini“ (Freund).

Govert, m., niederl., Form von *Gottfried*.

Grace, w., engl., Form von *Gratia*.

Gracia, w., span., Form von *Gratia*, bekannte Namensträgerin: Gracia Patricia von Monaco.

Gratia, w., lat. „die Anmutige“.

Gratian, m., lat. „der Anmutige“.

Gratianus, m., lat., Nebenform von *Gratian*.

Grazia, w., Nebenform von *Gratia*.

Grazian, m., lat., Nebenform von *Gratian*.

Graziella, w., ital., Weiterbildung von *Grazia*.

Greet, w., niederdeutsch, Kurzform von *Margarethe*.

Greetje, w., niederdeutsch, Koseform von *Margarethe*.

Gregoire, m., franz., Form von *Gregor*.

Gregoor, m., niederl., Form von *Gregor*.

Gregor, m., griech. „der Wachsame", Papst- und Heiligenname, bekannter Zeitgenosse: Gregor Gysi, Vorsitzender der PDS-Bundestagsfraktion, der informellen Mitarbeit für die Staatssicherheit der DDR verdächtigt.

Gregorio, m., span., Form von *Gregor*.

Gregorius, m., griech., Nebenform von *Gregor*.

Gregory, m., engl., Form von *Gregor*.

Gret, w., Kurzform von *Margarethe*.

Greta, w., schwed., Kurzform von *Margaretha*, prominente Namesträgerin: die Filmdiva Greta Garbo.

Grete, w., Kurzform von *Margarethe*.

Gretel, w., Kurzform von *Margarethe*.

Griet, w., rheinisch, Kurzform von *Margarethe*.

Grietje, w., fries., Koseform von *Grete*.

Grigori, w., russ., Form von *Gregor*.

Grigorio, m., ital., Form von *Gregor*.

Grigorij, m., russ., Form von *Gregor*.

Grimbert, m., altengl./ahd. „grim" (Maske) und „beraht" (glänzend).

Grimwald, m., altengl./ahd. „grim“ (Maske) und „waltan“ (herrschen).

Grischa, m., russ., Kurzform von *Grigori*.

Griselda, w., ital., Bedeutung unklar, Sagengestalt.

Griseldis, w., Form von *Griselda*.

Grit, w., Kurzform von *Margarethe*.

Grita, w., Kurzform von *Margarethe*.

Gritt, w., Kurzform von *Margarethe*.

Gritta, w., Kurzform von *Margarethe*.

Gritli, w., schweiz., Koseform von *Grete*.

Grusche, w., russ., Form von *Grete*.

Gruschenka, w., russ., Koseform von *Grusche*.

Guda, w., ahd., Kurzform von Namen mit *Gud-*.

Gudrun, w., ahd. „gund“ (kämpfen) und „rûna“ (Geheimnis), bekannte Namensträgerin: die Schauspielerin Gudrun Landgrebe.

Gudula, w., Weiterbildung von *Guda*.

Günter, m., ahd. „gund“ (Kampf) und „hêr“ (Krieger), bekannter Namensträger: der zeichnende Schriftsteller und Grafiker Günter Grass (Autor der „Danziger Trilogie“).

Günther, m., Nebenform von *Günter*.

Guglielma, w., ital., Form von *Wilhelma*.

Guglielmo, m., ital., Form von *Wilhelm*.

Guide, m., franz., Form von *Guido*.

Guido, m., ital., Form von *Wido*, Kurzform von *Witold*, bekannte Namensträger: der FDP-Politiker Guido Westerwelle, der Fernsehjournalist des ZDF und Buchautor Guido Knopp.

Guilbert, m., franz., Form von *Wilbert*.

Guillaume, m., franz., Form von *Wilhelm*.

Guillerma, w., span., Form von *Wilhelmine*.

Guillermo, m., span., Form von *Wilhelm*.

Guiskard, m., Nebenform von *Guiskard*.

Guiskard, m., Nebenform von *Wishart*.

Gumpert, m., Nebenform von *Guntbert*.

Gumprecht, m., Nebenform von *Guntbert*.

Gun, w., nordisch, Kurzform von Namen mit *Gun-*.

Gunar, m., schwed., Form von *Günter*.

Gunda, w., Kurz- und Koseform von Namen mit *Gund-* oder *-gunde*, bekannte Namensträgerin: Gunda Röstel, Grünen-Parteisprecherin, Gunda Niemann, die antrittsstarke Eisschnell-Läuferin aus Thüringen.

Gunde, w., Kurz- und Koseform von Namen mit *Gund-* oder *-gunde*.

Gundel, w., Kurz- und Koseform von Namen mit *Gund-* oder *-gunde*.

Gundela, w., Nebenform von *Gundula*.

Gunder, m., dän., Form von *Günther*.

Gundhild, w., ahd. „gund" (Kampf) und „hiltja" (Kampf).

Gundhilde, w., Nebenform von *Gundhild*.

Gundobald, m., ahd. „gund" (Kampf) und „bald" (kühn).

Gundobert, m., Nebenform von *Guntbert*.

Gundolf, m., ahd. „gund" (Kampf) und „wolf" (Wolf).

Gundula, w., Weiterbildung von *Gunda*.

G

Gunhild, w., nordisch, Form von *Gundhild*.

Gunn, w., nordisch, Kurzform von Namen mit *Gun-*.

Gunnar, m., schwed., Form von *Günter*.

Guntbert, m., ahd. „gund" (Kampf) und „beraht" (glänzend), Form von *Guntbrecht*.

Guntberta, w., Form von *Guntbert*.

Guntbrecht, m., ahd. „gund" (Kampf) und „beraht" (glänzend), Nebenform von *Guntbert*.

Gunter, m., Nebenform von *Günter*.

Guntfried, m., ahd. „gund" (Kampf) und „fridu" (Frieden).

Gunthard, m., ahd. „gund" (Kampf) und „hart" (kühn).

Gunther, m., Nebenform von *Günter*.

Gunthild, w., Nebenform von *Gundhild*.

Guntlinde, w., ahd. „gund" (Kampf) und „linta" (der Lindenholzschild).

Guntmar, m., ahd. „gund" (Kampf) und „mâr" (berühmt).

Guntrada, w., ahd. „gund" (Kampf) und „rât" (Rat).

Guntrade, w., ahd., Nebenform von *Guntrada*.

Gruntram, m., ahd. „gund" (Kampf) und „hraban" (Rabe).

Guntwin, m., ahd. „gund" (Kampf) und „wini" (Freund).

Gus, m., Kurz- und Koseform von *August* und *Gustav*.

Gusta, w., Kurzform von *Augusta*.

Gustaaf, m., niederl., Form von *Gustav*.

Gustaf, m., schwed., Form von *Gustav*, bekannter Namensträger: der Schauspieler Gustaf Gründgens.

Gustav, m., schwed., „gund" (Kampf) und „stafr" (Stütze) bzw. „staf“ (Pfeiler), in protestantischen Gegenden verbreitet, bekannter Namensträger: der Komponist Gustav Mahler.

Gustave, m., franz., Form von *Gustav*.

Gustavo, m., ital./span., Form von *Gustav*.

Gustavus, m., latinisierte Form von *Gustav*.

Guste, w., Kurzform von *Auguste*.

Gustel, m./w., Nebenform von *Gustl*.

Gusti, w., Koseform von *August*, *Auguste* und *Gustav*.

Gustl, m./w., Koseform von *August* und *Gustav* bzw. *Auguste*.

Guy, m., engl./franz., Form von *Guido*.

Gwendolin, w., Form zu kelt. „gwyn“ (die Weiße), Gestalt der Artussage.

Gwendolyn, w., Nebenform von *Gwendolin*.

György, m., ungar., Form von *Georg*, bekannte Namensträger: der Komponist György Ligeti, der Autor György Konrad.

Gyula, m., ungar., Form von *Julius*, bekannter Namensträger: der ungarische Politiker Gyula Horn.

H

Hadamar, m., ahd. „hadu“ (Kampf) und „mâr“ (berühmt), Nebenform von *Hademar*.

Hadburga, w., ahd. „hadu“ (Kampf) und „bergan“ (schützen).

Hadeburg, w., Nebenform von *Hadburga*.

Hadelind, w., ahd. „hadu“ (Kampf) und „linta“ (der Lindenholzschild).

Hadelinde, w., ahd., Nebenform von *Hadelind*.

Hademar, m., ahd., Nebenform von *Hadamar*.

Hadewin, m., ahd. „hadu“ (Kampf) und „wini“ (Freund), Nebenform von *Hadwin*.

Hadmut, w., ahd. „hadu“ (Kampf) und „muot“ (Gesinnung).

Hadmute, w., Nebenform von *Hadmut*.

Hado, m., Kurzform von Namen mit *Had-*.

Hadrian, m., lat., Form von *Adrian*, bekannte Namensträger: der römische „Reisekaiser“ Hadrian, unter dessen Regentschaft die Engelsburg und das Pantheon neu errichtet wurden, häufiger Papstname.

Hadumod, w., Form von *Hadmut*, bekannte Namensträgerin: die Sprachwissenschaftlerin Hadumod Bußmann.

Hadwig, w., Nebenform von *Hedwig*.

Hadwin, m., ahd. „hadu“ (Kampf) und „wini“ (Freund), Nebenform von *Hadewin*.

Hänsel, m., Koseform von *Hans*.

Haganrich, m., ahd. „hag“ (Haus, Einfriedung) und „rîch“ (mächtig, Herrscher, Fürst), Urform von *Heinrich*.

Hagen, m., ahd. „hag“ (Einfriedung).

Haike, w., fries., Kurzform von *Heinrike* und *Henrike*.

Haiko, m., fries., Kurzform von *Heinrich*.

H

Haimo, m., Kurzform von Namen mit *Heim-*.

Heio, m., fries., Kurzform von Namen mit *Hein-*.

Hajo, m., fries., Kurzform von *Hagen* und *Hansjoachim*.

Hakon, m., norweg., Form von *Hagen*.

Hanja, w., Form von *Hanjo*.

Hanjo, m., Kurzform von *Hansjoachim* und *Hansjosef*, bekannter Zeitgenosse: Hanjo Lehmann, Bestsellerautor historischer Romane, jüngster Erfolg: „Die Truhen des Archimboldo".

Hanjörg, m., niederdeutsch, Form von *Hansgeorg*.

Hanka, w., niederdeutsch, Kurzform von *Johanna*.

Hanke, m., niederdeutsch, Kurzform von *Johannes*.

Hanko, m., niederdeutsch, Kurzform von *Johannes*.

Hanna, w., Kurz- und Nebenform von *Johanna*, bekannte Namensträgerin: die Schauspielerin Hanna Schygulla.

Hannah, w., hebr. „die Anmut", bibl. Herkunft.

Hanne, w., Kurz- und Nebenform von *Johanna*.

Hannedore, w., Doppelname aus *Hanne* (*Johanna*) und *Dore* (*Dorothea*).

Hannelore, w., Doppelname aus *Hanne* (*Johanna*) und *Lore* (*Eleonore*), prominente Namensträgerinnen: die Gattin des Altbundeskanzlers Kohl, die Schauspielerin Hannelore Elsner.

Hannerose, w., Doppelname aus *Hanne* (*Johanna*) und *Rose*.

Hannes, m., Nebenform von *Johannes*.

Hanno, m., Nebenform von *Hagen* und *Johannes*.

Hanns, m., Kurzform von *Johannes*.

Hans, m., Kurzform von *Johannes*.

Hansdieter, m., Doppelname aus *Hans* und *Dieter*, prominenter Zeitgenosse: Hansdieter Hüsch, Liedermacher und Satiriker vom Niederrhein.

Hansdietrich, m., Doppelname aus *Hans* und *Dietrich*, prominenter Namesträger: Alt-Außenminister und „elder statesman“ der Bundesrepublik, Hans-Dietrich Genscher.

Hansel, m., Koseform von *Hans*.

Hansi, m., Koseform von *Hans*, bekannter Namesträger: der Sportler Hansi Hinterseher.

Hansgeorg, m., Doppelname aus *Hans* und *Georg*.

Hansgerd, m., Doppelname aus *Hans* und *Gerd*.

Hansjoachim, m., Doppelname aus *Hans* und *Joachim*, bekannter Namensträger: der Fernsehjournalist Hansjoachim („Hajo“) Friedrichs.

Hanjörg, m., niederdeutsch, Form von *Hansgeorg*.

Hansjoseph, m., Doppelname aus *Hans* und *Joseph*.

Hansjürgen, m., Doppelname aus *Hans* und *Jürgen*.

Harald, m., schwed., Form von *Harold*, prominente Namensträger: der Kabarettist und TV-Entertainer Harald Schmidt, der Entertainer Harald Juhnke.

Harbert, m., fries., Form von *Herbert*.

Hard, m., Kurzform von Namen mit *Hart-* und *-hard*.

Hardi, m., Kurzform von Namen mit *Hart-* und *-hard*.

Hardo, m., Kurzform von Namen mit *Hart-* und *-hard*.

Hardy, m., Kurzform von Namen mit *Hart-* und *-hard*, bekannter Namensträger: Hardy Krüger, Schauspieler und Reiseschriftsteller.

Hark, m., fries., Kurzform von Namen mit *Har-*, bekannter Namensträger: der Schauspieler Hark Bohm.

Haribert, m., Nebenform von *Harbert.*

Hariolf, m., ahd. „heri“ (Heer) und „wolf“ (Wolf).

Hariulf, m., ahd., Nebenform von *Hariolf.*

Harm, m., fries., Form von *Hermann.*

Harma, w., fries., Form von *Harmen.*

Harmen, m., fries., Form von *Hermann.*

Harmke, w., fries., Koseform von *Harma.*

Harms, m., fries. „Sohn des Harm“.

Haro, m., fries., Kurzform von *Harro.*

Harold, m., engl./niederdeutsch, Form von *Harald.*

Harriet, w., engl., Form von *Henriette.*

Harro, m., fries., Kurzform von *Harmen* und *Harbert.*

Harry, m., engl., Nebenform von *Henry*, bekannte Namensträger: der Autor und Übersetzer Harry Rowohlt, der in Ehren ergraute Assistent des Fernsehkommissars Derrick.

Hartlieb, m., ahd. „hart“ (kühn) und „liob“ (lieb).

Hartmann, m., ahd. „hart“ (kühn) und „man“ (Mann).

Hartmut, m., ahd. „hart“ (kühn) und „muot“ (Gesinnung).

Hartwig, m., ahd. „hart“ (kühn) und „wig“ (Kampf), Nebenform von *Hertwig.*

Hartwin, m., ahd. „hart“ (kühn) und „wini“ (Freund).

Harvey, m., engl., Form von *Hartwig.*

Hasko, m., fries., Koseform von *Hasso.*

Hasso, m., ahd. „der Hesse“, bekannte Namensträger: wirklich nur noch Vierbeiner?

Hatto, m., Kurzform von Namen mit *Had-*.

Haubert, m., Form von *Hubert*, im Rheinland verbreitet.

Haug, m., fries., Nebenform von *Hugo*.

Hauke, m., fries., Nebenform von *Hugo*.

Haymo, m., Kurzform von Namen mit *Heim-*.

Hayo, m., fries., Kurzform von Namen mit *Hein-*.

Heather, w., engl., Form von *Heiderose*.

Hedda, w., nordisch, Kurzform von *Hedwig*.

Heddy, w., nordisch, Kurzform von *Hedwig*.

Hede, w., Kurzform von *Hedwig*.

Hedvig, w., schwed., Form von *Hedwig*.

Hedwig, w., ahd. „hiltja" (Kampf) und „wig" (Kampf), Heiligenname, bekannte Namensträgerin: die vielgelesene Schriftstellerin Hedwig Courths-Mahler.

Heide, w., Kurzform von *Adelheid*, bekannte Namensträgerin: die Ministerpräsidentin Heide Simonis.

Heidelinde, w., Doppelname aus *Heide* und *Linda*.

Heidelore, w., Doppelname aus *Heide* und *Lore*.

Heidemaria, w., Doppelname aus *Heide* und *Maria*.

Heiderose, w., Doppelname aus *Heide* und *Rosa*.

Heidi, w., Koseform von *Adelheid*, bekannte Namensträgerin: der Hamburger Bühnenstar Heidi Kabel, neuerdings gerät das weltbekannte Model aus Bergisch Gladbach in den Blick: Heidi Klum.

Heidrun, w., basierend auf *Heide,* im 20. Jahrhundert gebildet nach den Musternamen *Gudrun* und *Siegrun*.

Heike, w., Kurzform von *Heinrike* und *Henrike*, in Norddeutschland verbreitet.

Heiko, m., fries., Kurzform von *Heinrich*.

H

Heila, w., Kurzform von Namen mit *Heil-*, der Klang des Namens wird überdeckt vom Charme der gleichnamigen Fleischsalat-Marke.

Heilgard, w., ahd. „heil“ (gesund, unversehrt) und „gard“ (Schutz).

Heilke, w., fries., Kurzform von Namen mit *Heil-*.

Heilko, m., fries., Kurzform von Namen mit *Heil-*.

Heilmar, m., ahd. „heil“ (gesund, unversehrt) und „mâr“ (berühmt).

Heilmut, m., ahd. „heil“ (gesund, unversehrt) und „muot“ (Gesinnung).

Heilmuth, m., Nebenform von *Heilmut*.

Heilo, m., fries., Kurzform von Namen mit *Heil-*.

Heilwig, w., ahd. „heil“ (gesund, unversehrt) und „wîg“ (Kampf).

Heima, w., ahd. „hag“ (Haus, Einfriedung).

Heimbrecht, m., ahd. „hag“ (Haus, Einfriedung) und „beraht“ (glänzend).

Heimeran, m., ahd. „hag“ (Haus, Einfriedung) und „hraban“ (Rabe).

Heimerich, m., ahd. „hag“ (Haus, Einfriedung) und „rîch“ (Fürst, Herrscher, mächtig), Nebenform von *Heimrich*.

Heimfried, m., ahd. „hag“ (Haus, Einfriedung) und „fridu“ (Frieden).

Heimito, m., Koseform von *Heimo*.

Heimke, w., niederdeutsch, Koseform von *Heima*.

Heimo, m., Kurzform von Namen mit *Heim-*.

Heimran, m., ahd. „hag“ (Haus, Einfriedung) und „hraban“ (Rabe).

Heimrich, m., ahd. „hag“ (Haus, Einfriedung) und „rîch“ (Fürst, Herrscher, mächtig), Nebenform von *Heimerich*.

H

Hein, m., niederdeutsch, Kurzform von *Heinrich*.

Heineke, w., niederdeutsch, Kurzform von *Heinrike*.

Heiner, m., Kurzform von *Heinrich*, bekannter Zeitgenosse: der Politiker und passionierte Bergsteiger Heiner Geißler (CDU).

Heinfried, m., Neubildung von Namen mit *Hein-* und *-Fried*, *-fried*.

Heini, m., Koseform von *Heinrich*.

Heinke, m., niederdeutsch, Kurzform von *Heinrich*.

Heinko, m., niederdeutsch, Kurzform von *Heinrich*.

Heino, m., Kurzform von *Heinrich*.

Heinrich, m., ahd. „hag“ (Einfriedung) und „rîch“ (Fürst, Herrscher, mächtig), beliebter Herrschername des Mittelalters bekannte Namensträger: der ehemalige Bundespräsident Heinrich Lübke, der Schriftsteller Heinrich Böll.

Heinrike, w., fries., Nebenform von *Henrike*.

Heintje, m., niederdeutsch, Kurzform von *Heinrich*.

Heinz, m., Kurzform von *Heinrich*, bekannter Zeitgenosse: der Schauspieler Heinz Hoenig.

Heinzjakob, m., Doppelname aus *Heinz* und *Jakob*.

Heinzpeter, m., Doppelname aus *Heinz* und *Peter*.

Heio, m., fries., Kurzform von Namen mit *Hein-*.

Hektor, m., griech. „Herrscher“, Name aus der Ilias des Homer, von Achilleus vor Troja getötet.

Helen, w., engl., Form von *Helene*.

Helena, w., griech. „die Glänzende, die Wärmende“.

Helene, w., griech., Nebenform von *Helena*, bekannte Namensträgerin: die Schauspielerin und Brecht-Partnerin Helene Weigel.

H

Hélène, w., franz., Form von *Helene*.

Helewidis, w., ahd. „heil" (ganz, gesund) und „wit" (weit).

Helfgott, m., pietistische Neubildung.

Helfried, m., Nebenform von *Helmfried*.

Helga, w., nordisch, hergeleitet von schwed. „hel" bzw. ahd. „heil" (gesund).

Helgard, w., Nebenform von *Heilgard*.

Helge, m., schwed. „hel" (gesund), prominenter Namensträger: der Ruhrgebiets-Komiker und Repräsentant der gepflegten Peinlichkeit Helge Schneider.

Helgi, m., schwed. Nebenform von *Helge*.

Helke, w., niederdeutsch, Form von *Heilke*.

Hella, w., Kurzform von *Helena*, *Helene* und *Helga*, bekannte Namensträgerin: Hella von Sinnen, Komikerin aus Köln.

Helle, w., Kurzform von *Helena*, *Helene* und *Helga*.

Hellfried, m., Nebenform von *Helmfried*.

Helma, w., Kurzform von Namen mit *Helm-* oder *-helma*.

Helmar, m., Nebenform von *Heil-* oder *Hildemar*, Nebenform von *Hilmar*.

Helmbrecht, m., ahd. „helm" (Schutz) und „beraht" (glänzend).

Helmburg, w., ahd. „helm" (Schutz) und „bergan" (schützen).

Helmfried, m., ahd. „helm" (Schutz) und „fridu" (Frieden).

Helmina, w., Kurzform von *Wihelmine*.

Helmine, w., Nebenform von *Helmina*.

Helmke, w./m., Kurzform von Namen mit *Helm-* oder *-helma*.

Helmko, w./m., Kurzform von Namen mit *Helm-* oder *-helma*.

Helmo, w./m., Kurzform von Namen mit *Helm-* oder *-helma*.

Helmold, m., ahd. „helm" (Schutz) und „waltan" (herrschen).

Helmtraud, w., ahd. „helm" (Schutz) und „trûd" (wehrhaft).

Helmut, m., ahd. „helm" (Schutz) und „muot" (Gesinnung), Weiterbildung von *Heilmut* und *Hildemut*, prominente Zeitgenossen: die Alt-Bundeskanzler Helmut Kohl und Helmut Schmidt.

Helmuth, m., jüngere Nebenform von *Helmut*.

Helmwald, m., ahd. „helm" (Schutz) und „waltan" (herrschen).

Helmward, m., ahd., Nebenform von *Helmwart*.

Helmwart, m., ahd. „helm" (Schutz) und „wart" (Hüter).

Heloise, w., Neubildung von *Helewidis*.

Héloise, w., franz., Form von *Heloise*.

Helwig, m., ahd. „heil" (gesund, unversehrt) und „wig" (Kampf), Nebenform von *Heilwig*.

Hemma, Koseform von *Helma*.

Hendricus, m., lat., Form von *Heinrich*.

Hendrik, m., niederdeutsch, Form von *Heinrich*.

Hendrikje, w., niederl., Koseform von *Henrike*.

Henke, m., niederdeutsch, Kurzform von *Heinrich* und *Johannes*.

Henne, m., niederdeutsch, Kurzform von *Heinrich* und *Johannes*.

Henneke, m., niederdeutsch, Kurzform von *Heinrich* und *Johannes*.

Henner, m., Kurzform von

Heinrich und *Johannes*, bekannter Namensträger: der Schauspieler Henner Quest.

Hennes, m., Kurzform von *Johannes*, bekannt durch die schwedische Handelskette „Hennes & Mauritz“ (H & M).

Henni, w., Kurzform von *Henrike*.

Hennig, m., niederdeutsch, Kurzform von *Heinrich* und *Johannes*.

Henning, m., niederdeutsch, Kurzform von *Heinrich* und *Johannes*.

Henno, m., Kurzform von *Heinrich* und *Johannes*.

Henny, w., Kurzform von *Henrike*.

Henri, m., franz., Form von *Heinrich*, prominenter Namensträger: der Verleger und Kunstsammler Henri Nannen.

Henricus, m., lat., Form von *Heinrich*.

Henrietta, w., Nebenform von *Henriette*.

Henriette, w., franz., Form von *Henri*.

Henrik, m., schwed., Form von *Heinrich*, bekannter Namensträger: der norwegische Dramatiker klassischer Beziehungsdramen Henrik Ibsen.

Henrike, w., Form von *Henrik*.

Henry, m., engl., Form von *Heinrich*, bekannter Namensträger: der Automobilhersteller Henry Ford.

Hera, w., griech., Name der Erdgottheit Hera, prominente Namensträgerin: Hera Lind, deutsche Bestsellerautorin.

Hérauld, m., franz., Form von *Harold*.

Herbald, m., ahd. „hêr“ (Krieger) und „bald“ (kühn).

Herbert, m., ahd. „hêr“ (Krieger) und „beraht“ (glänzend), Nebenform von *Heribert*, prominente Namensträger: der Erzähler und Maler Herbert Rosendorfer, der SPD-Politiker Herbert Wehner.

Herberta, w., Form von *Herbert.*

Herdi, w., fries., Koseform von Namen mit *Her-.*

Herdis, w., fries., Kurzform von Namen mit *Her-.*

Heribert, m., ahd. „heri“ (Heer) und „beraht“ (glänzend), Nebenform von *Herbert*, prominenter Namensträger: Heribert Faßbender, Sportberichterstatter der ARD.

Herlinde, w., ahd. „hêr“ (Krieger) und „linta“ (der Lindenholzschild).

Herma, w., Kurzform von *Hermine.*

Herman, m., engl., Form von *Hermann.*

Hermann, m., ahd. „hêr“ (Krieger) und „man“ (Mann, Krieger), Nebenform von *Herrman.*

Hermanna, w., Form von *Hermann.*

Hermine, w., Form von *Hermann.*

Herms, m., fries. „Sohn des Harm“.

Hernando, m., span., Form von *Ferdinand.*

Hero, m., 1. Kurzform von *Herold*, 2. Nebenform von griech. „heros“ (der Held).

Herold, m., ahd. „hêr“ (Krieger) und „waltan“ (herrschen), Nebenform von *Harold.*

Herrman, m., ahd. „hêr“ (Krieger) und „man“ (Mann), Nebenform von *Hermann.*

Herrmann, m., ahd., Nebenform von *Herrman.*

Herta, w., ahd. „hêr“ (Krieger), Form von *Herbert*, bekannte Namensträgerin: die SPD-Politikerin Herta Däubler-Gmelin.

Hertha, w., Nebenform von *Herta.*

Hertwig, m., ahd. „hart“ (kühn) und „wig“ (Kampf), Nebenform von *Hartwig.*

Hertwiga, w., Form von *Hertwig.*

Herward, m., ahd. „hêr" (Krieger) und „wart" (Hüter).

Herwig, m., ahd. „hêr" (Krieger) und „wig" (Kampf).

Herwiga, w., Form von *Herwig*.

Herwin, m., ahd. „hêr" (Krieger) und „wini" (Freund).

Hester, w., engl., Form von *Esther*.

Hetti, w., Kurz- und Koseform von *Hedwig*.

Hetty, w., Kurz- und Koseform von *Hedwig*.

Hias, m., oberdeutsch, Koseform von *Matthias*.

Hidda, w., fries., Kurzform von *Hildiberga*.

Hieronymos, m., griech., Nebenform von *Hironymus*.

Hilar, m., lat., Kurzform von *Hilarius*.

Hilarius, m., lat. „der Heitere, der Fröhliche".

Hilary, w., engl., Form von *Hilarius*, bekannte Namensträgerin: die Rechtsanwältin, Politikerin und Gattin des US-Präsidenten Hilary Clinton.

Hilbert, m., Kurzform von *Hildebert*, Nebenform von *Hilpert*.

Hilbrand, m., ahd. „hiltja" (Kampf) und „brant" (Schwert), Nebenform von *Hildebrand*.

Hilda, w., Kurzform von Namen mit *Hilde-* oder *-hilde*, bekannte Namensträgerin: Hilda Heinemann, Bundespräsidentengattin.

Hilde, w., Kurzform von Namen mit *Hilde-* oder *-hilde*.

Hildebert, m., ahd. „hiltja" (Kampf) und „beraht" (glänzend), Nebenform von *Hildebrecht*.

Hildeberta, w., Form von *Hildebert*.

Hildebrand, m., ahd. „hiltja" (Kampf) und „brant" (Schwert, eine Schmerz [Brand] verursachende Waffe), Nebenform von *Hilbrand*.

Hildebrecht, m., ahd. „hiltja" (Kampf) und „beraht" (glänzend), Nebenform von *Hildebert*.

Hildefons, m., ahd. „hiltja" (Kampf) und „funs" (eifrig, bereit).

Hildegard, w., ahd. „hiltja" (Kampf) und „gard" (Schutz), bekannte Namensträgerinnen: die Schauspielerin Hildegard Knef, die FDP-Politikerin und studierte Chemikerin Hildegard Hamm-Brücher.

Hildeger, m., ahd. „hiltja" (Kampf) und „gêr" (Speer).

Hildegund, w., ahd. „hiltja" (Kampf) und „gund" (Kampf).

Hildegunde, w., Nebenform von *Hildegund*.

Hildemar, m., ahd. „hiltja" (Kampf) und „mâr" (berühmt).

Hildemut, m., ahd. „hiltja" (Kampf) und „muot" (Gesinnung).

Hilderich, m., ahd. „hiltja" (Kampf) und „rîch" (Fürst, Herrscher, mächtig).

Hilderun, w., Nebenform von *Hildrun*.

Hildiberga, w., ahd. „hiltja" (Kampf) und „bergan" (schützen).

Hildrun, w., ahd. „hiltja" (Kampf) und „rûna" (Geheimnis).

Hilger, m., ahd., Kurzform von *Hildeger*.

Hilke, w., Kurzform von Namen mit *Hilde-* oder *-hilde*.

Hilla, w., Kurzform von Namen mit *Hilde-* oder *-hilde*.

Hillu, w., Koseform von *Hiltrud*, bekannte Namensträgerin: die geschiedene Frau von Bundeskanzler Schröder.

Hilma, w., Kurzform von Namen mit *Helm-* oder *-helma*.

Hilmar, m., Nebenform von *Heil-* oder *Hildemar*, Nebenform von *Helmar*.

Hilpert, m., Kurzform von *Hildebert*, Nebenform von *Hilbert*.

Hiltgund, w., ahd. „hiltja" (Kampf) und „gund" (Kampf).

Hiltraud, w., Nebenform von *Hiltrud*.

Hiltrud, w., ahd. „hiltja" (Kampf) und „trûd" (wehrhaft).

Hinnerk, m., niederdeutsch, Koseform von *Heinrich*.

Hinrich, m., Nebenform von *Heinrich*.

Hinz, m., Kurzform von *Heinrich* und Nebenform von *Heinz*.

Hiob, m., hebr., bibl. Herkunft, rechtsschaffener Mann und Objekt einer Wette zwischen Gott und dem Satan, verfluchte trotz schwerster Pein seinen Schöpfer nicht und wurde dafür belohnt.

Hippo, m., fries., Kurzform von *Hippolyt*.

Hippolyt, m., griech., Nebenform von *Hippolytus*.

Hippolytus, m., griech. „Mann, der die Pferde freiläßt".

Hironymos, m., griech. „Mann mit heiligem Namen".

Hjalmar, m., altisländisch „hjalmr" (Helm, Schutz) und „hêr" (Heer, Krieger), bekannter Namensträger: der deutsche Notenbankchef (Reichswährungskommissar und später Reichsbankpräsident) Hjalmar Horace Greeley Schacht.

Hjördis, w., altisländisch „hjor" (Schwert) und „dis" (Göttin).

Hoimar, m., ahd. „hugun" (Sinn, Verstand) und „mâr" (berühmt), bekannter Namensträger: der Wissenschaftspublizist Hoimar von Ditfurth.

Holda, w., Nebenform von *Hulda*.

Holdger, m., Nebenform von *Holger*.

Holdine, w., Weiterbildung von *Holda*.

Holdo, m., Kurzform von Namen mit *-hold.*

Holger, m., nordisch „holm" (Insel) und „gêr" (Speer).

Holm, m., nordisch „Insel".

Honorius, m., lat. „der Geehrte".

Honoré, m., franz., Form von *Honorius.*

Hope, w., engl. „Hoffnung".

Horatio, m., lat., Kurzform von *Horatius.*

Horatius, m., lat. „aus dem römischen Geschlecht der Horatier".

Horst, m., ahd. „Hecke, Dickicht, Gestrüpp", bekannter Namensträger: der Schauspieler Horst Buchholz.

Horsta, w., Form von *Horst*, beliebte Form im NS-Deutschland.

Horstmar, m., Neubildung von *Horst* und Namen auf *-mar.*

Hortense, w., franz., Form von *Hortensia.*

Hortensia, w., lat. „hortus" (Garten), „aus dem römischen Geschlecht der Hortensier."

Hosea, m., hebr. „Hilfe durch Gott", bibl. Herkunft, Prophet, dem befohlen wurde die Prostituierte Gomer zu heiraten und zu retten.

Howard, m., engl., Form von *Hubert.*

Hroswitha, w., alte Form von *Roswitha.*

Hubert, m., Kurzform von *Hugbert* und *Hugubert.*

Huberta, w., Form von *Hubert.*

Hubertus, m., lat., Form von *Hubert.*

Hugbald, m., ahd. „hugu" (Verstand, Geist) und „bald" (kühn).

Hugbert, m., ahd. „hugu" (Verstand, Geist) und „beraht" (glänzend), Nebenform von *Hugbrecht.*

Hugbrecht, m., ahd. „hugu“ (Verstand, Geist) und „beraht“ (glänzend), Nebenform von *Hugbert.*

Hugdietrich, m., Doppelname aus *Hugo* und *Dietrich.*

Hugh, m., engl., Form von *Hugo*, prominenter Namensträger: Hugh Grant, Schauspieler, bekannt durch den Film „Vier Hochzeiten und ein Todesfall“ und „Notting Hill“.

Hughes, m., engl., Form von *Hugo.*

Hugo, m., Kurzform von Namen mit *Hug-*, bekannter Namensträger: der Librettist und Schriftsteller Hugo von Hoffmansthal.

Hugues, m., franz., Form von *Hugo.*

Hulda, w., ahd. „der weibliche Geist“.

Huldreich, m., Umbildung von *Uldricus.*

Humbert, m., ahd. „hun“ (junger Bär) und „beraht“ (glänzend).

Humbrecht, m., ahd. „hun“ (junger Bär) und „beraht“ (glänzend).

Humfrey, m., engl., Form von *Humfried.*

Humfried, m., ahd. „hun“ (junger Bär) und „fridu“ (Frieden).

Humphrey, m., engl., Form von *Humfried*, bekannter Namensträger: der US-Filmschauspieler Humphrey Bogart.

Hunfried, m., ahd. „hun“ (junger Bär) und „fridu“ (Frieden).

Hunold, m., ahd. „hun“ (junger Bär) und „waltan“ (herrschen).

Huschke, m., eindeutschende Form der slaw. Koseform von *Johannes.*

Hyazinth, m., griech., Kurzform von *Hyazinthus.*

Hyazinthus, m., griech., in der Sage wird ein Jüngling in eine Hyazinthe verwandelt.

I

Ian, engl., Form von *John*.

Ib, m., dän., Kurzform von *Jakob*.

Ibbe, m., Kurzform von *Ivo*.

Ibbo, m., Kurzform von *Ivo*.

Ibe, m., fries., Kurzform von *Ivo*.

Ibi, m., fries., Kurzform von *Herbert*.

Ibke, w., dänisch, Form von *Ib*.

Ibo, m., fries., Kurzform von *Herbert*.

Ibraim, m., Nebenform von *Ibrahim*, bekannter Namensträger: Ibraim Böhme, ehemalige Berliner SPD-Größe und Informeller Mitarbeiter des Ministeriums für Staatssicherheit der DDR.

Ibrahim, m., arab., Form von *Abraham*.

Ida, w., Kurzform von *Iduberga*.

Idis, w., Nebenform von *Ida*.

Iduberga, w., ahd. „idis" (Jungfrau) und „bergan" (schützen).

Iduna, w., altnordisch, Göttin der ewigen Jugend.

Idzi, m., poln., Form von *Ägidius*.

Ignatia, w., lat., Form von *Ignatius*.

Ignatius, m., lat. „der Feurige", bekannter Namensträger: der Gründer des Jesuitenordens Ignatius von Loyola.

Ignaz, m., oberdeutsch, Nebenform von *Ignatius*.

Ignazia, w., Nebenform von *Ignatia*.

Ignes, w., Nebenform von *Agnes*.

Igor, m., russ., Form von *Ingwar*, bekannter Namensträger: der Komponist Igor Strawinsky.

Ijob, m., hebr., Nebenform von *Hiob*.

Ika, w., russ., Kurzform von *Igor*.

I

Iken, w., niederl., Form von *Ida.*

Ildefons, m., Nebenform von *Hildefons.*

Ildico, w., ungar., vermutlich Koseform von Namen mit *Hild-*, historisch als Gattin des Hunnenkönigs *Attila* bezeugt.

Ileana, w., rumän., Form von *Helene.*

Ilg, m., Kurzform von *Ägidius.*

Ilga, w., ahd., 1. Neben- und Kurzform von *Hilga* und *Helga*, 2. Heiligenname.

Ilian, m., schwed., Form von *Ägidius.*

Iliane, w., niederl., Form von *Juliane.*

Ilja, m., russ., Form von *Elias*, prominenter Namensträger: Ilja Richter, Schauspieler und in den 70er Jahren Ikone der deutschen Popkultur.

Iljana, w., slaw., Form von *Ilja.*

Ilka, w., Kurzform von *Ilona.*

Ilken, w., niederl., Koseform von *Ida.*

Illo, m., Kurzform von *Ägidius.*

Ilona, w., ungar., Form von *Helene.*

Ilonka, w., Koseform von *Ilona.*

Ilsa, w., Kurzform von *Elisabeth.*

Ilsabe, w., Kurzform von *Elisabeth.*

Ilse, w., Kurzform von *Elisabeth.*

Ilsebill, w., Nebenform von *Elisabeth*, *Sybille* und *Isabell.*

Ilsedore, w., Doppelname aus *Ilse* und *Dorothea.*

Ilsegret, w., Doppelname aus *Ilse* und *Gret.*

Ilselore, w., Doppelname aus *Ilse* und *Lore.*

Ilselotte, w., Doppelname aus *Ilse* und *Charlotte.*

Ilsemarie, w., Doppelname aus *Ilse* und *Marie*.

Ilsetraud, w., Doppelname aus *Ilse* und *Gertraud*.

Ilsetrude, w., Nebenform von *Ilsetraud*.

Ilske, w., niederdeutsch, Koseform von *Ilse*.

Iltsch, m., Kurzform von *Ägidius*.

Ilva, w., Nebenform von *Ylva*.

Ilvy, w., Nebenform von *Ylva*.

Imela, w., Kurzform von *Irmhild*.

Imelda, w., Kurzform von *Irmhild*, bekannte Namensträgerin: Imelda Marcos, Witwe des ehemaligen Präsidenten der Philippinen.

Imka, w., fries., Koseform von *Irmhild* und *Irmtraud*.

Imke, w., fries., Koseform von *Irmhild* und *Irmtraud*.

Imma, w., Kurzform von Namen mit *Irm-*.

Immanuel, m., hebr. „Gott mit uns", bibl. Herkunft, bekannter Namensträger: der Philosoph Immanuel Kant.

Imme, w., Kurzform von Namen mit *Irm-*.

Immo, m., Kurzform von Namen mit *Im-* oder *Irm-*, Namensträger: der Historiker Immo von Fallois.

Imogen, w., engl./irisch, eventuell altirisch „ingen" (Mädchen).

Imre, m., ungar., Form von *Emmerich*, bekannter Namensträger: der Politiker Imre Nagy.

Ina, w., Kurzform von Namen mit *-ina* und *-ine*.

Indira, w., indisch „die Funkelnde", von der Heldengöttin Indra hergeleitet, prominente Namensträgerin: Indira Ghandi.

Ine, w., Kurzform von Namen mit *-ina* und *-ine*.

Ineke, w., niederdeutsch, Koseform von *Ina* und *Ine*.

Inés, w., span., Form von *Agnes*.

Inessa, w., Weiterbildung von *Inés*.

Inga, w., Kurz- und Koseform von Namen mit *Ing-*.

Ingalisa, w., schwed., Doppelname aus *Inga* und *Lisa*.

Ingbert, m., Nebenform von *Ingobert*.

Inge, w., Kurz- und Koseform von Namen mit *Ing-*, bekannte Namensträgerin: die Schauspielerin Inge Meysel.

Ingeborg, w., nordisch „Ingvio" (germ. Gott) und „bergan" (schützen), bekannte Namensträgerin: die Schriftstellerin Ingeborg Bachmann.

Ingehild, w., nordisch, „Ingvio" (germ. Gott) und „hiltja" (Kampf).

Ingela, w., Koseform von *Inge* und *Ingeborg*.

Ingelore, w., Doppelname aus *Inge* und *Lore*.

Ingelotte, w., Doppelname aus *Inge* und *Lotte*.

Ingemar, m., schwed., Nebenform von *Ingomar*, bekannter Namensträger: der Skirennprofi der 80er Jahre Ingemar Stenmark.

Ingemaren, w., Doppelname aus *Inge* und *Maren*.

Ingemarie, w., Doppelname aus *Inge* und *Marie*.

Inger, w., schwed., Koseform von *Inge* und *Ingeborg*.

Ingerid, w., Nebenform von *Ingrid*.

Ingerose, w., Doppelname aus *Inge* und *Rosa*.

Ingetraud, w., Doppelname aus *Inge* und *Traude*, Nebenform von *Ingtrud*.

Ingetrud, w., Doppelname aus *Inge* und *Trude*.

Ingi, w., Kurz- und Koseform von Namen mit *Ing-*.

Ingmar, m., schwed., Nebenform von *Ingemar* und *Ingo-*

mar, bekannter Namensträger: der Regisseur Ingmar Bergman.

Ingo, m., Kurzform von Namen mit *Ingo-*.

Ingobert, m., germ. „Ingvio" (germ. Gott) und „beraht" (glänzend).

Ingold, m., germ. „Ingvio" (germ. Gott) und „waltan" (herrschen).

Ingolf, m., germ. „Ingvio" (germ. Gott) und „wolf" (Wolf), bekannter Namensträger: Fernsehmoderator und Komiker Ingolf Lück.

Ingomar, m., germ. „Ingvio" (germ. Gott) und „mâr" (berühmt).

Ingram, m., germ. „Ingvio" (germ. Gott) und „hraban" (Rabe).

Ingrid, w., germ. „Ingvio" (germ. Gott) und „fridhr" (schön).

Ingrun, w., germ. „Ingvio" (germ. Gott) und „rûna" (Geheimnis).

Ingtrud, w., germ. „Ingvio" (germ. Gott) und „trûd" (wehrhaft).

Ingvar, m., germ. „Ingvio" (germ. Gott) und „heri" (Heer).

Ingwar, m., germ., Nebenform von *Ingvar*.

Ingwin, m., germ. „Ingvio" (germ. Gott) und „wini" (Freund).

Inka, w., fries., Kurz- oder Koseform von Namen mit *Ing-* und *Inge-*.

Inken, w., fries., Kurzform von Namen mit *Ing-* und *Inge-*

Inko, m., fries., Kurzform von Namen mit *Ing-*.

Inno, m., Kurzform von *Innozenz*.

Innocentia, w., lat. „die Unschuldige, die Unbescholtene".

Innocentius, w., lat. „der Unschuldige, der Unbescholtene".

Innozentia, w., eindeutschende Form von *Innocentia*.

Innozenz, m., lat. „der Unschuldige, der Unbescholtene“.

Insa, w., fries., Kurzform von Namen mit *Ing-*.

Inse, w., fries., Kurzform von Namen mit *Ing-*.

Iolanthe, w., griech. „das Veilchen“.

Iphigenie, w., griech., Gestalt der Ilias, älteste Tochter des Agamemnon, durch Goethes Drama im deutschen Sprachraum bekannt.

Ira, w., Kurzform von *Irene* und *Irina*.

Ireen, w., Nebenform von *Irene*.

Irena, w., Nebenform von *Irene*.

Irene, w., griech., Friedensgöttin.

Irène, w., franz., Form von *Irene*.

Irina, w., slaw., Form von *Irene*.

Iris, w., griech., 1. „die Hurtige“, Name der Götterbotin, 2. Blumenname (Schwertlilie), prominente Zeitgenossin: die Schauspielerin Iris Berben.

Irka, w., poln., Koseform von *Irene*.

Irma, w., Kurzform von Namen mit *Irm-*.

Irmalotte, w., Doppelname aus *Irma* und *Lotte* (*Charlotte*).

Irmberga, w., ahd., Nebenform von *Irminberga*.

Irmbert, m., germ./ahd. „irmin“ (groß, allumfassend) und „beraht“ (glänzend).

Irmela, w., Koseform von *Irma*.

Irmella, w., Nebenform von *Irmela*.

Irmgard, w., Nebenform von *Irmingard*.

Irmengard, w., Nebenform von *Irmingard*.

I

Irmentraud, w., Nebenform von *Irmintraud*.

Irmgard, w., Kurzform von *Irmingard*.

Irminberga, w., germ./ahd. „irmin" (allumfassend, groß) und „bergan" (schützen).

Irmingard, w., germ./ahd. „irmin" (allumfassend, groß) und „gard" (Schutz).

Irmhild, w., Nebenform von *Irminhild*.

Irminhild, w., germ./ahd. „irmin" (allumfassend, groß) und „hiltja" (Kampf).

Irmintraud, w., germ./ahd. „irmin" (allumfassend, groß) und „trûd" (wehrhaft).

Irmtraud, w., Nebenform von *Irmintraud*.

Irmtrud, w., Nebenform von *Irmintraud*.

Irvin, m., engl., Nebenform von *Erwin*.

Irving, m., Nebenform von *Irvin*.

Isa, w., Kurzform von *Isabella*, *Isolde* und *Luise*.

Isaak, w., hebr. „Gott zulächeln", bibl. Herkunft.

Isabel, w., span., Form von *Elisabeth*, bekannte Namensträgerin: die Schriftstellerin Isabel Allende.

Isabella, w., ital., Form von *Isabella*, bekannte Namensträgerin: die Schauspielerin Isabella Rosselini.

Isabelle, w., franz., Form von *Isabel*.

Isadora, w., Weiterbildung von *Isidora* und Doppelname aus *Isa* und *Dora*.

Isberga, w., ahd. „isan" (Eisen) und „bergan" (schützen).

Isbert, m., ahd. „isan" (Eisen) und „beraht" (glänzend), Nebenform von *Isenbert*.

Isburga, w., Nebenform von *Isberga*.

Ise, w., Kurzform von *Isabella*, *Isolde* und *Luise*.

Isenbert, m., ahd. „isan" (Eisen) und „beraht" (glänzend), Nebenform von *Isbert.*

Isenfried, m., ahd., Nebenform von *Isfried.*

Isenger, m., ahd. „isan" (Eisen) und „gêr" (Speer), Nebenform von *Isger.*

Isenmar, m., ahd. „isan" (Eisen) und „mâr" (berühmt), Nebenform von *Ismar.*

Isfried, m., ahd. „isan" (Eisen) und „fridu" (Frieden), Nebenform von *Isenfried.*

Isgard, w., ahd. „isan" (Eisen) und „gard" (Schutz).

Isger, m., ahd. „isan" (Eisen) und „gêr" (Speer), Nebenform von *Isenger.*

Ishilde, w., ahd. „isan" (Eisen) und „hiltja" (Kampf).

Isidor, m., Heiligenname, Nebenform von *Isidoros*, prominente Person der Zeitgeschichte: Bernhard Weiß, Vizepolizeipräsident von Berlin in der Weimarer Republik, der von Joseph Goebbels mit dem vermeintlich jüdischen Namen „Isidor" stigmatisiert werden sollte.

Isidora, w., Form von *Isidor.*

Isidoros, m., griech. „Geschenk der Isis".

Isis, w., ägyptische Göttin, von den Griechen als Mondgöttin gedeutet.

Iska, w., niederdeutsch, Koseform von *Isa* und *Isabel.*

Ismael, m., hebr. „Gott hört", bibl. Herkunft.

Ismar, m., ahd. „isan" (Eisen) und „mâr" (berühmt), Nebenform von *Isenmar.*

Ismene, w., griech., Sagen- und Tragödiengestalt, Tochter der Ödipus und seiner Mutter Jokaste, Schwester der Antigone.

Ismund, m., Nebenform von *Ismunde.*

Ismunde, w., ahd. „isan" (Eisen) und „munt" (Schutz).

Iso, m., Kurzform von Namen mit *Is-* oder *Isen-*.

Isolde, w., Herkunft und Bedeutung unklar, Bühnengestalt „Tristan und Isolde“.

Israel, m., hebr. „Gottes Kampf“, bibl. Herkunft.

Isrun, w., ahd. „isan“ (Eisen) und „rûna“ (Geheimnis).

Istraud, w., ahd. „isan“ (Eisen) und „trûd“ (wehrhaft).

Istrud, w., Nebenform von *Istraud*.

István, m., ungar., Form von *Stephan*.

Ita, w., Nebenform von *Ida* bzw. Kurzform von *Judith* und *Jutta*.

Itha, w., Nebenform von *Ida* bzw. Kurzform von *Judith* und *Jutta*.

Itsch, m., Kurzform von *Ägidius*.

Itta, w., Nebenform von *Ida* bzw. Kurzform von *Judith* und *Jutta*.

Ivan, m., Nebenform von *Iwan*.

Ivana, w., russ., Form von *Iwan*.

Ivanka, w., russ., Form von *Iwan*.

Ivar, m., schwed., Nebenform von *Ingwar*, Nebenform von *Iwar*.

Ivette, w., franz., Nebenform von *Yvette*, besonders in der ehemaligen DDR verbreitet.

Ivo, m., ahd. „ihwo“ (die Eibe), Nebenform von *Iwo*.

Ivonne, w., franz., Nebenform von *Yvonne*.

Ivy, w., engl., Pflanzenname (Efeu).

Iwan, m., russ., Form von *Stephan*, Nebenform von *Ivan*.

Iwana, w., russ., Form von *Iwan*.

Iwanka, w., russ., Form von *Iwan*.

Iwar, m., schwed., Nebenform von *Ingwar*, Nebenform von *Ivar*.

J

Jack, m., engl., Form von *Johannes* und *Jakob*, bekannter Namensträger: der US-Filmschauspieler Jack Lemmon.

Jackie, m., engl., Koseform von *Jacqueline*.

Jacky, m., engl., Koseform von *Jacqueline*.

Jaclyn, w., engl., Kurzform von *Jacqueline*.

Jacintha, w., griech. „die Hyazinthe".

Jacob, m., hebr. „Gott schützt", bibl. Herkunft, Nebenform von *Jakob* und *Jakobus*, bekannter Namensträger: der Wörterbuchinitiator und Märchensammler Jacob Grimm.

Jacqueline, w., franz., Form von *Jacques*.

Jacques, m., franz., Form von *Jakob*, bekannter Namensträger: der Komponist Jacques Offenbach.

Jacub, m., poln./tschech., Form von *Jacob*.

Jadwiga, w., poln., Form von *Hedwig*.

Jago, m., span., Form von *Jakob*.

Jakob, m., Nebenform von *Jacob*.

Jakoba, w., Form von *Jakob*.

Jakobine, w., Weiterbildung von *Jakob*.

Jakobus, m., Nebenform von *Jacob*.

Jaime, m., span., Form von *Jakob*.

James, m., engl., Form von *Jakob*.

Jan, m., niederdeutsch/slaw., Form von *Johannes*.

Jana, w., slaw., Form von *Jan*.

Jane, w., 1. engl., Form von *Johanna*, prominente Namensträgerin: Jane Austen, 2. Kurzform von Namen mit *-iane*.

Janek, m., poln., Kurzform von *Johannes*.

J

Janet, w., engl., Koseform von *Jane*, bekannte Namensträgerin: die popmusikerin Janet Jackson.

Janice, w., Koseform von *Jane*.

Janik, m., poln., Koseform von *Jan*.

Janika, w., poln., Koseform von *Jana*.

Janina, w., poln., Koseform von *Jana*.

Janine, w., eindeutschende Form von *Jeannine*.

Janis, w., engl., Nebenform von *Janice*, bekannte Namensträgerin: die Rockmusikerin Janis Joplin.

Janita, w., slaw., Kurzform von *Johanna*.

Janka, w., slaw./ungar., 1. Koseform von *Jana*, 2. Form von *Johanna*.

Jankó, m., ungar., Koseform von *Jan*.

Jann, m., Nebenform von *Jan*.

Janna, w., slaw., Form von *Jan*.

Janne, w., 1. hebr. „Gott ruht“, bibl. Herkunft, 2. fries./niederl., Form von *Marianne*.

Jannette, w., eindeutschende Form von *Jeannette*.

János, m., ungar., Form von *Johannes*.

Janosch, m., ungar., Form von *Johannes*.

Janpeter, m., Doppelname aus *Jan* und *Peter*.

Jantje, w., niederdeutsch, Weiterbildung von *Jana*.

Jara, w., slaw., Kurz- und Koseform von *Jarmila*.

Jarka, w., slaw., Kurz- und Koseform von *Jarmila*.

Jarl, w., schwed. „der Freie, der Fürst“.

Jarla, w., schwed., Form von *Jarl*.

Jarmil, m., tschech. „jaryi“

(stark, streng) und „mir" (Frieden).

Jarmila, w., tschech., Form von *Jarmil.*

Jaro, m., slaw., in Polen beliebte Kurzform von *Jaromir* und *Jarosaw.*

Jaromir, m., slaw. „jaryi" (stark, streng) und „mir" (Frieden).

Jarosław, m., slaw. „jaryi" (stark, streng) und „slava" (Ehre, Ruhm).

Jascha, m., russ., Form von *Jakob.*

Jasmin, w., pers., Name eines Zierstrauches.

Jasper, m., engl., Form von *Kaspar.*

Javier, m., span., Form von *Xaver*, bekannter Namensträger: der Erzähler Javier Tomeo.

Jean, 1. w., engl., Form von *Johanna*, 2. m., franz., Form von *Johannes* und *Hans*, bekannter Namensträger: der WDR-Moderator und Buchautor Jean Pütz.

Jeanett, w., eindeutschende Form von *Jeanette.*

Jeanette, w., franz., Form von *Jean.*

Jeanne, w., franz., Form von *Johanna*, bekannte Namensträgerin: die französische Schauspielerin Jeanne Moreau.

Jeannette, w., franz., Koseform von *Jeanne.*

Jeannine, w., franz., Koseform von *Jeanne.*

Jeff, m., engl., Kurzform von *Jeffrey.*

Jeffrey, m., engl., Form von *Gottfried.*

Jekatharina, w., russ., Form von *Katharina.*

Jelena, w., slaw., Form von *Helena.*

Jelenka, w., slaw., Koseform von *Jelena.*

J

Jelisaweta, w., russ., Form von *Elisabeth.*

Jelka, w., ungar., Koseform von *Ilona.*

Jella, w., fries., Kurzform von *Gabriele.*

Jenni, w., Kurz- und Koseform von *Johanna* und *Jennifer.*

Jennifer, w., engl., Form von *Gwendolin.*

Jenny, w., Kurz- und Koseform von *Johanna* und *Jennifer.*

Jenö, m., ungar., Form von *Eugen.*

Jens, m., fries./dän., Kurzform von *Johannes.*

Jeremias, m., hebr. „Gott erhöht", bibl. Herkunft.

Jeremy, m., engl., Form von *Jeremias.*

Jérme, m., franz., Form von *Hieronymus.*

Jerrit, m., fries., Nebenform von *Gerrit.*

Jerzy, m., poln., Form von *Georg.*

Jesko, m., slaw., Kurzform von *Jarosaw.*

Jessica, w., hebr. „Gott sieht an".

Jessy, w., Koseform von *Jessica.*

Jesus, m., hebr., in Spanien gebräuchlich, in Deutschland vom Amtsgericht Bielefeld 1963 nicht zugelassen.

Jette, w., Kurzform von *Henriette.*

Jezabel, w., hebr., Form von *Isabel.*

Jil, w., engl., Nebenform von Jill, prominente Namensträgerin: die Modeschöpferin Jil Sander.

Jill, w., engl., Kurzform von *Gillian.*

Jillian, w., engl., Nebenform von *Gillian.*

Jillis, m., niederl., Kurzform von *Ägidius.*

J

Jim, m., engl., Kurz- und Koseform von *James*, Nebenform von *Jimi* und *Jimmy*.

Jimi, m., Nebenform von *Jimi* und *Jimmy*.

Jimmy, m., Nebenform von *Jimi* und *Jimmy*.

Jirí, m., tschech., Form von *Georg*.

Jirij, m., slaw., Form von *Georg*.

Jo, w., Kurzform von Namen mit *Jo-*.

Joachim, m., hebr. „Gott richtet dich auf", bekannter Zeitgenosse: Joachim Gauck, Namensgeber der Bundesbehörde und Herr der Akten als „Bundesbeauftragter für die Unterlagen der ehemaligen Deutschen Demokratischen Republik".

Joakim, m., slaw./niederdeutsch, Nebenform von *Joachim*.

Joan, w., engl., Form von *Johanna*, bekannte Namensträgerin: die amerikanische Sängerin Joan Baez.

Joanna, w., Nebenform von *Johanna*.

Job, m., hebr., Nebenform von *Hiob*.

Jobst, m., kelt./hebr., Form aus *Jodokus* und *Hiob*.

Joceline, w., schweiz., Form von *Josselin*.

Jochem, m., Kurzform von *Joachim*.

Jochen, m., Kurzform von *Joachim*.

Jockel, m., Koseform von *Jakob*.

Jodok, m., Kurzform von *Jodokus*.

Jodokus, m., kelt. „Krieger".

Joe, w./m., engl., Kurzform von *Joseph* und *Josepha*.

Joel, m., hebr. „Jehova ist Gott", bibl. Herkunft, Prophetenname.

J

Jöran, m., schwed., Form von *Georg* und *Jürgen*.

Jördis, w., nordisch, Nebenform von *Hjördis*.

Jörg, m., Kurzform von *Georg* und *Jürgen*.

Jörgen, m., dän., Form von *Jürgen*.

Jörn, m., niederdeutsch, Kurzform von *Jürgen*.

Johann, m., Kurzform von *Johannes*.

Johanna, w., hebr., Form von *Johannes*.

Johannes, m., hebr. „Gott der Herr ist gnädig", bibl. Herkunft.

John, m., engl./niederdeutsch, Form von *Johann* und *Johannes*.

Jolanthe, w., griech. „Veilchenblüte".

Jonas, m., hebr. „die Taube", bibl. Herkunft.

Jonathan, m., hebr. „Gott hat gegeben", bibl. Herkunft.

Jonny, m., engl., Koseformen von *John*.

Joost, m., altfranz., Form von *Josse*, Nebenform von *Jost*.

Jordan, m., hebr. „der Herabfließende", bibl. Herkunft, Bezeichnung des Flusses.

Jorg, m., Kurzform von *Georg* und *Jürgen*.

Jorge, m., span., Form von *Georg*, bedeutender Namensträger: der Dichter Jorge Luis Borges.

Jorgen, m., dän., Form von *Georg*.

Jorid, w., nordisch „ior" (Roß) und „fridhr" (schön).

Joris, m., fries., Form von *Georg* oder *Gregor*.

Jorit, m., fries., Kurzform von *Eberhard*.

Jorrit, m., fries., Kurzform von *Eberhard*.

Joscha, m., russ., Koseform von *Aljoscha*.

Joschka, m., 1. russ., Kurz- und Koseform von *Aljoscha*, 2. ungar., Koseform von *Joseph*, bekannt durch Außenminister Fischer.

Joschua, m., hebr. „der Herr ist Rettung und Hilfe", bibl. Herkunft, Nebenform von *Josua*.

José, m., span., Form von *Joseph*, bekannter Namensträger: der spanische Meister des 17. Jahrhunderts José de Ribera.

Josef, m., Form von *Joseph*, bekannter Namensträger: der Mitbegründer der CSU Josef Müller („Ochsen-Sepp").

Josefa, w., Form von *Joseph*.

Josefine, w., Weiterbildung von *Josepha*.

Josel, m., hebr., Form von *Joseph*.

Joseph, m., hebr. „Gott möge vermehren", bibl. Herkunft.

Josepha, w., Form von *Joseph*.

Josèphe, m., franz., Form von *Joseph*.

Josephine, w., Weiterbildung von *Josepha*.

Josette, w., franz., Kurzform von *Joséfine*.

Josi, w., Koseform von *Josephine*.

Josiane, w., franz., Koseform von *Joséfina*.

Josias, m., hebr. „Gott heilt", bibl. Herkunft.

Josip, m., slaw., Form von *Joseph*.

Josse, m., Form von *Jobst* und *Jodokus*.

Josslin, w., franz., Form von *Josse*.

Jost, m., altfranz., Form von *Josse*.

Josua, m., hebr. „der Herr ist Rettung und Hilfe", bibl. Herkunft, Nebenform von *Joschua*.

Joubert, m., franz., Form von *Gosbert*.

Jourdain, m., franz., Form von *Jordan*.

Jovanka, w., slaw., Koseform von *Johanna*.

Joy, w., engl. „Freude".

Joyce, w., engl., Weiterbildung von *Joy*.

Józef, m., poln., Form von *Joseph*.

Juan, m., span., Form von *Johannes*.

Juana, w., span., Form von *Johanna*.

Juanita, w., span., Form von *Juana*.

Judica, w., lat., hergeleitet von „judica" (richten).

Judika, w., Nebenform von *Judica*.

Judith, w., hebr. „Frau aus Jehud (Juda), die Gepriesene", bibl. Herkunft, schlug dem Feldherrn Holofernes den Kopf ab.

Juditha, w., Weiterbildung von *Judith*.

Judy, w., engl., Kurzform von *Judith*.

Jürg, m., Kurzform von *Jürgen*.

Jürgen, m., niederdeutsch, Form von *Georg*.

Jürn, m., niederdeutsch, Kurzform von *Jürgen*.

Jul, m., Kurzform von Namen mit *Jul-*.

Jula, w., Kurzform von *Julia*.

Jule, w., Kurzform von *Julia*.

Jules, m., franz., Form von *Julius*, bekannter Namensträger: der Schriftsteller Jules Verne.

Julia, w., lat., Form von *Julius*.

Julian, m., Weiterbildung von *Julius*.

Juliana, w., Weiterbildung von *Julia*.

Juliane, w., Weiterbildung von *Julia*.

Julie, w., Nebenform von *Julia*, bekannte Namensträgerin: die US-Filmschauspielerin Julie Christie.

Julien, m., franz., Form von *Julian*.

Julienne, w., franz., Form von *Juliana*.

Juliet, w., engl., Form von *Julia*.

Juliette, w., franz., Koseform von *Julie*.

Julio, m., span., Form von *Julius*.

Julischka, w., ungar., Koseform von *Julia*.

Julitta, w., russ., Koseform von *Julia*.

Julius, m., lat. „das römische Geschlecht der Julier".

June, w., engl., hergeleitet vom Montsnamen.

Jupp, m., Kurzform von *Joseph*, im Rheinland verbreitet.

Jurek, m., slaw., Form von *Georg*, bekannter Namensträger: der Schriftsteller Jurek Becker (u. a. „Jakob der Lügner", und zahlreiche Drehbücher, z. B. „ Liebling Kreuzberg").

Juri, m., russ., Form von *Georg*, bekannter Namensträger: der Kosmonaut Juri Gagarin.

Jurij, m., russ., Nebenform von *Juri*.

Just, m., Kurzform von *Justus*.

Justin, m., Kurzform von *Justinus*.

Justina, w., lat., Form von *Justinus*.

Justine, w., Form von *Justinus*.

Justinian, m., lat., Weiterbildung von *Justinus*.

Justinianus, m., lat., Weiterbildung von *Justinus*.

Justinus, m., lat., Weiterbildung von *Justus*.

Justus, m., lat. „der Gerechte".

Juta, w., Nebenform von *Jutta*.

Juthe, w., Nebenform von *Jutta*.

Jutta, w., Kurz- und Koseform von *Judith*, ursprünglich Stammesbezeichnung für die Jüten (Dänemark).

Jutte, w., Nebenform von *Jutta*.

Jytte, w., dän./schwed., Form von *Jutta* und *Judith*.

K

Käte, w., Kurzform von *Katharina.*

Käthe, w., Kurzform von *Katharina*, bekannte Namensträgerin: die bildende Künstlerin Käthe Kollwitz.

Kai, 1. m., nordisch, hergeleitet von fries. „kaimbe" (Kampf), 2. w., Kurzform von *Katharina.*

Kaj, m./w., nordisch, Nebenform von *Kai.*

Kaja, w., Weiterbildung von *Kaj.*

Kajetan, m., lat. „Mann aus der Stadt Gata", bekannter Namensträger: der heilige Cajetan von Theine, Gründers des Theatinerordens.

Kajetana, w., Form von *Kajetan.*

Kajetane, w., Form von *Kajetan.*

Kajus, m., Nebenform von *Gaius.*

Kalle, m., nordisch, Koseform von *Karl.*

Kálmán, m., ungar., Form von *Koloman.*

Kamill, m., Form von *Camillus.*

Kamilla, w., lat. „die Ehrbare".

Kamillo, m., Form von *Camillus.*

Kandida, w., Nebenform von *Candida.*

Kara, w., engl., Kurzform von *Katharina.*

Kareen, w., engl., Nebenform von *Karen* und *Karin.*

Karel, m., niederl./tschech., Form von *Karl.*

Karen, w., nordisch, Nebenform von *Karin.*

Kari, m., norweg., Form von *Karin.*

Karianne, w., niederl., Doppelname aus *Katharina* und *Johanna.*

Karin, w., nordisch, Kurzform von *Katharina.*

K

Karina, w., Weiterbildung von *Karin*.

Karl, m., ahd. „karal“ (freier Mann), beliebter Herrschername des Mittelalters.

Karla, w., Form von *Karl*.

Karlgustav, m., Doppelname aus *Karl* und *Gustav*.

Karlheinz, m., Doppelname aus *Karl* und *Heinz*.

Karline, w., Weiterbildung von *Karla*.

Karlinka, w., Koseform von *Karline*.

Karlludwig, m., Doppelname aus *Karl* und *Ludwig*.

Karlmann, m., ahd., Koseform von *Karl*.

Karol, m., poln., Form von *Karl*.

Karola, w., latinisierte Form von *Karla*.

Karolin, w., Weiterbildung von *Karola*.

Karolina, w., Weiterbildung von *Karolin*.

Karoline, w., Weiterbildung von *Karolin*.

Károly, m., ungar., Form von *Karl*.

Karsta, w., niederdeutsch, Form von *Christa*.

Karsten, m., niederdeutsch, Form von *Christian*, Nebenform von *Carsten* und *Kersten*.

Karstine, w., niederdeutsch, Form von *Christine*.

Kasimir, m., slaw. „kaza“ (verkünden) und „mir“ (Frieden).

Kaspar, m., pers. „Schatzmeister“, Nebenform von *Caspar*.

Kassandra, w., griech., Gestalt aus der Ilias, ungehörte Mahnerin.

Kastor, m., griech., Zwillingsbruder des Polydeukes, Sterblicher mit göttlicher Abstammung, Brauträuber, in Rom als Schutzheilige des Ritterstandes verehrt (Castor-und-Pollux-Tempel).

K

Kata, w., slaw./ungar., Kurzform von *Katharina.*

Katalin, w., slaw./ungar., Kurzform von *Katharina.*

Kataline, w., Form von *Kathleen.*

Katarzyna, w., poln., Form von *Katharina.*

Kate, w., engl., Kurzform von *Katherine*, bekannte Zeitgenossin aus der Werbewelt: das Calvin-Klein-Model mit Bulimie-Image: Kate Moss.

Katerina, w., Nebenform von *Katharina.*

Katharina, w., griech. „die Reine, die Unbescholtene".

Katherina, w., Nebenform von *Katharina.*

Katharine, w., Nebenform von *Katharina.*

Katherine, w., engl., Form von *Katharina.*

Kathi, w., Nebenform von *Kati.*

Kathinka, w., Nebenform von *Katinka.*

Kathleen, w., engl., Form von *Katherine.*

Kathrein, w., Nebenform von *Katrein.*

Kathrin, w., Nebenform von *Katrin.*

Kati, w., bay., Koseform von *Katharina*, bekannte Namensträgerin: Kati Kobus, Wirtin des Alten Simpl, Traditionslokal in München-Maxvorstadt.

Katina, w., Kurzform von *Katharina.*

Katinka, w., russ., Koseform von *Jekaterina.*

Katja, w., russ., Kurzform von *Jekaterina*, bekannte Zeitgenossin: die Schauspielerin Katja Riemann.

Katrein, w., bay., Kurzform von *Katharina.*

Katrin, w., Kurzform von *Katharina*, in den neuen Ländern sehr beliebt.

K

Kay, w., Kurzform von *Katharina.*

Kea, w., fries., Kurzform von Namen mit *-ea* und *-kea.*

Keanu, m., Herkunft und Bedeutung unklar, bekannter Namensträger: der US-Filmschauspieler Keanu Reeves.

Kees, m., Form von *Cees.*

Keith, m., engl., ursprünglich Bezeichnung für „Wind" und „Stelle mit Wind".

Kenneth, m., engl., hergeleitet von kelt. „anständig, flink".

Keno, w., Kurzform von *Konrad.*

Kermit, m., engl./amerik., hergeleitet von kelt. „diarmaid" (freier Mann).

Kerry, m., engl., Bedeutung unklar.

Kersta, w., schwed., Form von *Kerstin.*

Kersten, m., niederdeutsch, Form von *Christian*, Nebenform von *Carsten* und *Karsten.*

Kerstin, w., nordisch, Nebenform von *Kristina.*

Kerstina, w., Nebenform von *Kerstin.*

Kester, m., engl., Kurzform von *Christopher.*

Kevin, m., engl., hergeleitet von „coemgen" (ansehnlich, anmutig), im deutschen Sprachgebiet populär durch die US-Filmkomödie „Kevin allein zu Haus" und den US-Filmschauspieler Kevin Costner.

Kid, m., engl., Kurzform von *Christopher.*

Kilian, m., engl., hergeleitet von kelt. „Ceallach" (Kampf), bekannter Namensträger: der irische Missionar und Patron Würzburgs.

Kim, 1. w., engl., Kurzform von *Kimberley*, 2. m., kelt./-engl., Kurzform von „kimball" (Heerführer), 3. m., skan./slaw., Kurzform von *Joakim.*

Kira, w., Nebenform von *Kyra.*

Kirila, m., russ., Form von *Kyrill.*

K

Kirk, m., germ./engl. „Mann der Kirche“.

Kirsten, w., nordisch, Nebenform von *Kristine*.

Kirsti, w., schwed., Form von *Kirstin*.

Kirstin, w., nordisch, Nebenform von *Kristine*.

Kirsty, w., engl., Kurzform von *Christine*.

Kit, m., engl., Kurzform von *Christopher*.

Kitty, w., engl., Koseform von *Katherine*.

Kjeld, m., nordisch „ketil“ (Helm, Kessel).

Klaas, m., niederl./niederdeutsch, Kurzform von *Nikolaus* und Nebenform von *Claas* und *Klas*.

Kläre, w., Nebenform von *Klara*.

Klara, w., lat. „die Berühmte“.

Klarina, w., Weiterbildung von *Klara*.

Klarissa, w., Weiterbildung von *Klara*.

Klas, m., niederl./niederdeutsch, Kurzform von *Nikolaus* und Nebenform von *Claas* und *Klaas*.

Klaudia, w., eindeutschende Form von *Claudius*.

Klaudine, w., Weiterbildung von *Klaudia*.

Klaudius, m., eindeutschende Form von *Claudius*.

Klaus, m., Kurzform von *Nikolaus*, Nebenform von *Claus*.

Klausdieter, m., Doppelname aus *Klaus* und *Dieter*.

Klausjürgen, m., Doppelname aus *Klaus* und *Jürgen*.

Klemens, m., lat. „der Gütige“, Nebenform von *Clemens*.

Klement, m., tschech., Form von Klemens, bekannter Namensträger: der Oberammergauer Bürgermeister Klement Fend.

Klementia, w., lat., Form von *Klemens*.

Klementina, w., Weiterbildung von *Klementia*.

Klementine, w., Weiterbildung von *Klementia*, ins kollektive Fernseh-Gedächtnis gebrannt als frohe Künderin des Waschmittels Ariel.

Kleo, w., Kurzform von *Klementia*, *Klementina* und *Klementine*.

Kleopatra, w., griech. „vom Vater her berühmt".

Kleopha, w., griech. „durch Ruhm glänzend".

Klivia, w., Form von *Clivia*.

Klodwig, m., Nebenform von *Chlodwig*.

Klothilde, w., ahd. „hlt" (berühmt) und „hiltja" (Kampf).

Klytus, m., griech. „der Berühmte", Nebenform von *Clytus*.

Knud, m., nordisch, Nebenform von *Knut*.

Knut, m., ahd. „chnuz" (keck, wagemutig).

Kolja, m., russ., Koseform von *Nikolaij*.

Kolman, m., Form von *Koloman*.

Koloman, m., lat. „der Tauberich", Heiligenname.

Kolumba, w., lat. „die Taube", Heiligenname.

Kolumban, m., lat. „der Tauberich", Heiligenname.

Konni, w./m., Koseform von *Konrad*, Nebenform von *Conni*.

Konny, w./m., Koseform von *Konrad*, Nebenform von *Conny*.

Konrad, m., ahd. „kuoni" (kühn) und „rât" (Rat).

Konrada, w., Form von *Konrad*.

Konrade, w., Form von *Konrad*.

Konradin, m., ahd., Weiterbildung von *Konrad*.

Konradine, w., Weiterbildung von *Konrade.*

Konstantin, m., lat. „der Beständige, der Standhafte“, Nebenform von *Constantin.*

Konstantine, w., Form von *Konstantin.*

Konstanze, w., lat. „die Beständige, die Standhafte“.

Kora, w., griech., 1. Nebenform von *Cora*, 2. griech. „Mädchen“, 3. Kurzform von *Kordelia, Kordula, Korinna, Korinne* und *Kornelia.*

Korbinian, m., kelt., Herkunft und Bedeutung unklar, Form von *Corbinian*, Heiligenname.

Kord, w., Nebenform von *Konrad.*

Kordelia, w., Nebenform von *Kordula.*

Kordula, w., Nebenform von *Cordula.*

Kore, w., Nebenform von *Kora.*

Korinna, w., griech., Weiterbildung von *Kora.*

Korinne, w., griech., Weiterbildung von *Kora.*

Kornelia, w., Form von *Cornelius.*

Kornelius, m., Nebenform von *Cornelius.*

Korona, w., Nebenform von *Corona.*

Kosima, w., Nebenform von *Cosima.*

Kosimo, m., Nebenform von *Cosimo.*

Kosmas, m., griech., Nebenform von *Cosmas.*

Kostja, w., slaw., Kurzform von *Konstanin.*

Kraft, m., ahd. „kraft“ (kräftig, mächtig).

Kreszentia, w., Form von *Crescentia.*

Kreszenz, w., oberdeutsch, Kurzform von *Kreszentia.*

Kriemhild, w., ahd. „grim“ (Maske) und „hiltja“ (Kampf).

K

Kriemhilde, w., Nebenform von *Kriemhild.*

Krishna, w., sanskrit „der Schwarze", irrtümlich als weibl. Vorname in Gebrauch.

Krispin, m., Kurzform von *Krispinus.*

Krispinus, m., Nebenform von *Crispinus.*

Krista, w., Form von *Christa.*

Kristian, m., schwed./nordisch, Form von *Christian.*

Kristina, w., schwed., Form von *Christina.*

Kristine, w., schwed., Form von *Christine.*

Kristof, m., schwed., Form von *Christoph.*

Kristy, w., engl., Koseform von *Christine.*

Kunibald, m., ahd. „kunni" (Sippe) und „bald" (kühn).

Kunibert, m., ahd. „kunni" (Sippe) und „beraht" (glänzend).

Kunigunde, w., ahd. „kunni" (Sippe) und „gund" (Kampf).

Kuno, m., Kurzform von *Konrad* und Namen mit *Kuni-*.

Kunz, m., Kurzform von *Konrad.*

Kurt, m., Kurzform von *Konrad*, Nebenformen *Curd* und *Curt*, bekannte Namensträger: der erste Ministerpräsident des Freistaates Bayern Kurt Eisner, der ehemalige Bundespräsident Österreichs Kurt Waldheim, der umstrittene Kirchenfürst Kurt Krenn.

Kurtmartin, m., Doppelname aus *Kurt* und *Martin.*

Kyra, w., griech., Kurzform von *Kyrana.*

Kyrana, w., griech. „Frau aus der Kyrenaika", Herkunftsname.

Kyrill, m., griech. „zum Herrn gehörend".

Kyrilla, w., griech., Form von *Kyrill.*

L

Lada, w., slaw., Kurzform von *Ladislawa.*

Ladewig, m., niederdeutsch, Form von *Ludwig.*

Ladina, w., slaw., Kurzform von *Ladislawa.*

Ladinka, w., slaw., Kurzform von *Ladislawa.*

Ladislaus, m., lat., Form von *Wladislaw.*

Ladislawa, w., Form von *Ladislaus.*

Lado, m., slaw., Kurzform von *Ladislaus.*

Laetitia, w., lat. „Freude, Frohsinn", bekannte Namensträgerin: das Model Laetitia Casta, die 20jährige Korsin wurde durch „Asterix & Obelix" bekannt.

Lätitia, w., eindeutschende Form von *Laetitia.*

Laila, w., finn., Form von *Helga.*

Lajos, m., ungar., Form von *Ludwig.*

Lala, w., slaw., Kurzform von *Ladislawa.*

Lale, w., nordisch, Kurzform von *Eulalia*, *Eulalie* und *Liselotte.*

Lambert, m., ahd. „lant" (Land) und „beraht" (glänzend), bekannter Namensträger: Lambert Hamel, Schauspieler der Münchner Kammerspiele.

Lamberta, w., Form von *Lambert.*

Lambertine, w., Form von *Lambert.*

Lambrecht, m., ahd., Nebenform von *Lambert.*

Lampert, m., ahd., Nebenform von *Lambert.*

Lamprecht, m., ahd., Nebenform von *Lambert.*

Lana, w., russ., Kurzform von Namen mit *-lana* (z. B. *Swetlana*).

Lancelot, m., altengl., Bedeutung unklar, Sagengestalt, Nebenform *Lanzelot.*

L

Landelin, m., Weiterbildung von *Lando*.

Landeline, w., Weiterbildung von Namen mit *Land-*.

Landerich, m., ahd. „lant" (Land) und „rîch" (Fürst, Herrscher, mächtig), Nebenform von *Landrich*.

Landewin, m., ahd. „lant" (Land) und „wini" (Freund), Nebenform von *Landuin* und *Landwin*.

Landfried, m., ahd. „lant" (Land) und „fridu" (Frieden).

Lando, m., Kurzform von Namen mit *Land-*.

Landolf, m., ahd. „lant" (Land) und „wolf" (Wolf), Nebenform von *Landulf*.

Landolin, m., Weiterbildung von *Lando*.

Landolt, m., ahd. „lant" (Land) und „waltan" (herrschen).

Landrich, m., ahd. „lant" (Land) und „rîch" (Fürst, Herrscher, mächtig), Nebenform von *Landerich*.

Landuin, m., Nebenform von *Landwin*.

Landulf, m., ahd. „lant" (Land) und „wolf" (Wolf), Nebenform von *Landolf*.

Landwin, m., ahd. „lant" (Land) und „wini" (Freund), Nebenform von *Landewin* und *Landuin*.

Lanzelot, m., altengl., Bedeutung unklar.

Lara, w., russ., 1. Nebenform von Laura, 2. Kurzform von Larissa.

Larissa, w., griech. „Frau aus Larissa", Herkunftsname.

Larry, m., engl., Kurzform von *Lawrence*.

Lars, m., schwed., Kurzform von *Laurentius*.

Lasse, w., schwed., Koseform von *Lars*.

László, m., ungar., Form von *Ladislaus*.

L

Laura, w., ital., Kurzform von *Laurentia*.

Laure, m., franz., Kurzform von *Laurentia*.

Laureen, w., engl., Form von *Laurentia*.

Laurence, m., engl., Form von *Laurentius*.

Laurens, m., schwed., Form von *Laurentius*.

Laurent, m., franz., Form von *Laurentius*.

Laurentia, w., lat., Form von *Laurentius*.

Laurentius, m., lat. „Mann aus der Stadt Laurentum stammend", in Anlehnung an lat. „laurea" (Lorbeer).

Laurenz, m., Kurzform von *Laurentius*.

Lauretta, w., ital., Weiterbildung und Koseform von *Laura*.

Laurette, w., franz., Weiterbildung und Koseform von *Laure*.

Lauri, m./w., Koseform von *Laurentia* und *Laurentius*.

Laurids, m., dän., Form von *Laurentius*.

Laurin, m., Form hergeleitet von „laurus" (Lorbeer), Gestalt der Dietrichsage.

Laurina, w., Weiterbildung von *Laura*.

Laurits, m., schwed., Form von *Laurentius*.

Lauritz, m., niederdeutsch, Form von *Laurids*.

Laux, w., Kurzform von *Lukas*.

Lavina, w., lat. „Frau aus der Stadt Lavinium", Herkunftsname.

Lavrentj, m., russ., Form von *Laurentius*.

Lawrence, m., engl., Form von *Laurentius*.

Lawrenti, m., russ., Form von *Laurentius*.

Lazar, m., lat., Form von *Eleasar*.

L

Lazarus, m., lat., Form von *Eleasar.*

Lea, w., hebr. „die sich vergeblich mühende Frau" bzw. „Wildkuh", bibl. Herkunft.

Leander, m., Form von *Leandros*, Geliebter der Aphrodite-Priesterin Hero, ertrank auf dem Weg zum Rendevous, bekannter Namensträger: Regisseur, Theaterindendant und Schauspieler Leander Haußmann.

Leandra, w., Form von *Leandros.*

Leandros, m., griech. „leos" (Volk) und „andros" (Mann).

Leberecht, m., pietistische Neubildung.

Leda, w., griech., mythologische Gestalt, Geliebte des Zeus.

Lee, 1. w., engl., Kurzform von *Eleonore*, 2. m., engl., Form von *Leo.*

Leif, m., nordisch „laib" (Sohn, Erbe, Nachkomme), Kurzform von Namen mit *-leif.*

Leik, m., norweg., Kurzform von Namen mit *-leik.*

Leila, w., arab., „die Dunkelhaarige".

Lelio, m., ital., Form von *Leila.*

Len, m., engl., Form von *Leonhard*, Nebenform von *Lenni* und *Lenny.*

Lena, w., Kurzform von *Helene* und *Magdalene*, prominente Namensträgerin: die Schriftstellerin Lena Christ.

Lenard, m., Nebenform von *Leonhard*, bekannter Namensträger: der Dirigent und Komponist Lenard Bernstein.

Lene, w., Kurzform von *Helene* und *Magdalene.*

Lenhard, m., Nebenform von *Leonhard.*

Leni, w., Kurzform von *Helene* und *Magdalene*, bekannte Namensträgerin: die umstrittene Regisseurin und Fotografin Leni Riefenstahl.

Lenja, w., slaw., Kurz- und

Koseform von *Helene* und *Magdalene.*

Lenka, w., slaw., Kurz- und Koseform von *Helene* und *Magdalene.*

Lenke, w., fries., Kurz- und Koseform von *Helene* und *Magdalene.*

Lennart, m., schwed., Form von *Leonhard.*

Lenni, m., engl., Form von *Leonhard*, Nebenform von *Len* und *Lenny.*

Lenny, m., engl., Form von *Leonhard*, Nebenform von *Len* und *Lenni.*

Lenore, w., Neben- und Kurzform von *Leonore* und *Eleonore.*

Lenz, m., Kurzform von *Laurenz* und *Lorenz.*

Lenza, w., Kurzform von *Laurantia.*

Leo, m., lat. „Löwe" und Kurzform von Namen mit *Leo-*, beliebter Papstname des Mittelalters.

Leolo, m., Koseform von *Leonhard.*

Leon, m., Kurzform von *Leonhard.*

Léon, m., franz., Form von *Leo* und *Leonhard.*

Leona, w., Form von *Leo.*

Léonard, m., franz., Form von *Leo* und *Leonhard.*

Leonard, m., engl., Form von *Leonhard.*

Leonarde, w., Form von *Leonard.*

Leonardo, m., ital., Form von *Leonhard.*

Leone, m., span., Form von *Leonhard.*

Leonhard, m., lat./ahd. „Leo" (Löwe) und „hart" (kühn).

Leonharda, w., Form von *Leonhard.*

Leonharde, w., Form von *Leonhard.*

Leoni, w., Form von *Leo.*

Leonid, m., russ., Form von *Leonidas*.

Leonidas, m., griech. „Löwensohn“.

Léonie, w., Form von *Léon*.

Leonore, w., Kurzform von *Eleonore*.

Leontine, w., lat. „die Löwenhafte“.

Leonz, m., Kurzform von *Leonhard*.

Leopold, m., ahd. „liuti“ (Volk) und „bald“ (kühn), Weiterbildung von *Luitbald*, bekannter Namensträger: der Komponist und Komponistenvater Leopold Mozart.

Léopold, m., franz., Form von *Leopold*.

Leopolda, w., Form von *Leopold*.

Leopoldine, w., Weiterbildung von *Leopolda*.

Leopoldo, m., ital., Form von *Leopold*.

Lesley, w., engl., ursprünglich Familienname.

Lester, m., engl., ursprünglich Familien- und Ortsname (Leicester).

Let, w., Kurzform von *Adelheid*.

Letje, w., Kurzform von *Adelheid*.

Letta, w., Kurzform von *Violetta*, seit einigen Jahren wird mit dem gleichklingenden Markennamen Diät-Margarine assoziiert.

Letteke, w., Kurzform von *Adelheid*.

Lettie, w., Kurzform von *Adelheid*.

Leupold, m., Nebenform von *Leopold*.

Leut-, m., Nebenform von Namen mit *Luit-*.

Levi, m., hebr. „der Anhängliche, der Begleiter“.

Levin, m., niederdeutsch, Nebenform von *Liebwin*.

Levis, m., Nebenform von *Levi*.

Lew, m., russ., Form von *Leo*, bekannter Namensträger: Lew Kopolew, russ. Emigrant und Schriftsteller.

Lewin, m., niederdeutsch, Nebenform von *Liebwin*.

Lewis, m., engl., Form von *Ludwig*.

Lex, m., Kurzform von *Alexander*, prominenter Namensträger: Lex Barker, das gute Bleichgesicht der „Winnetou"-Verfilmungen.

Lexa, w., Kurzform von *Alexa*.

Li, w., Kurzform von *Lia*.

Lia, w., Kurzform von *Elisabeth* und *Julia*.

Liana, w., Kurzform von *Juliana* und *Juliane*.

Liane, w., Kurzform von *Juliana*.

Libby, w., engl., Kurzform von *Elizabeth*.

Libeth, w., Nebenform zu *Liesbeth*.

Liborius, m., lat. „libare" (einem Gott opfern).

Libussa, m., tschech. „Liebe, Liebling".

Liddi, w., Kurzform von *Lydia*.

Liddy, w., engl., Kurzform von *Lydia*.

Lidia, w., ital., Form von *Lydia*.

Lidwina, w., ahd. „liuti" (Volk) und „wini" (Freund).

Liebegard, w., ahd. „liob" (lieb) und „gard" (Schutz).

Liebert, m., ahd. „liob" (lieb) und „beraht" (glänzend).

Liebetraud, w., ahd. „liob" (lieb) und „trûd" (wehrhaft).

Liebfried, m., ahd. „liob" (lieb) und „fridu" (Frieden).

Liebgard, w., Nebenform von *Liebegard*.

Liebhard, m., ahd. „liob" (lieb) und „hart" (kühn).

Liebhild, m., ahd. „liob" (lieb) und „hiltja" (Kampf).

Liebtraud, w., Nebenform von *Liebetraud.*

Liebwald, m., ahd. „liob" (lieb) und „waltan" (herrschen).

Liebward, m., ahd. „liob" (lieb) und „wart" (Hüter).

Liebwin, m., ahd. „liob" (lieb) und „wini" (Freund).

Lienhard, m., oberdeutsch, Nebenform von *Leonhard.*

Lies, w., Kurzform von *Elisabeth.*

Liesa, w., Kurzform von *Elisabeth.*

Liesbeth, w., Kurzform von *Elisabeth.*

Liese, w., Kurzform von *Elisabeth.*

Liesel, w., oberdeutsch, Kurz- und Koseform von *Elisabeth.*

Lieselotte, w., Doppelname zweier Kurzformen: *Liese* und *Lotte.*

Lil, w., Koseform von *Elisabeth.*

Lili, w., Koseform von *Elisabeth.*

Lilian, w., engl. „Lilie".

Liliane, w., ital., Form von *Lilian.*

Lilith, w., hebr., Nachtdämon des jüdischen Volksglaubens, ursprünglich aus dem Zweistromland stammend.

Lill, w., Koseform von *Elisabeth.*

Lilly, w., engl., Koseform von *Elizabeth.*

Lilo, w., Kurzform von *Lieselotte*, bekannte Fernsehgestalt: Moderatorin Lilo Wanders.

Lily, w., engl., Koseform von *Elizabeth.*

Lina, w., Kurzform von Namen mit *-lina.*

Linda, w., engl., 1. Kurzform von *Belinda*, 2. Nebenform von *Linde*, bekannte Namensträgerin: Linda McCartney, Popsängerin.

Linde, w., Kurzform von Namen mit *-lind* oder *-linde*.

Lindgard, w., ahd. „lindi“ (zart) und „gard“ (Schutz).

Line, w., Kurzform von Namen mit *-line*.

Linette, w., franz., Koseform von *Lina*.

Linnart, m., schwed., Form von *Leonhard*, Nebenform von *Lennart*.

Linus, m., griech. „ailinos“ (Klagelied).

Lion, m., engl. 1. „Löwe“. 2. Nebenform von *Leo*, prominenter Namensträger: der Schriftsteller Lion Feuchtwanger.

Lionardo, m., ital., Form von *Leonhard*, Nebenform von *Leonardo*.

Lionel, m., 1. engl., Koseform von *Lion*, bekannter Namensträger: der US-Popsänger Lionel Richie, 2. franz., bekannter Namensträger: Lionel Jospin, französischer Premierminister.

Lionne, w., Form von *Lion*.

Lippold, m., Nebenform von *Leopold*.

Lis, w., Kurzform von *Elisabeth*.

Lisa, w., Kurzform von *Elisabeth*.

Lisamarie, w., Doppelname aus *Lisa* und *Marie*, Modename seit Mitte der 90er, der es einer ganzen Frauengeneration künftighin unmöglich machen wird, bei Altersangaben zu flunkern.

Lisanne, w., Doppelname aus *Lisa* und *Anne*.

Lisbeth, w., Kurzform von *Elisabeth*.

Lise, w., Kurzform von *Elisabeth*.

Lisenka, w., slaw., Koseform von *Elisabeth*.

Lisette, w., franz., Koseform von *Elisabeth.*

Lisl, w., oberdeutsch, Kurz- und Koseform von *Elisabeth.*

Liselotte, w., Doppelname aus *Elisabeth* und *Charlotte.*

Lisenka, w., slaw., Kurzform von *Elisabeth.*

Lisette, w., franz., Kurzform von *Elisabeth.*

Lissy, w., engl., Kose- und Kurzform von *Elizabeth.*

Litthard, m., ahd. „luiti" (Volk) und „hart" (kühn).

Liv, w., norweg. „hlif" (Schutz), bekannte Namensträgerin: die Schauspielerin Liv Ullmann.

Livia, w., lat., Form von *Livius.*

Livio, m., ital., Form von *Livius*, der Name wird assoziiert mit dem gleichnamigen Sonnenblumenöl.

Livius, m., lat. „aus dem römischen Geschlecht der Livier".

Liz, w., engl., Kurzform von *Elizabeth*, bekannte Namensträgerin: die Schauspielerin Liz Taylor.

Liza, w., engl., Kurzform von *Elizabeth*, bekannte Namensträgerin: die Schauspielerin und Unterhaltungskünstlerin Liza Minnelli.

Lizzy, w., engl., Kose- und Kurzform von *Elizabeth.*

Ljuba, w., russ. „Liebe".

Lobgott, m., pietistische Neubildung.

Lodwik, m., niederdeutsch, Form von *Ludwig.*

Lodewik, m., niederdeutsch, Form von *Ludwig.*

Lois, m., oberdeutsch, Kurz- und Koseform von *Alois.*

Loisl, m., oberdeutsch, Koseform von *Alois.*

Losia, w., Kurzform von *Aloisia.*

Loki, w., Kurzform von *Hannelore*, prominente Namensträgerin: Loki Schmidt, Gattin des Altbundeskanzlers und Zeit-Herausgebers Helmut Schmidt, Liebhaberin botanischer Gärten.

Lola, w., span., Koseform von *Carlota* und *Dolores*.

Lolf, m., Kurzform von *Adolf*.

Lolika, w., Weiterbildung von *Lola*.

Lolita, w., span., Koseform von *Lola*.

Lolitte, w., franz., Form von *Lola*.

Loni, w., Kurz- und Koseform von *Apollonia* und *Leonie*, bekannte Namensträgerin: die Erzählerin Leonie Ossowski.

Lonni, w., Kurz- und Koseform von *Apollonia* und *Leonie*.

Lora, w., Kurzform von *Eleonore*, *Hannelore* und *Laura*.

Lore, w., Kurzform von *Eleonore*, *Hannelore* und *Laura*.

Lorella, w., Nebenform von *Lore*.

Loremaria, w., Doppelname aus *Lore* und *Maria*.

Lorena, w., engl., Weiterbildung von *Laura*.

Lorenz, m., Weiterbildung von *Laurentius*.

Lorenza, w., Form von *Lorenz*.

Lorenzo, m., ital., Form von *Lorenz*, bekannter Namensträger: Lorenzo, der Prächtige, aus dem Hause Medici.

Loretta, w., ital., 1. Form von *Loreto*, 2. Koseform von *Laura*.

Lorette, w., franz., 1. Form von *Loreto*, 2. Koseform von *Laura*.

Loretta, w., Weiterbildung von *Lore*.

Lorina, w., Kurzform von *Laurentia*.

Loris, ital./schweiz., 1. m., Kurzform von *Lorenz*, 2. w., Kurzform von *Lorenza*.

Loritta, w., Nebenform von *Loretta*.

Lorna, w., engl., Kurzform von *Lorena*.

Lotar, m., Nebenform von *Lothar*.

Lothar, m., ahd. „hlut“ (berühmt) und „hêr“ (Krieger), bekannter Namensträger: der Fußballspieler Lothar Matthäus und Lothar de Maizière, IM „Notar“ und ehemaliger stellvertretender Vorsitzender der CDU Deutschland.

Lotte, w., Kurzform von *Charlotte*, bekannte Namensträgerin: die bekannte Interpretin von Brecht-Weill-Songs Lotte Lenya.

Lottelies, w., Doppelname zweier Kurzformen: *Lotte* und *Lies*(*el*).

Lotti, w., Koseform von *Charlotte*, bekannte Namensträgerin: Lotti Huber, Berliner „Zitrone“ und Entertainerin.

Lotty, w., Koseform von *Charlotte*.

Lou, 1. m., Kurzform von *Louis*, 2. w., Kurzform von *Louise*.

Louis, m., franz., Form von *Ludwig*.

Louise, w., Form von *Louis*.

Lovis, m., niederdeutsch, Form von *Ludwig*, bekannter Namensträger: der Künstler Lovis Corinth.

Lowik, m., niederl., Form von *Ludwig*.

Lowis, m., niederdeutsch, Form von *Ludwig*.

Lowisa, w., niederdeutsch, Form von *Louise*.

Lu, w., Kurz- und Koseform von *Luise*.

Lubbe, w., fries., Kurzform von Namen mit *Luit-*.

Luc, m., franz., Form von *Lukas*, bekannter Namensträger: der französische Regisseur Luc Besson.

Luca, m., ital., Form von *Lukas*.

Lucas, m., lat. „Mann aus Lucania“, Nebenform von *Lukas*.

Lucia, w., ital. „die Glänzende, die Leuchtende", Heilige aus Sizilien, Patronin der Armen und Dienstleute, u. a. in Schweden verehrt, wo am 14. Dezember das Lucia-Fest gefeiert wird.

Luciano, m., ital., Form von *Lucius*, bekannter Namensträger: der Startenor Luciano Pavarotti.

Lucianus, m., lat., Weiterbildung von *Lucius*.

Lucie, w., Nebenform von *Lucia*.

Lucien, m., franz., Form von *Lucianus*.

Lucienne, w., franz., Form von *Lucien*.

Lucilla, w., franz., Weiterbildung von *Lucia*.

Lucille, w., franz., Nebenform von *Lucilla*.

Lucinda, w., Weiterbildung von *Lucia*.

Lucinde, w., Weiterbildung von *Lucia*.

Lucius, m., lat. „der Glänzende, der Leuchtende".

Lucretia, w., Form von *Lucretius*.

Lucretius, m., lat. „aus dem römischen Geschlecht der Lucretier".

Lucrezia, w., Form von *Lucretius*.

Lucy, w., engl., Form von *Lucia*.

Lude, m., fries., Kurzform von Namen mit *Lud-* oder *Lui-*, Nebenform von *Ludo* und *Lüde*, im Jargon bedeutet Lude Zuhälter.

Ludger, m., Nebenform von *Luitger*, in Westfalen verbreitet, bekannter Zeitgenosse: Ludger Vollmer, bündnisgrüner Politiker und Staatssekretär im Auswärtigen Amt.

Ludgera, w., Form von *Ludger*.

Ludmilla, w., slaw. „Frau, die vom Volk geliebt wird", Form von *Adelheid*.

Ludo, m., fries., Kurzform von Namen mit *Lud-* oder *Lui-*, Nebenform von *Lude* und *Lüde*.

Ludolf, m., Nebenform von *Luitolf*, in Sachsen besonders verbreitet, bekannter Namensträger: der Historiker Ludolf Herbst.

Ludolfa, w., Form von *Ludolf*.

Ludovica, w., ital., Form von *Ludwiga*.

Ludovico, m., ital., Form von *Ludwig*.

Ludowika, w., Form von *Ludwiga*.

Ludvig, m., schwed., Form von *Ludwig*.

Ludwig, m., ahd. „hlut" (berühmt) und „wig" (Kampf).

Ludwiga, w., Form von *Ludwig*.

Ludwin, m., ahd. „hlut" (berühmt) und „wini" (Freund).

Lüde, m., fries., Kurzform von Namen mit *Lud-* oder *Lui-*, Nebenform von *Lude* und *Ludo*.

Lüdeke, fries., Kurzform von Namen mit *Luit-*.

Lüder, m., niederdeutsch, Form von *Lotar*.

Luella, w., engl., Doppelname aus *Louise* und *Ella*.

Luidolf, m., ahd. „liuti" (Volk) und „wolf" (Wolf), Nebenform von *Luitolf*.

Luigi, m., ital., Form von *Ludwig*, prominenter Namensträger: Luigi Capuana, Autor des klassischen Sizilienromans „Der Marchese von Roccaverdina".

Luis, m., 1. Kurzform von *Louis*, bekannter Namensträger: Luis Trenker, 2. span., Form von *Ludwig*.

Luisa, w., eindeutschende Form von *Louise*.

Luise, w., eindeutschende Form von *Louise*, bekannte Namensträgerin: die Schriftstellerin Luise Rinser.

L

Luitbald, m., ahd. „liuti" (Volk) und „bald" (kühn).

Luitberga, w., ahd. „liuti" (Volk) und „bergan" (schützen).

Luitbert, m., ahd. „liuti" (Volk) und „beraht" (glänzend), Nebenform von *Luitbrecht*.

Luitbrand, m., ahd. „liuti" (Volk) und „brant" (Schwert), Nebenform von *Luitprand*.

Luitbrecht, m., ahd. „liuti" (Volk) und „beraht" (glänzend), Nebenform von *Luitbert*.

Luitfried, m., ahd. „liuti" (Volk) und „fridu" (Frieden).

Luitfriede, w., Form von *Luitfried*.

Luitgard, w., ahd. „liuti" (Volk) und „gard" (Schutz).

Luitger, m., ahd. „liuti" (Volk) und „gêr" (Speer).

Luitgunde, w., ahd. „liuti" (Volk) und „gund" (Kampf).

Luithard, m., ahd. „liuti" (Volk) und „hart" (kühn).

Luither, m., ahd. „liuti" (Volk) und „hêr" (Krieger).

Luithilde, w., ahd. „liuti" (Volk) und „hiltja" (Kampf).

Luithold, m., ahd. Nebenform von *Luitold*.

Luitold, m., ahd. „liuti" (Volk) und „waltan" (herrschen).

Luitolf, m., ahd. „liuti" (Volk) und „wolf" (Wolf), Nebenform von *Luidolf*.

Luitpold, m., Nebenform von *Leopold*.

Luitprand, m., ahd. „liuti" (Volk) und „brant" (Schwert), Nebenform von *Luitbrand*.

Luitwin, m., ahd. „liuti" (Volk) und „wini" (Freund).

Luitwine, w., ahd. „liuti" (Volk) und „wini" (Freundin).

Luiz, m., span., Form von *Ludwig*, Nebenform von *Luis*.

Luk, m., oberdeutsch, Koseform von *Lukas*.

Lukas, m., lat., „Mann aus aus

Lucania", Evangelist und Gefährte des Apostel Paulus.

Luke, m., engl., Kurzform von *Lukas*, bekannter Namensträger aus der Comic-Welt: der Cowboy Lucky Luke.

Lukretia, w., Form von *Lucretius*.

Lukretius, m., lat. „aus dem römischen Geschlecht der Lucretier", Nebenform von *Lucretius*.

Lulu, w., Kurz- und Koseform von Namen mit *Lu-* (z. B. von *Luise*).

Luther, m., Nebenform von *Lothar*.

Lutmar, m., fries, hergeleitet von ahd. „luiti" (Volk) und „mâr" (berühmt).

Lutter, m., Nebenform von *Lothar*.

Lutwini, m., fries, hergeleitet von ahd. „luiti" (Volk) und „wini" (Freund).

Lutwine, w., Nebenform von *Luitwine*.

Lutz, m., Kurzform von *Ludwig*, beliebt in der ehemaligen DDR, prominenter Namensträger: der Schriftsteller Lutz Rathenow.

Lux, m., Form von *Ludwig*.

Luzia, w., Nebenform von *Lucia*.

Luzie, w., Nebenform von *Luzia*.

Luzius, m., lat. „der Glänzende, der Leuchtende".

Luzy, w., engl., Form von *Lucia*.

Lydia, w., griech. „aus Lydien stammende Frau".

Lynn, w., Nebenform von *Linda*.

Lys, w., 1. Kurzform von *Elizabeth*, 2. Nebenform von *Liesa*.

Lysander, m., griech. „lysis" (Freilassung) und „andros" (Mann).

Lyse, w., griech. „lyse" (Befreiung, Rettung).

M

Maaike, w., niederdeutsch/niederl., Form von *Maria*.

Maartje, w., niederdeutsch, Koseform von *Martina* und *Martha*.

Mabel, w., engl., Kurzform von *Amabel*.

Mabellé, w., franz., Nebenform von *Amabella*.

Mada, w., engl., Form von *Maud*.

Maddalena, w., ital., Form von *Magdalena*.

Maddy, w., engl., Kurzform von *Magdalena*.

Madeleine, w., franz., Form von *Magdalena*.

Madelena, w., span., Form von *Magdalena*.

Madelina, w., russ., Form von *Magdalena*.

Madeline, w., franz., Nebenform von *Madeleine*.

Madge, w., engl., Kurzform von *Margaret*.

Madina, w., Kurzform von *Magdalena*.

Madita, w., schwed., Koseform von *Margareta*.

Madlen, w., Kurzform von *Magdalena*.

Madlenka, w., slaw., Form von *Magdalena*.

Mady, w., engl., Kurzform von *Magdalena*.

Mae, w., engl., Kurzform von *Maja* und *Maria*, prominente Namensträgerin: die Filmschauspielerin Mae West.

Märten, m., niederdeutsch, Form von *Martin*, Nebenform von *Marten* und *Merten*.

Mafalda, w., ital., Form von *Mathilde*.

Mag, w., engl., Kurzform von *Maggie*.

Magelone, w., franz., Form von *Magdalena*.

Magda, w., Kurzform von *Magdalena*.

M

Magdalen, w., engl., Form von *Magdalena*.

Magdalena, w., 1. hebr. „aus Magdala stammend", bibl. Herkunft, 2. „die Erhöhte, die Erhabene".

Magdalene, w., Nebenform von *Magdalena*.

Magdali, w., Kurzform von *Magdalena*.

Magdelina, w., russ., Form von *Magdalena*.

Magalonne, w., Nebenform von *Magdalena*.

Maggie, w., engl., Kurzform von *Margaret*.

Maggy, w., engl., Koseform von *Margaret*.

Magna, w., 1. Form von *Magnus*, 2. Kurzform von *Magnhild* und *Mathilde*.

Magnar, m., norweg., Neubildung aus *Magnus* und *Ragnar*.

Magnhild, w., lat./germ. „magnus" (groß) und „hiltja" (Kampf).

Magnolia, w., Form hergeleitet vom Namen der Blume Magnolie.

Magnus, m., lat. „der Große", bekannter Namensträger: der Schriftsteller Hans Magnus Enzensberger.

Mai, w., fries., Kurzform von *Maria*.

Maible, w., engl., Form von *Mabel*.

Maidie, w., engl., Kurzform von *Margaret*.

Maie, w., fries., Kurzform von *Maria*.

Maik, m., Form von Mike, in der ehemaligen DDR verbreitet.

Maika, w., Nebenform von *Maike*.

Maike, w., fries., Kurzform von *Maria*.

Mainart, m., fries., Nebenform von *Meinhard*.

Maio, m., germ. „magan" (Kraft).

Maj, w., fries., Kurzform von *Maria*.

Maja, w., fries., Kurzform von *Maria*.

Malaika, w., arab. „Engel“.

Malcolm, m., kelt./engl., unklare Bedeutung, bekannter Namensträger: Malcom X.

Male, w., Kurzform von *Amalie* und *Malwine*.

Maleen, w., Nebenform von *Malen*.

Malen, w., Kurzform von *Magdalena*.

Malenka, w., russ., Koseform von *Melanija*.

Malfriede, w., ahd. „mahal“ (Gericht) und „fridu“ (Frieden).

Mali, w., Kurzform von *Amalie*.

Malika, w., ungar., Kurzform von *Malwine*.

Malin, w., schwed., Kurzform von *Madeline*.

Malinda, w., engl., Kurzform von *Madeline*.

Malte, m., dän./schwed., Kurzform von *Helmwald*.

Malve, w., 1. Kurzform von *Malwida*, 2. Form hergeleitet vom Pflanzennamen.

Malvida, w., Nebenform von *Malwida*.

Malwida, w., ahd., Weiterbildung von *Malwine*.

Malwine, w., ahd. „mahal“ (Gericht) und „wini“ (Freund).

Manda, w., Kurzform von *Amanda*.

Mandus, w., Kurzform von *Amandus*.

Mandy, w., engl., Kurzform von *Amanda*.

Manfred, m., ahd. „man“ (Mann) und „fridu“ (Frieden), Nebenform von *Manfried*.

Manfreda, w., Form von *Manfred*.

Manfredi, m., ital., Form von *Manfred.*

Manfredo, m., ital., Form von *Manfred.*

Manfried, m., ahd. „man" (Mann) und „fridu" (Frieden).

Manhard, m., ahd. „man" (Mann) und „hart" (kühn).

Manja, w., slaw., Kurzform von *Maria.*

Manolito, m., span., Koseform von *Manolo.*

Manolo, m., span., Form von *Emanuel*, Nebenform von *Manuel.*

Manon, w., franz., Koseform von *Maria* und *Marianne.*

Manuel, m., span., Form von *Emanuel*, Nebenform von *Manolo.*

Manuela, w., Kurzform von *Emanuela.*

Mara, w., hebr. „marah" (bitter).

Marald, m., ahd. „marah" (Pferd) und „walt" (Schutz), Nebenform von *Marwald.*

Maralda, w., Form von *Marald.*

Marbert, m., ahd. „marah" (Pferd) und „beraht" (glänzend).

Marbod, m., ahd. „marah" (Pferd) und „boto" (Bote, Gebieter).

Marc, m., franz., Form von *Markus.*

Marcel, m., franz., Form von *Marcellus*, prominente Namensträger: der französische Schriftsteller Marcel Proust, der Literaturkritiker und Gastgeber im ZDF, Marcel Reich-Ranicki.

Marcelin, m., Weiterbildung von *Marcel.*

Marcella, w., lat., Form von *Marcellus.*

Marcello, m., ital., Form von *Marcellus.*

Marcellus, m., lat., Weiterbildung von *Marcus.*

M

Marcia, w., amerik., Form von *Marcius* und *Marcus*.

Marco, m., ital./span., Form von *Marcus*.

Marcus, m., lat. „der Kriegerische“, Form hergeleitet von derrömischen Kriegsgottheit Mars.

Mare, w., nordisch „Maria“.

Mareen, w., Weiterbildung von *Maren*.

Marei, w., oberdeutsch, Kurzform von *Maria*.

Mareike, w., Form von *Marijke*.

Marek, m., slaw., Form von *Marcus*.

Maren, w., dän., Form von *Marina*.

Maresa, w., Weiterbildung von *Maria*.

Maret, w., Kurzform von *Margarete*.

Marete, w., Kurzform von *Margarete*.

Marfa, w., russ., Form von *Martha*.

Marga, w., Kurzform von *Margareta*.

Margalita, w., russ., Form von *Margarete*.

Margaret, w., engl., Form von *Margarete*, bekannte Namensträgerin: die ehemalige britische Regierungschefin Margaret Thatcher.

Margareta, w., schwed., Form von *Margarete*.

Margarete, w., griech./lat. „die Perle“ bekannte Herzogin Tirols: Margarete Maultasch.

Margaretha, w., Nebenform von *Margareta*.

Margarethe, w., Nebenform von *Margarete*.

Margarita, w., russ., Form von *Margarete*.

Margery, w., engl., Kurzform von *Margaret*.

Margherita, w., ital., Form von *Margarete*.

Marghitta, w., ital., Form von *Margarete.*

Margit, w., 1. Kurzform von *Margarete*, 2. schwed., Kurzform von *Margareta.*

Margita, w., Weiterbildung von *Margit.*

Margitta, w., Form von *Margit.*

Margot, w., franz., Kurzform von *Marguerite*, bekannte Namensträgerin: die Sängerin Margot Werner.

Margret, w., Form von *Margarete.*

Margriet, w., niederl., Form von *Margarete.*

Margrit, w., Nebenform von *Margret.*

Marguérite, w., franz., Form von *Margarete.*

Marhold, m., ahd. „marah“ (Pferd) und „waltan“ (herrschen).

Maria, w., griech./lat., Form von aramäisch *Mirjam*, bibl. Herkunft.

Mariam, w., Kurzform von *Mariamne.*

Marian, m., Weiterbildung von *Marius.*

Mariana, w., Weiterbildung von *Maria.*

Mariane, w., Weiterbildung von *Maria.*

Mariangela, w., ital., Doppelname aus *Maria* und *Angela.*

Marianita, w., Doppelname aus *Maria* und *Anita.*

Marianka, w., slaw., Koseform von *Maria.*

Marianna, w., Nebenform von *Marianne.*

Marianne, w., Doppelname aus *Maria* und *Anne*, bekannte Namensträgerinnen: die Schauspielerin Marianne Sägebrecht, Marianne von Weizsäcker, Gattin des ehemaligen Bundespräsidenten, die Schriftstellerin Marianne Fredriksson („Hannas Töchter“).

Mariantonia, w., Doppelname aus *Maria* und *Antonia.*

Maribelle, w., engl., Bildung aus *Maria*, *Amabel* und *Bella.*

Marie, w., Nebenform von *Maria.*

Marieke, w., niederdeutsch, Koseform von *Maria.*

Mariela, w., Koseform von *Maria.*

Mariele, w., Koseform von *Maria.*

Marielene, w., franz., Koseform von *Maria.*

Marielies, w., Doppelname aus *Marie* und *Elisabeth* bzw. *Luise.*

Mariella, w., ital., Koseform von *Maria.*

Marielouise, w., Doppelname aus *Marie* und *Louise.*

Marieluise, w., Doppelname aus *Marie* und *Luise*, bekannte Zeitgenossin: Marie-Luise Marian, „Mutter Beimer“ im Serien-Dauerbrenner „Lindenstraße“ (ARD).

Marierose, w., Doppelname aus *Marie* und *Rose.*

Marietta, w., ital., Koseform von *Maria.*

Marietheres, w., Doppelname aus *Maria* und *Theresia.*

Marietta, w., ital., Koseform von *Maria.*

Marija, w., russ., Form von *Maria.*

Marijke, w., niederl., Koseform von *Maria.*

Marika, w., ungar., Koseform von *Maria.*

Marike, w., fries., Form von *Maria.*

Marielies, w., Doppelname aus *Marie* und *Elisabeth* bzw. *Luise.*

Marielena, w., Doppelname aus *Maria* und *Lena.*

Marielene, w., Doppelname aus *Maria* und *Lene.*

Marilis, w., Doppelname aus *Maria* und *Lis(a)*.

Marilyn, w., engl., Koseform von *Mary*, bekannte Namensträgerin: Marilyn Monroe.

Marin, w., Form von *Marinus*.

Marina, w., ital., 1. Form von *Marinus*, 2. Weiterbildung von *Maria*.

Marino, m., ital., Form von *Marinus*.

Marinus, m., lat. „zum Meer gehörend", bekannter Namensträger: der im Zusammenhang mit dem Reichstagsbrand vom Februar 1933 ein Jahr später hingerichtete niederländische Staatsbürger Marinus van der Lubbe.

Mario, m., ital., Form von *Marius*.

Mariola, m., Koseform von *Mario*.

Marion, w., franz., Form von *Maria* und *Marie*.

Maris, w., ital., Koseform von *Maria*.

Marisa, w., ital., Doppelname aus *Maria* und *Elisa* bzw. *Lisa*.

Mariska, w., ungar., Form von *Maria*.

Marit, w., schwed., Nebenform von *Margit*.

Marita, w., span., Koseform von *Maria*.

Maritta, w., ital., Koseform von *Maria*.

Marius, m., lat. „aus dem römischen Geschlecht der Marier", bekannter Zeitgenosse: der Musiker Marius Müller-Westernhagen.

Marja, w., slaw., Nebenform von *Maria*.

Marjorie, w., engl., Nebenform von *Margaret*.

Mark, m., franz./engl.,Kurzform von *Markus* und Namen mit *Mark-*.

Markéta, w., tschech., Form von *Margarete*.

Markhart, m., ahd. „marcha“ (Grenze) und „hart“ (kühn).

Marko, m., Kurzform von *Markus* und Namen mit *Mark-*

Markolf, m., ahd. „marcha“ (Grenze) und „wolf“ (Wolf).

Markus, m., lat., Nebenform von *Marcus*.

Markward, m., ahd., Nebenform von *Markwart*.

Markwart, m., ahd. „marcha“ (Grenze) und „wart“ (Hüter).

Marleen, w., Kurzform von *Marlene*.

Marlena, w., Doppelname aus *Maria* und *Lena*.

Marlene, w., Doppelname aus *Maria* und *Lene*, bekannte Namensträgerin: die Schauspielerin Marlene Dietrich.

Marlies, w., Doppelname aus *Maria* und *Elisabeth* bzw. *Luise*.

Marliese, w., Nebenform von *Marlies*.

Marlis, w., Nebenform von *Marlies*.

Marlit, w., Nebenform von *Marlitt*.

Marlitt, w., Doppelname aus *Marlene* und *Melitta*.

Marlon, m., engl., Bedeutung und Herkunft unklar, prominenter Namensträger: der ehemalige Leinwand-Rebell Marlon Brando.

Marquard, m., Nebenform von *Markward*.

Marta, w., Nebenform von *Martha*.

Marten, m., niederdeutsch/schwed., Form von *Martin*.

Martha, w., hebr. „die Herrin“, bibl. Herkunft.

Marthe, w., Nebenform von *Martha*.

Marti, m., Kurzform von *Martin*.

Martin, m., Nebenform von *Martinus*, Heiligenname, bekannte Namensträger: der

Architekt und Städteplaner Martin Gropius, der US-Politiker Martin Luther King.

Martina, w., Form von *Martin*, bekannte Namensträgerin ist die Skiläuferin Martina Gerg.

Martine, w., franz., Form von *Martina.*

Martino, m., ital., Form von *Martinus.*

Martinus, m., lat. „der Kriegerische", Sohn des Kriegsgottes Mars.

Martje, w., niederdeutsch, Koseform von *Margarete* und *Martha.*

Martl, m., oberdeutsch, Koseform von *Martinus.*

Marula, w., griech., Koseform von *Maria.*

Maruscha, w., russ., Kurzform von *Maruschka*, bekannte Namensträgerin: Techno-DJ Maruscha.

Maruschka, w., russ., Koseform von *Marija.*

Marusja, w., russ., Koseform von *Marija.*

Marvin, m., engl./ahd. „irwin" (groß, berühmt) und „wini" (Freund), bekannter Namensträger: der Popmusiker Marvin Gaye.

Marwald, m., ahd. „marah" (Pferd) und „walt" (Schutz), Nebenform von *Marald.*

Marwin, m., ahd. „mâr" (berühmt) und „wini" (Freund).

Marwine, w., Form von *Marwin.*

Mary, w., engl., Form von *Maria.*

Marylou, w., engl., Doppelname aus *Mary* und *Louise.*

Maryse, w., franz., Form von *Marise.*

Maryvonne, w., engl., Doppelname aus *Mary* und *Yvonne.*

Marzella, w., lat., Nebenform von *Marcella.*

Marzellus, m., lat., Nebenform von *Marcellus.*

Mascha, w., russ., Kurzform von *Marija.*

Maschenka, w., russ., Koseform von *Marija.*

Maschinka, w., Nebenform von *Maschenka.*

Masetto, m., ital., Koseform von *Thomas*, bekannter Namensträger: Masetto, Zerlindas Gespons in Mozarts „Don Giovanni".

Masino, m., ital., Nebenform von *Masetto.*

Maso, m., ital., Kurzform von *Masetto.*

Massimo, m., ital., Form von *Maximilian.*

Mat, m., engl., Kurz- und Koseform von *Mathew* und *Matthew*, bekannter Namensträger: der US-Filmschauspieler Mat Dillan.

Mathew, m., engl., Form von *Matthias.*

Mathias, m., sprachgeschichtlich ungewöhnliche Form von *Matthias.*

Mathieu, m., franz., Form von *Matthias.*

Mathis, m., Nebenform von *Matthias*, bekannt durch Paul Hindemiths Oper „Mathis der Maler".

Mathilda, w., ahd. „maht" (Macht, Kraft) und „hiltja" (Kampf).

Mathilde, w., Nebenform von *Mathilda.*

Matilda, w., ital., Form von *Mathilda.*

Mats, m., schwed., Kurzform von *Matthias.*

Matteo, m., ital., Form von *Matthias.*

Mattes, m., Kurzform von *Matthias*, im Rheinland verbreitet.

Matthäus, m., hebr. „Geschenk Gottes", Apostel und Evangelist.

Matthew, m., engl., Form von *Matthias.*

Matthias, m., hebr., Nebenform von *Matthäus.*

Matti, m., finn., Form von *Matthias*.

Matty, m., engl., Kurz- und Koseform von *Mathew*.

Maude, w., engl., Kurzform von *Magdalene*, *Margarete* und *Mathilde*, bekannt durch den Filmtitel „Harold und Maude".

Maudlin, w., Weiterbildung von *Maud*.

Maura, w., 1. engl., Form von *Maria*, 2. Form von *Maurus*.

Maureen, w., engl., Koseform von *Maria* und *Maura*.

Maurice, m., franz., Form von *Moritz*.

Mauricette, w., franz., Weiterbildung von *Maurice*.

Mauricio, m., ital., Form von *Moritz*.

Mauritius, m., möglicherweise lat. „der Maure", „Mann, der aus Mauretanien stammt", Heiligenname.

Mauriz, m., Nebenform von *Mauritius*.

Maurizia, w., Form von *Mauriz*.

Maurizio, m., ital., Form von *Moritz*.

Mauro, m., ital. „der Maure", „Mann, der aus Mauretanien stammt".

Maurus, m., lat., aus Mauretanien stammend.

Max, m., Kurzform von *Maximilian*.

Maxi, w., Koseform von *Maximiliane*.

Maxim, m., russ., Form von *Maximilian*.

Maxime, w., franz., Kurzform von *Maximiliane*.

Maximilian, m., Nebenform von *Maximilianus*.

Maximiliane, w., Form von *Maximilianus*.

Maximilianus, m., lat. „der Größte", römischer Beiname.

Maximo, m., span., Form von *Maximilian*.

May, engl., Kurzform von *Mary*.

Mechthild, w., Nebenform von *Mathilde*.

Mechthilde, w., Nebenform von *Mechthild*.

Medea, w., griech. „die Herrscherin“.

Meg, w., engl., Kurzform von *Margaret*, bekannte Namensträgerin: die Filmschauspielerin Meg Ryan.

Meggi, w., engl., Koseform von *Margaret*.

Meggy, w., engl., Kurzform von *Margaret*.

Meieli, w., schweiz., Kurzform von *Maria*.

Meik, m., eingedeutschte Form von *Mike*, in der ehemaligen DDR verbreitet, Nebenform von *Maik*.

Meika, w., Nebenform von *Meike*.

Meike, w., fries., Kurzform von *Maria*.

Meina, w., fries./niederdt., seltene Kurzform von Namen mit *Mein-*.

Meinald, m., ahd. „magin“ (Kraft) und „waltan“ (herrschen), Nebenform von *Meinold* und *Meinhold*.

Meinberga, w., ahd. „magin“ (Kraft) und „bergan“ (schützen).

Meinbod, m., ahd. „magin“ (Kraft) und „boto“ (Bote, Gebieter).

Meinburga, w., ahd. „magin“ (Kraft) und „bergan“ (schützen).

Meinert, m., fries., Kurzform von *Meinhard*.

Meinfried, w., ahd. „magin“ (Kraft) und „fridu“ (Frieden).

Meinhard, m., ahd., Nebenform von *Meinhart*.

Meinharde, w., Form von *Meinhard*.

Meinhart, m., ahd. „magin“ (Kraft) und „hart“ (kühn).

Meinhild, w., ahd. „magin“ (Kraft) und „hiltja“ (Kampf).

Meinhilde, w., Nebenform von *Meinhild.*

Meinhold, m., ahd. „magin“ (Kraft) und „waltan“ (herrschen), Nebenform von *Meinald* und *Meinold.*

Meino, m., fries., Kurzform von Namen mit *Mein-.*

Meinold, m., ahd. „magin“ (Kraft) und „waltan“ (herrschen), Nebenform von *Meinald* und *Meinhold.*

Meinolf, m., ahd. „magin“ (Kraft) und „wolf“ (Wolf), Nebenform von *Meinulf.*

Meinrad, m., ahd. „magin“ (Kraft) und „rât“ (Rat).

Meinrade, w., Form von *Meinrad.*

Meinulf, m., ahd. „magin“ (Kraft) und „wolf“ (Wolf), Nebenform von *Meinolf.*

Meinwald, m., ahd. „magin“ (Kraft) und „waltan“ (herrschen).

Meir, m., hebr. „der Erleuchtete“, Rabbinername.

Meijer, m., hebr. „der Erleuchtete“, Rabbinername.

Mela, w., Kurzform von Namen mit *Mel-* und *-mela.*

Melanie, w., griech. „die Dunkle, Schwarze“.

Mélanie, w., franz., Form von *Melanie.*

Melba, w., engl., von der australischen Stadt Melbourne hergeleitet.

Melcher, m., Nebenform von *Melchior.*

Melchior, m., hebr. „König des Lichts“, bibl. Herkunft, Name eines der Heiligen Drei Könige.

Meli, w., Koseform von Namen mit *Mel-* und *-mela.*

Melia, w., span., Kurzform von *Amelia.*

Melina, w., griech. „Frau von der Insel Melos“, Herkunftsname, bekannte Namensträgerin: die griechische Politikerin und Sängerin Melina Mercouri.

Melinda, w., lat., Form hergeleitet von „mellinia" (Honig, Süßigkeit).

Meline, w., Nebenform von *Melina.*

Melissa, w., Nebenform von *Melitta.*

Melitta, w., griech./lat. „melissa" (die Biene).

Melusine, w., franz., Name einer schönen Meerfee in der altfranzösischen Sage.

Menrad, m., Form von *Meinhard.*

Mendel, m., Kurzform von *Emmanuel.*

Menno, m., Kurzform von *Meinhard* und *Meinald.*

Mense, m., fries., Kurzform von Namen mit *Mein-.*

Mentuera, w., span., Bedeutung unklar, in Südamerika verbreitet.

Mercedes, w., span., Kurzform von „Maria de Mercede redemptionis captivorum" (Maria von der Gnade der Gefangenenerlösung), bekannt durch den Markennamen der Automobile, die nach Mercedes Jellinek benannt wurden, der Tochter eines wichtigen Geschäftspartners von Daimler.

Meret, w., Name der altägyptischen Gottheit des Gesangs und des Jubels, bekannte Namensträgerin: die Schauspielerin und Sängerin Meret Becker.

Merle, w., engl./franz., Form hergeleitet von lat. „merula" (die Amsel").

Merten, m., niederdeutsch, Form von *Martin*, Nebenform von *Marten* und *Märten.*

Merula, w., Nebenform von *Merle.*

Meryl, w., engl., Nebenform von *Muriel*, bekannte Namensträgerin: die Filmschauspielerin Meryl Streep.

Meta, w., Kurzform von *Margarete.*

Metta, w., niederdeutsch, Kurzform von *Mechthild.*

Mette, w., Nebenform von *Metta.*

Mia, w., Kurzform von *Maria,* bekannte Namensträgerin: Mia Farrow, Schauspielerin in Woody-Allen-Filmen.

Micaela, w., ital./span., Form von *Michaela.*

Micha, m./w., Kurzform von *Michael* bzw. *Michaela,* prominenter Namensträger: der Publizist Micha Brumlik.

Michael, m., hebr. „Wer ist wie Gott?“, bibl. Herkunft, Name eines Erzengels, Schutzengel Israels und der Kirche.

Michaela, w., Form von *Michael.*

Michail, m., russ., Form von *Michael.*

Michal, m., 1. poln., Form von *Michael,* 2. hebr. „Vollkommenheit“.

Michalina, w., russ., Weiterbildung von *Michaela.*

Michel, m., 1. Kurzform von *Michael,* 2. franz., Form von *Michael.*

Michelangelo, m., ital., Doppelname aus *Michele* und *Angelo,* bedeutender Namensträger: Michelangelo Buonarotti.

Michele, m., ital., Form von *Michael.*

Michèle, w., franz., Form von *Michaela.*

Micheline, w., franz., Weiterbildung von *Michèle.*

Michelle, w., franz., Nebenform von *Michèle.*

Michiel, w., niederl., Form von *Michael.*

Mick, m., engl., Kurzform von *Michael.*

Mickel, m., 1. schwed., Form von *Michael,* 2. Nebenform von *Mikael.*

Mieke, w., niederdeutsch, Kurzform von *Marieke.*

Mientje, w., fries., Koseform

von Namen mit *-mina* oder *-mine.*

Mies, m., niederdeutsch, Form von *Bartholomäus*, bekannter Namensträger: der Gestalter und Leiter des Bauhauses Mies van der Rohe.

Mieze, w., niederdeutsch, Koseform von *Maria.*

Mignon, w., franz. „klein, niedlich, zart".

Miguel, m., span., Form von *Michael.*

Miguela, w., span., Form von *Michaela.*

Michaéla, w., ungar., Form von *Michaela.*

Mihala, w., slaw., Form von *Michaela.*

Mihály, m., ungar., Form von *Michael.*

Mikael, m., schwed., Form von *Michael*, Nebenform von *Mickel.*

Mikala, w., dän., Form von *Michaela.*

Mike, m., engl., Kurzform von *Michael*, bekannter Namensträger: Mike Tyson, ehemaliger Boxweltmeister und wegen Ohrenknabberns vorbestraft.

Mikesch, m., slaw., Nebenform von *Nikolaus.*

Mikosch, m., slaw., Nebenform von *Nikolaus.*

Miklas, m., slaw., Form von *Nikolaus.*

Miklós, m., ungar., Form von *Nikolaus.*

Mikula, m., russ., Neubildung aus *Michail* und *Nikolaj.*

Mila, w., slaw., Kurzform von *Ludmilla.*

Milan, m., slaw., Kurzform von *Milosaw.*

Milburg, w., ahd. „milti" (barmherzig, gnädig) und „bergan" (schützen).

Milda, w., Kurzform von Namen mit *Mil-*.

Mildred, w., engl., Form von *Miltraud*, bekannte Namensträgerin: Mildred Scheel, Gründerin der Krebshilfe und Gattin des ehemaligen Bundespräsidenten Walter Scheel.

Mile, w., Kurzform von *Emilie*.

Milena, w., slaw., 1. Weiterbildung von *Mila*, 2. „die Geliebte".

Miles, m., engl., Nebenform von *Milton*, bekannter Namensträger: der Jazz-Trompeter Miles Davies.

Milka, w., slaw., Kurzform von *Ludmilla*.

Milko, m., slaw., Kurzform von *Milosaw*.

Milli, w., Koseform von *Emilie*.

Milly, w., engl., Koseform von *Emily*.

Milo, m., Kurzform von *Emil*, *Kamillo* und *Miloslaw*, bekannter Namensträger: Milo Dor, jugoslawischer Schriftsteller.

Miloslaw, m., slaw., Nebenform von *Miroslaw*.

Miloslawa, w., slaw., Nebenform von *Miroslawa*.

Milton, m., möglicherweise engl. „Mann aus der Mühle".

Miltraud, w., ahd. „milti" (barmherzig, gnädig) und „trûd" (wehrhaft).

Miltrud, w., Nebenform von *Miltraud*.

Milva, w., ital., Doppelname aus *Maria* und *Ilva*, bekannte Namensträgerin: die italienische Sängerin Milva.

Mimi, w., Koseform von *Maria*.

Mimmi, w., Koseform von *Maria*.

Mine, w., Kurzform von *Wilhelmine* und *Hermine*.

Minerva, w., ital., italische Göttin der Römer etruskischen Ursprungs, später mit der griech. Athena gleichgesetzt.

Minette, w., Koseform von *Mina*, bekannte Namensträgerin: die Krimiautorin Minette Walters („Wellenbrecher").

Minka, w., poln., Koseform von *Minna*.

Minna, w., Kurzform von *Wilhelmine*, bekannte Namensträgerin: Minna von Barnhelm, Titelfigur aus Lessings gleichnamigem Lustspiel aus dem Jahre 1767.

Minnegard, w., ahd. „minnja“ (Liebe) und „gard“ (Schutz).

Minnie, w., Koseform von *Minna*.

Mino, m., ital., Kurzform von *Giacomino*.

Mira, w., Kurzform von *Mirabella*.

Mirabell, w., Nebenform von *Mirabella*.

Mirabella, w., ital. „mirabile“ (bewundernswert) und „bello“ (schön).

Miranda, w., engl., Form hergeleitet von lat. „mirandus“ (bewundernswert).

Mireille, w., franz., Form von *Mirabella* und *Mirella*, bekannte Namensträgerin: die französische Sängerin Mireille Mathieu.

Mirella, w., Kurzform von *Mirabella*.

Miriam, w., Nebenform von *Mirjam*.

Mirjam, w., hebr. „die Widerspenstige, die Ungezähmte“, bibl. Herkunft, Schwester von *Aaron* und Halbschwester von *Mose*, führte beim Zug durch das Rote Meer die Frauen an und starb kurz vor Erreichen des gelobten Landes.

Mirijam, w., Nebenform von *Mirjam*.

Mirka, w., tschech., Form von *Mirko*.

Mirko, m., slaw., Kurzform von *Miroslaw*.

Miroslaw, m., slaw. „mir“ (Frieden) und „slava“ (Ruhm).

Miroslawa, w., Form von *Miroslaw*.

Mischa, m., russ., Kurz- und Koseform von *Michail*, bekannter Namensträger: der ehemalige Spionagechef der DDR-Staatssicherheit Mischa Wolf.

Mitch, m., engl., Kurzform von *Mitchell*.

Mitchell, m., engl., Nebenform von *Michael*.

Mitja, w., russ., Koseform von *Dimitri*.

Mitzi, w., oberdeutsch, Koseform von *Maria*.

Mizzi, w., oberdeutsch, Koseform von *Maria*.

Modest, m., lat., Nebenform von *Modestus*, Heiligenname, prominenter Namensträger: Modest Petrowitsch Mussorgskij, russischer Komponist („Bilder einer Ausstellung").

Modesta, w., Form von *Modest*.

Modestus, m., lat. „der Bescheidene".

Modesty, w., engl., Form von *Modesta*.

Moira, w., 1. griech. „das Schicksal", 2. engl., Form von *Mary*, in Irland verbreitet.

Molly, w., engl., Koseform von *Mary*.

Mombert, m., ahd. „muni" (Gedanke) und „beraht" (glänzend).

Mombrecht, m., ahd., Nebenform von *Mombert*.

Momme, m., Kurz- und Koseform von *Mombert* und *Mombrecht*, Nebenform von *Mommo*, *Momo* und *Mumme*.

Mommo, m., Kurz- und Koseform von *Mombert* und *Mombrecht*, Nebenform von *Momme*, *Momo* und *Mumme*.

Momo, m., Kurz- und Koseform von *Mombert* und *Mombrecht*, Nebenform von *Momme*, *Mommo* und *Mumme*.

Mona, w., ital., Kurzform von *Madonna*.

Moni, w., Kurzform von *Monika* und *Monique*.

Monica, w., ital./engl., Form

von *Monika*, bekannte Namensträgerin: Monica Lewinsky, ehemalige Präsidialpraktikantin.

Monika, w., griech. „die Einsiedlerin“, Mutter des heiligen Augustinus, rückläufige Verbreitung des Modenamens der 60er und 70er Jahre, bekannte Namensträgerin: Monika Wulf-Mathies, deutsche EU-Kommissarin in Brüssel.

Monique, w., franz., Form von *Monika.*

Montague, m., engl., ursprünglich ein Familienname.

Montgomery, m., engl., ursprünglich ein Familienname.

Monty, m., 1. engl., Kurzform von *Montague* und *Montgomery*, 2. Kurzform von *Egmont.*

Morena, w., lat. „die Schwarze“.

Moreno, m., lat. „der Schwarze“.

Morgan, m., engl., Form hergeleitet von kelt. „mor“ (die See), vermutlich „auf dem Meer geboren“.

Moritz, m., Form von *Mauritius* und *Maurus.*

Morris, m., engl., Form von *Moritz.*

Morten, m., nordisch, Form von *Martin.*

Mortemer, m., altfranz., Name eines Ortes in der Normandie.

Mortimer, m., engl., Name eines Ortes in der Normandie (Mortemer), zur letzten Jahrhundertwende populär, von der Werbebranche aufgegriffen („After Eight“-TV-Spot).

Mose, m., Kurzform von *Moses.*

Moses, m., hebr. „Kind, das aus dem Wasser gezogen wurde“.

Muck, m., Kurzform von *Nepomuk.*

Mucki, m., Koseform von *Nepomuk.*

M

Mumme, m., Kurz- und Koseform von *Mombert*, Nebenform von *Momme*, *Mommo* und *Mome*.

Munibert, m., ahd., Nebenform von *Mombert*.

Munja, m., russ., Kurzform von *Emmanuel*.

Muriel, w., engl., Form hergeleitet von kelt. „mor“ (die See) und „geal“ (hell, glänzend), bekannte Namensträgerin: Muriel Spark, „Muriels Hochzeit“.

Mustafa, m., arab., Bedeutung und Herkunft unklar.

Myrna, w., kelt. „liebenswürdig, sanft“.

Myrta, w., hergeleitet von „myrtos“ (die Myrte), Pflanzenname.

N

Nabor, m., hebr. „Lichtprophet“.

Nada, w., russ., Kurzform von *Nadeschda.*

Nadeschda, w., Nebenform von *Nadjeschda.*

Nadia, w., Nebenform von *Nadja.*

Nadine, w., franz., Weiterbildung von *Nadia.*

Nadinka, w., Koseform von *Nadeschda.*

Nadja, w., russ., Kurzform von *Nadeschda.*

Nadjeschda, w., russ. „die Hoffnung“.

Naemi, w., hebr. „no omi“ (die Liebliche).

Nahum, m., hebr. „nachum“ (der Trostreiche), bibl. Herkunft, Prophetenname.

Nallo, m., Kurzform von *Immanuel.*

Nana, w., franz., Kurzform von *Anna.*

Nancy, w., engl., Koseform von *Anne.*

Nanda, w., Kurzform von *Ferdinanda.*

Nando, m., Kurzform von Namen mit *Nant-* und *-nand.*

Nandolf, m., ahd. „nantha“ (wagemutig) und „wolf“ (Wolf).

Nándor, m., ungar., Form von *Ferdinand.*

Nanette, w., Nebenform von *Nannette.*

Nanna, w., Koseform von *Anna.*

Nanne, w., Koseform von *Anne.*

Nannette, w., franz., Koseform von *Anne.*

Nanni, w., oberdeutsch, Koseform von *Anna* und *Marianne*, bekannt durch die Mädchen-Bücher aus dem Hause Schneider: „Hanni und Nanni“.

Nanno, m., Kurzform von Namen mit *Nant-* und *-nand.*

N

Nanon, w., franz., Koseform von *Anne*.

Nante, w., fries., Kurzform von *Ferdinand*.

Nantje, w., fries., Nebenform von *Nante*.

Nantwig, m., ahd. „nantha“ (wagemutig) und „wîg“ (Kampf).

Nantwin, m., ahd. „nantha“ (wagemutig) und „wini“ (Freund).

Naomi, w., Form von *Naemi* und *Noemi*, bekannte Zeitgenossin: Naomi Campbell, englisches Model und gefloppter Popstar.

Narziß, m., griech. „der Betäubende“, Gestalt der griech. Mythologie, auch unter dem Namen Narkissos bekannt.

Nastasja, w., russ., Koseform von *Anastasia*, bekannte Namensträgerin: die Schauspielerin Nastassja Kinski.

Nat, m., engl., Kurzform von *Jonathan* und *Nathanael*.

Nata, w., Kurzform von *Renate*.

Natalia, w., Nebenform von *Natalie*.

Natalie, w., lat. „dies natalis“ (Tag der Geburt [Christi]).

Natalija, w., russ., Form von *Natalie*.

Natalja, w., Nebenform von *Natalija*.

Natascha, w., russ., Koseform von *Natalja*.

Nathalie, w., Form von *Natalie*.

Nathan, m., Kurzform von *Jonathan* und *Nathanael*.

Nathanael, m., hebr. „Gott schenkt“, bibl. Herkunft.

Neal, m., kelt./engl. „Anführer, Kämpfer“.

Ned, m., Kurzform von *Edward*.

Neel, m., engl., Kurzform von *Cornelius*.

Neele, w., Kurz- und Koseform von *Cornelia*, *Eleonore*, *Elionore* und *Helene*.

Neeltje, m., fries., Kurzform von *Kornelius*.

Nehemia, m., hebr. „necheme-jah" (getröstet hat der Herr), bibl. Herkunft.

Neidhard, m., ahd. „nôt" (Kampfeszorn) und „hart" (kühn).

Neidhardt, m., Nebenform von *Neidhard*.

Neil, m., kelt./engl. „Anführer, Kämpfer".

Nelda, w., Kurzform von *Thusnelda*.

Nele, w., Kurz- und Koseform von *Cornelia*, *Eleonore*, *Elionore* und *Helene*.

Nelli, w., Kurz- und Koseform von *Cornelia*, *Eleonore*, *Elionore* und *Helene*.

Nelly, w., 1. engl., Form von *Elionor* oder *Helen*, 2. Kurz- und Koseform von *Cornelia*, *Eleonore*, *Elionore* und *Helene*.

Nelson, m., engl., Sohn von *Neil*.

Nena, w., ital., Kurzform von *Renata*, bekannte Namensträgerin: die gleichnamige Popsängerin.

Neo, m., Herkunft und Bedeutung unklar, bekannter Namensträger: der Leipziger Maler Neo Rauch.

Nepomuk, m., tschech., Mann aus Pomuk (Böhmen), Patron Böhmens und der Brücken.

Nestor, m., griech. „nesteros" (der Fastende), ältester Ratgeber, Held der griech. Sage, König von Pylos, beriet im fortgeschrittenen Alter die vor Troja liegenden Griechen.

Neta, w., schwed., Kurzform von *Agneta*.

Nette, w., schwed., Kurzform von *Agneta*.

Netti, w., Kurzform von *Anette*, *Antionette* und *Jeanette*.

Netty, w., Kurzform von *Anette*, *Antionette* und *Jeanette*.

N

Nic, m., Kurz- und Koseform von *Nicolaus*.

Niccoló, m., ital., Form von *Nikolaus*.

Nicholas, m., engl., Form von *Nikolaus*.

Nico, m., ital., Koseform von *Nikolaus*.

Nicol, m., franz., Kurzform von *Nicolas*.

Nicola, m., ital., Form von *Nikolaus*.

Nicolaas, m., niederl., Form von *Nikolaus*.

Nicolai, m., russ., Form von *Nikolaus*.

Nicolaij, m., russ., Form von *Nikolaus*.

Nicolas, m., engl./franz., Form von *Nikolaus*.

Nicolás, m., span., Form von *Nikolaus*.

Nicolaus, m., engl., Form von *Nikolaus*.

Nicole, w., franz., Form von *Nicolas*.

Nicoletta, w., ital., Form von *Niccoló*.

Nicolette, w., franz., Form von *Nicolas*.

Nicolle, w., franz., Form von *Nicolas*.

Nick, m., engl./franz., Kurzform von *Nicolas*.

Nicki, m., Form von *Nikolaus*.

Niels, m.,niederdeutsch/nordisch, Kurzform von *Nikolaus*, bekannter Namensträger: die Märchenfigur Niels Holgerson.

Nies, m., Kurzform von *Dionysius*, Nebenform von *Nis* und *Nys*.

Nigel, m., engl., unklare Bedeutung, möglicherweise „der Schwarze“.

Nik, m., russ., Kurzform von *Nikolaus*.

Nikita, m., russ., Form von *Nicolai*.

Niklas, m., Kurzform von *Nikolaus*.

Niklaus, m., Kurzform von *Nikolaus*.

Niko, m., Koseform von *Nikolaus*.

Nikódémos, m., griech. „nike“ (Sieg) und „demos“ (Volk), bibl. Herkunft, Name eines Schriftgelehrten und späteren Jüngers Jesu.

Nikodemus, m., Nebenform von *Nikódémos*.

Nikólaos, m., griech. „nike“ (Sieg) und „laos“ (Volk, Menge).

Nikolai, m., russ., Nebenform von *Nicolai*.

Nikolaij, m., russ., Nebenform von *Nicolaij*.

Nikolaus, m., Form von *Nikólaos*.

Nils, m., niederdeutsch/nordisch, Kurzform von *Nikolaus*.

Nina, w., 1. russ., Kurzform von *Antonia*, 2., Kurzform von Namen mit *Nin-* und *-nina*.

Ninetta, w., ital., Koseform von *Nina*.

Ninette, w., Koseform von *Nina*.

Nino, m., ital., Kurzform von *Giovanni*.

Ninon, w., franz., Weiterbildung von *Nina*.

Ninotschka, w., russ., Koseform von *Nina*.

Nis, m., Kurzform von *Dionysius*, Nebenform von *Nies* und *Nys*.

Nita, w., schwed., Kurzform von Namen mit *-ita*.

Noah, m., hebr. „noach“ (Ruhe, Trost), bibl. Herkunft.

Nolda, w., Kurzform von *Arnolde*.

Nolde, m., Kurzform von *Arnold*.

Nol, m., franz., altfranzösisch „nouel“, Form hergeleitet von lat. „dies natalis“ (Tag der Geburt [Christi]).

Noelle, w., franz., Nebenform von *Natalie*.

Noemi, w., hebr. „no omi“ (die Liebliche).

Nolik, m., russ., Kurzform von *Anatol*.

Nona, w., lat., Name einer römischen Geburtsgöttin.

Nonna, w., fries. „nantha“ (wagemutig), gemeint: „die Wagemutige“.

Nonne, m., fries. „nantha“ (wagemutig), gemeint: „der Wagemutige“.

Nonneke, w., fries., Kurzform von Namen mit *Nant-*.

Nora, w., Kurzform von *Eleonora*.

Norbert, m., ahd. „nord“ (aus dem Norden) und „beraht“ (glänzend), Heiligenname, bekannter Namensträger: der ehemalige Bundesminister für Arbeit und Soziales Norbert Blüm (CDU).

Norberta, w., ahd., Form von *Norbert*.

Nordbert, m., ahd., Nebenform von *Norbert*.

Nordrun, w., ahd. „nord“ (aus dem Norden) und „rûna“ (Geheimnis).

Nordwin, m., ahd. „nord“ (aus dem Norden) und „wini“ (Freund).

Noreen, w., engl., Form von *Nora*.

Norfried, m., ahd. „nord“ und „fridu“ (Frieden).

Norgard, w., ahd. „nord“ (aus dem Norden) und „gard“ (Schutz).

Norhild, w., ahd. „nord“ (aus dem Norden) und „hiltja“ (Kampf).

Norhilde, w., Form von *Norhild*.

Norina, w., ital., Weiterbildung von *Nora*.

Norma, w., lat. „norma“ (Gebot, Regel, Richtschnur).

N

Norman, m., ahd. „nord“ (aus dem Norden) und „man“ (Mann).

Normann, m., ahd., Nebenform von *Norman*.

Norwin, m., ahd., Nebenform von *Nordwin*.

Notburg, m., ahd., Nebenform von *Notburga*.

Notburga, w., ahd. „nôt“ (Bedrängnis, Gefahr) und „bergan“ (schützen).

Notger, m., ahd. „nôt“ (Bedrängnis, Gefahr) und „gêr“ (Speer), Umkehrform von *Gernot*.

Notker, m., ahd., Nebenform von *Notger*.

Nunzia, w., ital., Kurzform von *Annunzia*.

Nuria, w., span., Kurzform von „Nuestra Señora de Nuria“ (Unsere Frau von Nuria).

Nys, m., Kurzform von *Dionysius*, Nebenform von *Nies* und *Nis*.

O

Obba, w., fries., Kurzform von Namen mit *Od-* und *Ot-*.

Obbo, m., fries., Kurzform von *Otbert* und *Otto*.

Oberon, m., Form von *Alberich* und *Aubry*.

Octavia, w., lat., 1. „die Achte“ bzw. „Frau, die an achter Stelle geboren wurde“, 2. „aus dem römischen Geschlecht der Octavier“.

Octavian, m., lat., 1. „der aus der Familie des achten Sohnes“, 2. „aus dem römischen Geschlecht der Octavier“.

Octavius, m., lat., Nebenform von *Octavian*.

Oda, w., 1. Kurzform von Namen mit *Od-* und *Ot-*, 2. Form von *Ute*, bekannte Namensträgerin: die Fotografin Oda Sternberg.

Odalinde, w., ahd. „ôd“ (Besitz, Erbe) und „lint“ (mild, sanft).

Ode, m., fries., Kurzform von *Otto*.

Odemar, m., Nebenform von *Otmar*.

Odette, w., franz., Koseform von *Oda*.

Odila, w., Koseform von *Oda*.

Odilberga, w., ahd. „ôd“ (Besitz, Erbe) und „bergan“ (schützen).

Odilberta, w., ahd. „ôd“ (Besitz, Erbe) und „beraht“ (glänzend).

Odile, w., franz., Form von *Odilie*.

Odilgard, w., ahd. „ôd“ (Besitz, Erbe) und „gard“ (Schutz).

Odilia, w., franz., Nebenform und Weiterbildung von *Oda*, *Odila* und *Ottilie*.

Odilie, w., franz., Nebenform und Weiterbildung von *Oda*, *Odila* und *Ottilie*.

Odilo, m., Koseform von *Odo*, bekannter Zeitgenosse: Abt Odilo Lechner, Kloster Andechs bei München.

O

Odin, m., nordisch „Wotan“, mythologischer Name.

Odina, w., 1. Weiterbildung von *Oda*, 2. Form von *Odin*.

Odine, w., 1. Weiterbildung von *Oda*, 2. Form von *Odin*.

Odo, m., Kurzform von Namen mit *Od-* und *Ot-*.

Ödi, m., schweiz., Form von *Adam*.

Ödön, m., ungar., Nebenform von *Edmund* und *Odo*, bekannter Namensträger: der Schriftsteller Ödön von Horváth.

Odomar, m., Nebenform von *Otmar*.

Odwin, m., ahd. „ôd“ (Besitz, Erbe) und „wini“ (Freund), Nebenform von *Otwin*.

Odysseus, m., griech., König von Ithaka, führende Gestalt der „Ilias“ und Hauptperson der „Odyssee“ des Homer.

Okko, m., fries., Kurzform von *Otto*.

Oktavia, w., Form von *Octavia*.

Oktavian, m., Form von *Octavian*.

Olaf, m., germ. „anu“ (Ahne) und „laib“ (Sohn, Nachkomme, Erbe).

Olaus, m., lat., Form von *Olaf*.

Olav, m., germ./norweg., Form von *Olaf*.

Olberich, m., ahd. „alb“ (Naturgeist) und „rîch“ (mächtig), Nebenform von *Alberich*.

Oldwig, m., ahd. „adal“ (edel) und „wîg“ (Kampf).

Ole, m., Kurzform von Namen mit *Ol-* und *Ul-*.

Oleander, m., der Pflanzenname wurde 1983 vom Amtsgericht Stuttgart als männlicher Vorname akzeptiert.

Oleg, m., russ., Form von *Helge*.

Olf, m., Kurzform von Namen mit *-olf*.

O

Olfert, m., fries. „uodal“ (Hof, Gut) und „fridu“ (Frieden), Nebenform von *Ulfried*.

Olga, w., russ., Form von *Helga*.

Olinde, w., Nebenform von *Odalinde*.

Olive, w., franz., Form von *Olivia*.

Oliver, m., lat. „Pflanzer des Ölbaums“.

Olivet, w., engl., Form von *Olivia*.

Olivia, w., lat. „Ölbaum, Olive“.

Olivier, m., franz., Form von *Oliver*.

Oliviero, m., ital., Form von *Oliver*.

Olla, w., Koseform von *Olga* und *Olivia*.

Olli, m./w., Koseform von Namen mit *Ol-*.

Olly, m./w., Koseform von Namen mit *Ol-*.

Olof, m., schwed., Form von *Olaf*, bekannter Namensträger: der ehemalige schwedische Regierungschef Olof Palme.

Olofa, w., Form von *Olof*.

Oltman, m., fries./niederl., Kurzform von Namen mit *Adal-* und *Odil-*.

Oluf, m., dän., Form von *Olaf*.

Omar, m., arab., Form von *Georg*.

Omke, m., Kurzform von *Otmar*.

Ommo, m., Kurzform von *Otmar*.

Ona, w., baskisch „on“ (glücklich, gut).

Onno, m., fries., Kurzform von *Arnold* und *Otto*.

Ontje, w., fries., Kurzform von *Arnold* und *Otto*.

Oona, w., kelt./irisch, Herkunft und Bedeutung unklar.

Ophelia, w., griech. „opheleia“ (Beistand, Hilfe).

Oprah, w., engl., Kurzform von *Ophelia*, bekannte Namensträgerin: die US-Talkshow-Moderatorin Oprah Winfrey.

Orania, w., griech. „ourania" (die Himmlische).

Orell, w., Form von *Aurel*.

Orella, w., Form von *Aurelia*.

Orlando, m., ital., Form von *Roland*.

Ornella, w., ital. „ornello" (Blüten-Esche), bekannte Namensträgerin: die Schauspielerin Ornella Muti.

Orsola, w., ital., Form von *Ursula*.

Ortensia, w., schweiz., Form von *Hortensia*.

Ortfried, m., ahd. „ort" (Spitze) und „fridu" (Frieden).

Ortger, m., ahd. „ort" (Spitze) und „gêr" (Speer).

Orthia, w., Kurzform von *Dorothea*.

Orthild, w., ahd. „ort" (Spitze) und „hiltja" (Kampf).

Orthilde, w., Nebenform von *Orthild*.

Ortlieb, m., ahd. „ort" (Spitze) und „liob" (lieb).

Ortlind, w., ahd. „ort" (Spitze) und „linta" (der Lindenholzschild).

Ortnit, m., ahd. „ort" (Spitze) und „nôt" (Kampfeszorn).

Ortolf, m., ahd. „ort" (Spitze) und „wolf" (Wolf), Nebenform von *Ortulf*.

Ortraud, w., ahd. „ort" (Spitze) und „trûd" (wehrhaft).

Ortrud, w., Kurzform von *Ortraud*.

Ortrun, w., ahd. „ort" (Spitze) und „rûna" (Geheimnis).

Ortulf, m., ahd. „ort" (Spitze) und „wolf" (Wolf), Nebenform von *Ortolf*.

Ortwald, m., ahd. „ort" (Spitze) und „waltan" (herrschen).

O

Ortwin, m., ahd. „ort“ (Spitze) und „wini“ (Freund).

Osanna, w., hebr. „Ach, hilf!“.

Osbert, m., germ./ahd. „ans“ (Gott) und „beraht“ (glänzend).

Osberta, w., Form von *Osbert*.

Osborne, m., germ./engl. „ans“ (Gott) und „bero“ (Bär).

Oscar, m., germ./ahd. „ans“ (Gott) und „gêr“ (Speer), Nebenform von *Oskar*.

Oskar, m., germ./ahd., Nebenform von *Oscar*.

Osmar, m., germ./ahd. „ans“ (Gott) und „mâr“ (berühmt).

Osmund, w., germ./ahd. „ans“ (Gott) und „munt“ (Schutz).

Osmunde, w., Form von *Osmund*.

Osric, m., germ./engl. „ans“ (Gott) und „rîch“ (Herrscher, mächtig).

Ossi, w., Koseform von Namen mit *Os-*.

Ossip, m., russ., Form von *Joseph*, bekannter Namensträger: der Wissenschaftler Ossip K. Flechtheim.

Ostara, w., engl., hergeleitet von „eastre“ (Göttin des neuen Lichts).

Osterlind, w., ahd. „ostar“ (nach Osten) und „linta“ (der Lindenholzschild).

Oswald, m., germ./ahd. „ans“ (göttlich) und „waltan“ (herrschen), bekannter Namensträger: der Sozialphilosoph Oswald Nell-Breuning.

Oswalda, w., Form von *Oswald*.

Oswin, m., germ./ahd. „ans“ (göttlich) und „wini“ (Freund).

Oswine, w., Form von *Oswin*.

Ota, w., Nebenform von *Oda*.

Otberga, w., germ./ahd. „ôd“ (Besitz, Erbe) und „bergan“ (schützen).

O

Otbert, m., germ./ahd. „ôd“ (Besitz, Erbe) und „beraht“ (glänzend).

Otberta, w., Form von *Otbert.*

Otburga, w., Nebenform von *Otberga.*

Otfried, m., germ./ahd. „ôd“ (Besitz, Erbe) und „fridu“ (Frieden).

Otfrieda, w., germ./ahd., Form von *Otfried.*

Otfriede, w., Nebenform von *Otfrieda.*

Otger, m., germ./ahd. „ôd“ (Besitz, Erbe) und „gêr“ (Speer).

Otgund, w., germ./ahd. „ôd“ (Besitz, Erbe) und „gund“ (Kampf).

Othilde, w., germ./ahd. „ôd“ (Besitz, Erbe) und „hiltja“ (Kampf).

Othmar, m., germ./ahd. „ôd“ (Besitz, Erbe) und „mâr“ (berühmt), Nebenform von *Otmar* und *Ottmar.*

Otil, m., Kurzform von *Otto.*

Otlinde, w., germ./ahd. „ôd“ (Besitz, Erbe) und „linta“ (der Lindenholzschild).

Otmar, m., germ./ahd. „ôd“ (Besitz, Erbe) und „mâr“ (berühmt), Nebenform von *Othmar* und *Ottmar.*

Otmund, w., germ./ahd. „ôd“ (Besitz, Erbe) und „munt“ (Schutz).

Ott, m., Nebenform von *Otto.*

Otte, m., Nebenform von *Otto.*

Ottegebe, w., germ./ahd. „ôd“ (Besitz, Erbe) und „geba“ (Gabe).

Ottfried, m., germ./ahd. „ôd“ (Besitz, Erbe) und „fridu“ (Frieden), bekannter Namensträger: der Kabarettist Ottfried Fischer.

Ottheinrich, m., Doppelname aus *Otto* und *Heinrich.*

Ottheinz, m., Doppelname aus *Otto* und *Heinz.*

Otthermann, m., Doppelname aus *Otto* und *Hermann*.

Otti, m./w., Koseform von Namen mit *Ot-*.

Ottilia, w., Nebenform von *Odilia* und *Odilie*.

Ottilie, w., Nebenform von *Ottilia*.

Ottmar, m., germ./ahd. „ôd" (Besitz, Erbe) und „mâr" (berühmt), Nebenform von *Othmar* und *Otmar*, bekannter Namensträger: der Fußballtrainer Ottmar Hitzfeld.

Otto, m., Kurzform von Namen mit *Ot-*.

Ottogebe, w., Nebenform von *Ottegebe*.

Ottokar, m., germ./ahd. „ôd" (Besitz, Erbe) und „wakar" (wachsam).

Ottomar, m., Nebenform von *Ottmar*.

Ottone, m., ital., Form von *Otto*.

Otwald, m., germ./ahd. „ôd" (Besitz, Erbe) und „waltan" (herrschen).

Otward, m., germ./ahd. „ôd" (Besitz, Erbe) und „wart" (Hüter).

Otwin, m., germ./ahd. „ôd" (Besitz, Erbe) und „wini" (Freund), Nebenform von *Odwin*.

Otwine, w., germ./ahd. „ôd" (Besitz, Erbe) und „wini" (Freundin).

Ove, m., nordisch, Nebenform von *Uwe*.

Owe, m., nordisch, Nebenform von *Uwe*.

Oxana, w., russ., Nebenform von *Xenia*.

P

Paavo, m., finn., Form von *Paul.*

Pablo, m., span., Form von *Paul.*

Paddy, m., engl., 1. Koseform von *Patrick,* 2. engl., Spottname für Iren.

Pär, m., schwed., Form von *Peter.*

Pál, m., ungar., Form von *Paul.*

Palle, m., fries., Form von *Paul.*

Palmira, w., lat./ital. „die Palme".

Palmiro, m., lat./ital., Form von *Palmira.*

Paloma, w., span. „die Taube", bekannte Namensträgerin: die Modeschöpferin und (Vermarktungs-)Künstlerin Paloma Picasso.

Pals, m., fries., Kurzform von *Paul.*

Pam, w., engl., Kurzform von *Pamela.*

Pamela, w., engl., Form hergeleitet von griech. „pam melas" (ganz dunkel)".

Pamina, w., literarische Neubildung, Tochter der Königin der Nacht in Mozarts „Zauberflöte", hergeleitet von griech. „pam menis" (Vollmondnacht).

Pancha, w., span., Kurzform von *Franziska.*

Pancho, m., span., Kurzform von *Franziskus.*

Pandora, w., griech. „pan" (ganz, allumfassend) und „doron" (Geschenk, Gabe).

Panja, w., russ., Form von Namen mit *-nja.*

Pankratius, m., griech. „pan" (ganz) „krates" (besiegend), „der Allbezwinger", Heiligenname, beliebter Nothelfer.

Pankraz, m., griech., Nebenform von *Pankratius*, bekannter Namensträger: der Historiker Pankraz Fried.

Pankrazia, w., Form von *Pankraz.*

P

Pantaleon, m., griech. „panta“ (ganz) und „leon“ (Löwe).

Paola, w., ital., Form von *Paula*.

Paolo, m., ital., Form von *Paul*.

Paris, m., 1. griech., Gestalt aus der „Ilias“, Sohn des Königs Priamos und Räuber der Helena, 2. franz., Kurzform von *Patrick*.

Parsifal, m., engl., Form von *Perceval*.

Parzival, m., franz., Form von *Perceval*.

Pascal, m., franz., Form von *Paschalis*.

Pascale, w., franz., Form von *Pascalis*.

Pascha, m., russ., Form von *Paul*.

Paschalis, m., lat. „Mann, der zu Ostern geboren wurde“.

Pat, w./m., Kurzform von *Patricia* und *Patrick*.

Patrice, w., franz., Form von *Patrica*.

Patricia, w., lat. „die Edle“.

Patricius, m., lat. „der Edle“.

Patrick, m., engl., Form von *Patricius*.

Patrizia, w., Nebenform von *Patricia*.

Patrizius, m., lat. „der Edle“, eindeutschende Nebenform von *Patricius*.

Patsy, w., engl., Koseform von *Patricia*.

Patty, w., engl., Koseform von *Patricia*.

Paul, m., lat. „der Kleine“, Nebenform von *Paulus*, bekannter Namensträger: der Maler Paul Klee.

Paula, w., lat. „die Kleine“, bekannte Namensträgerin: die Schauspielerin Paula Wessely.

Paule, m., Koseform von *Paul*.

Paulette, w., franz., Koseform von *Paula*.

Pauline, w., Weiterbildung von *Paula*.

Paulinus, m., Weiterbildung von *Paulus*.

Paulus, m., lat. „pau(l)us“ (der Kleine).

Pavla, w., slaw., Form von *Paula*.

Pawel, m., russ., Form von *Paul*.

Pearl, w., engl. „die Perle“.

Peder, m., dän., Form von *Peter*.

Pedro, m., span., Form von *Peter*, bekannter Namensträger: der spanische Regisseur Pedro Almodóvar.

Peer, m., nordisch, Form von *Peter*.

Peet, m., niederl., Form von *Peter*.

Peg, w., engl., Kurzform von *Margaret*.

Peggy, w., engl., Koseform von *Margaret*.

Pelle, m., schwed., Koseform von *Peter*.

Penelope, w., griech. „Weberin“, treue Gattin des mehr als zwanzig Jahre abwesenden Odysseus.

Penny, w., engl., Koseform von *Penelope*.

Pepe, m., span., Kurzform von *Joseph*.

Pepita, w., span., Koseform von *Josepha*.

Pepito, m., span., Koseform von *Joseph*.

Peppo, m., ital., Kurzform von *Giuseppe*.

Per, m., nordisch, Form von *Peter*, bekannter Namensträger: der schwedische Autor Per Olov Enquist.

Perceval, m., engl., Sagengestalt, möglicherweise „der Taldurchdringer“.

Percy, m., engl., Kurzform von *Perceval*, bekannter Namensträger: Percy Adlon, Regisseur.

Perdita, w., lat. „die Hoffnungslose, die Verlorene".

Peregrin, m., lat., Nebenform von *Peregrinus*.

Peregrina, w., lat. „die Pilgerin, die Fremde".

Peregrinus, m., lat. „der Pilger, der Fremde".

Perez, m., span., Form von *Peter*.

Perry, m., engl., Kurzform von *Peregrin*.

Petar, m., serbokroatisch, Form von *Peter*.

Pete, m., engl., Kurzform von *Peter*.

Peter, m., griech. „der Felsen", bekannter Namensträger: der Schriftsteller und Vortragskünstler Peter Thalheim.

Peto, m., ungar., Form von *Peter*.

Petr, m., russ., Form von *Peter*.

Petra, w., griech., Form von *Petrus*.

Petrissa, w., Form von *Petrus*.

Petronella, w., ital., Koseform von *Petronia*.

Petronelle, w., lat., Koseform von *Petronella*.

Petronia, w., Weiterbildung von *Petrus*.

Petronilla, w., ital., Koseform von *Petronia*.

Petrus, m., lat. „der Felsen", Apostelname.

Petula, w., lat. „die Fröhliche, die Ausgelassene".

Petz, m., Koseform von *Peter*.

Phil, m., engl., Kurzform von *Philip*.

Phila, w., griech. „die Freundin".

Philhard, m., griech./ahd. „philo" (der Freund) und „hart" (kühn).

Philiberta, w., Form von *Philibert*.

P

Philine, w., griech. „die Freundin".

Philip, m., engl., Form von *Philipp*.

Philipp, m., griech. „Freund der Pferde".

Philippa, w., Form von *Philipp*.

Philippe, m., franz., Form von *Philipp*.

Philippine, w., Weiterbildung von *Philippa*.

Philo, m., griech. „der Freund".

Philomela, w., griech. „die Geliebte", Gestalt der griech. Mythologie.

Philomele, w., griech., Nebenform von *Philomela*.

Philomene, w., griech. „Freundin des Gesangs".

Phöbe, w., griech., Form von *Phöbus*.

Phöbus, m., griech. „der Leuchtende".

Phyllis, w., griech. „phyllas" (Laub, Blätter), Gestalt der griech. Mythologie.

Pia, w., lat. „die Fromme".

Piera, w., ital., Form von *Piero*.

Piata, w., lat. „die Geweihte".

Pierangela, w., ital., Neubildung von *Piera* und *Angela*.

Pierette, w., franz., Weiterbildung von *Pierre*.

Piero, m., ital., Form von *Peter*.

Pierre, m., franz., Form von *Peter*.

Piet, m., fries., Kurzform von *Peter*.

Pieter, m., fries., Nebenform von *Peter*.

Pieterke, m., fries., Form von *Piet* und *Pieter*.

Pietje, m., fries., Form von *Piet* und *Pieter*.

Pietro, m., ital., Form von *Peter*.

P

Pikka, w., nordisch, Kurzform von *Birgitta*.

Pilar, w., span. „Pfeiler, Säule", Name aus „Maira del Pilar" (Muttergottes auf dem Pfeiler), Kirche in Saragossa.

Pim, m., niederl., Kurzform von *Wilhelm*.

Pinkas, m., hebr. „pinchass" (Sprachrohr).

Pinkus, m., hebr., Nebenform von *Pinkas*.

Piotre, m., russ., Form von *Peter*.

Pippa, w., ital., Koseform von *Filippa*, bekannte Namensträgerin: Gestalt in Gerhart Hauptmanns Stück „Und Pippa tanzt".

Pippo, m., ital., Form von *Philipp*.

Pirette, w., franz., Koseform und Weiterbildung von *Pierre*.

Pirmin, m., Herkunft und Bedeutung unklar, Heiligenname, der den Ortsnamen Primasens prägte.

Piroschka, w., ungar., Weiterbildung von *Prisca*.

Pit, m., engl., Kurzform von *Peter*.

Pitt, m., Kurzform von *Peter*, im Rheinland verbreitet.

Pius, m., lat. „der Fromme", beliebter Papstname.

Pjotr, m., russ., Form von *Peter*.

Placida, w., lat., Form von *Placidus*.

Placido, m., lat., Form von *Placidus*, bekannter Namensträger: der Tenor Placido Domingo.

Placidus, m., lat. „placide" (ruhig, sanft).

Poldi, m./w., oberdeutsch, Koseform von *Leopold*, *Leopolda* und *Leopoldine*.

Pole, m., fries., Kurzform von *Paul*.

Pollux, m., latinisierte Form von *Polydeukes*.

P

Polly, w., engl., Nebenform von *Molly*.

Polydeukes, m., griech., Kastors Zwillingsbruder, Sterblicher mit göttlicher Abstammung, Brauträuber, in Rom als Schutzheiliger des Ritterstandes verehrt (Castor-und-Pollux-Tempel).

Polyxenia, w., griech. „poly" (viel) und „xenos" (gastlich).

Poul, m., dän., Form von *Paul*.

Prisca, w., lat. „die Altehrwürdige".

Priscilla, w., Weiterbildung von *Prisca*.

Prosper, m., lat. „der Glückliche, der Zufriedene".

Prudence, w., engl., Form von *Prudentia*.

Prudens, m., lat. „der Kluge, der Besonnene".

Prudentia, w., lat. „die Kluge, die Besonnene".

Pulcheria, w., lat. „die Schönheit".

Q

Quentin, m., engl., Form von *Quintus*.

Quint, m., Kurzform von *Quintus*.

Quintin, m., Weiterbildung von *Quintus*.

Quintinus, m., Weiterbildung von *Quintus*.

Quintus, m., lat. „der Fünfte, der als Fünfter geborene“.

Quirin, m., Kurzform von *Quirinus*.

Quirinus, m., lat. „der Kriegerische, der Lanzenträger“, römischer Schutzgott, Symbol des unblutigen Sieges, in Götterdreiheit mit Mars und Jupiter verehrt, ursprünglich Lokalgott der auf dem Quirinal siedelnden Sabiner.

Quentin, m., engl., Form von *Quirin*.

R

Raban, m., ahd., Kurzform von *Rabanus*.

Rabanus, m., lat./ahd. „hraban" (der Rabe).

Rabea, w., arab., hergeleitet von arab. „rabi" (Frühling).

Rachel, w., hebr. „das Mutterschaf", bibl. Herkunft.

Rachele, w., ital., Form von *Rachel*.

Rada, w., Kurzform von Namen mit *Rad-* und *-rad*, *-rade*.

Rade, w., Nebenform von *Rada*.

Radegund, w., Nebenform von *Radegunde*.

Radegunde, w., ahd. „rât" (Rat) und „gund" (Kampf).

Radek, m., russ., Kurzform von Namen mit *Rad-*.

Radka, w., slaw., Form von *Radek*.

Radlof, m., ahd., Form von *Radolf*.

Radolf, m., ahd. „rât" (Rat) und „wolf" (Wolf), Form von *Radulf*.

Radomil, m., slaw. „der Fröhliche und Liebe".

Radomila, w., slaw. „die Fröhliche und Liebe".

Radulf, m., ahd. „rât" (Rat) und „wolf" (Wolf), Nebenform von *Radolf*.

Rafael, m., tschech., Form von *Raphael*.

Raffaela, w., ital., Form von *Raphaela*.

Raffaelo, m., ital., Form von *Raphael*.

Raginald, m., ahd., Nebenform von *Reinhold*.

Ragna, w., nordisch, Kurzform von *Ragnhild*.

Ragnar, w., nordisch, Form von *Rainer*.

Ragnhild, w., nordisch, Form von *Reinhild*.

Rahel, w., Form von *Rachel*.

R

Raimar, m., Nebenform von *Raimer* und *Reimar*, *Reimer*.

Raimer, m., Nebenform von *Raimar* und *Reimar*, *Reimer*.

Raimo, m., Neben- und Kurzform von Namen mit *Raim-* und *Reim-*.

Raimond, m., Nebenform von *Raimund*.

Raimund, m., germ./ahd. „rât“ (Ratgeber) und „munt“ (Schutz), Nebenform von *Reimund*.

Raimunde, w., Form von *Raimund*.

Rainald, m., Nebenform von *Reinold*.

Rainer, m., germ./ahd. „rât“ (Rat) und „hêr“ (Krieger), Nebenform von *Reiner*.

Rainier, m., franz., Form von *Rainer*, Nebenform von *Régnier*.

Raissa, w., russ., unklare Bedeutung.

Ralf, m., Kurzform von *Radolf*, bekannter Namensträger: der Soziologe Ralf Dahrendorf.

Ralph, m., engl., Kurzform von *Radolf*.

Rambald, m., ahd. „hraban“ (Rabe) und „bald“ (kühn), Nebenform von *Rambold*.

Rambert, m., ahd. „hraban“ (Rabe) und „beraht“ (glänzend).

Rambo, m., Kurzform von *Rambald*, *Rambert* und *Rambold*.

Rambold, m., ahd. „hraban“ (Rabe) und „bold“ (kühn), Nebenform von *Rambald*.

Ramón, m., span., Form von *Raimund*.

Ramona, w., span., Form von *Ramón*.

Randal, m., engl., Kurzform von *Randolf*.

Rando, m., Kurzform von Namen mit *Ran-*.

Randolf, m., ahd. „rant“ (Schild) und „wolf“ (Wolf), Nebenform von *Randulf*.

R

Randolph, m., engl., Form von *Randolf*.

Randulf, m., ahd. „rant“ (Schild) und „wolf“ (Wolf), Nebenform von *Randolf*.

Randwig, w., ahd. „rant“ (Schild) und „wîg“ (Kampf).

Randy, m., engl., Koseform von *Randolph*.

Ranka, w., Form von *Ranko*.

Ranko, m., slaw. „früh, zeitig, morgens“.

Raoul, m., franz., Form von *Radolf*.

Raphael, m., hebr. „Gott heilt“, bibl. Herkunft.

Raphaela, w., Form von *Raphael*.

Rappo, m., Kurzform von Namen mit *Rat-*.

Rasmus, m., Kurzform von *Erasmus*.

Rasso, m., Kurzform von Namen mit *Rat-*, Heiligenname.

Ratbert, w., ahd. „rât“ (Rat) und „beraht“ (glänzend).

Ratberta, w., Form von *Ratbert*.

Ratbod, m., ahd. „rât“ (Rat) und „boto“ (Bote, Gebieter).

Ratbold, m., ahd. „rât“ (Rat) und „balt“ (kühn).

Ratburg, w., ahd. „rât“ (Rat) und „bergan“ (schützen).

Ratfried, m., ahd. „rât“ (Rat) und „fridu“ (Frieden).

Rathard, m., ahd. „rât“ (Rat) und „hart“ (kühn).

Rathild, w., ahd., Nebenform von *Rathilde*.

Rathilde, w., ahd. „rât“ (Rat) und „hiltja“ (Kampf).

Rathold, m., ahd. „rât“ (Rat) und „waltan“ (herrschen).

Ratmar, m., ahd. „rât“ (Rat) und „mâr“ (berühmt).

Raturga, w., ahd., Nebenform von *Ratburg*.

R

Raúl, m., span., Form von *Radolf.*

Raunhild, w., ahd., Nebenform von *Runhild.*

Raute, w., Kurzform von *Rautgunde.*

Rautgund, w., ahd., Kurzform von *Rautgunde.*

Rautgunde, w., ahd. „rât“ (Rat) und „gund“ (Kampf).

Ray, m., engl., Kurzform von *Raymond*, prominente Namensträger: die Musiker Ray Charles und Ray Davies.

Raya, w., Kurzform von *Raymonde.*

Raymond, m., engl./franz., Form von *Raimund.*

Raymonde, w., engl./franz., Form von *Raymond.*

Rea, w., Nebenform von *Rhea.*

Rebecca, w., engl., Form von *Rebekka.*

Rebekka, w., hebr. „ribeqah“ (die Bestrickende), bibl. Herkunft, Frau des *Isaak*, Mutter von *Jakob* und *Esau.*

Recha, w., hebr., Form von *Reka.*

Redward, m., ahd./engl. „rât“ (Rat) und „wart“ (Hüter).

Reemt, m., fries., Kurzform von *Raimund*, *Rembert* oder *Reinbot.*

Regelinde, w., ahd. „ragin“ (Rat) und „lint“ (mild).

Regina, w., lat. „die Königin“.

Reginald, m., 1. Form von *Reinhold*, 2. engl., Form von *Reinold.*

Regine, w., lat. „die Königin“.

Regino, m., Kurzform von *Rainer* und *Reiner.*

Regis, m., Kurzform von *Remigius.*

Reglinde, w., ahd. „ragin“ (Rat) und „lint“ (mild).

Regnerus, m., latinisierte Form von Namen mit *Reg-*.

Régnier, m., franz., Form von *Reiner*, Nebenform von *Rainier.*

Regula, w., lat. „Frau, die nach der (Glaubens-)Regel lebt", in der Schweiz noch heute verbreitet.

Reich, m., Kurzform von *Reichard* und *Richard.*

Reichard, m., Nebenform von *Richard.*

Reimar, m., ahd. „rât" (Rat) und „mâr" (berühmt), Nebenform von *Raimar* und *Raimer*, *Reimer.*

Reimara, w., ahd., Form von *Reimar.*

Reimbald, m., ahd. „rât" (Rat) und „bald" (kühn), Nebenform von *Reimbold.*

Reimbert, m., ahd. „rât" (Rat) und „beraht" (glänzend).

Reimbold, m., ahd. „rât" (Rat) und „bald" (kühn), Nebenform von *Reimbald.*

Reimbrecht, m., ahd. „rât" (Rat) und „beraht" (glänzend).

Reimer, m., ahd. „rât" (Rat) und „mâr" (berühmt), Nebenform von *Raimar* und *Raimer*, *Reimar.*

Reimo, m., Kurzform von Namen mit *Reim-.*

Reimund, m., germ./ahd. „rât" (Rat) und „munt" (Schutz), Nebenform von *Raimund.*

Reimunde, w., Nebenform von *Raimunde.*

Reimut, w., ahd. „rât" (Rat) und „muot" (Gesinnung).

Reimute, w., ahd. „rât" (Rat) und „muot" (Gesinnung).

Reina, w., fries., Form von *Regina.*

Reinald, m., Nebenform von *Reimbold.*

Reinar, m., Nebenform von *Rainer.*

Reinbald, m., Nebenform von *Reimbold.*

Reinbert, m., Nebenform von *Reimbert.*

Reinberta, w., Form von *Reinbert.*

Reinbold, m., Nebenform von *Reimbold.*

Reinburg, w., ahd. „rât“ (Rat) und „bergan“ (schützen).

Reinecke, m., Nebenform von *Reinke.*

Reiner, m., ahd. „rât“ (Rat) und „hêr“ (Krieger), Nebenform von *Rainer.*

Reinfried, m., ahd. „rât“ (Rat) und „fridu“ (Frieden).

Reinfriede, w., Form von *Reinfried.*

Reingard, w., ahd. „rât“ (Rat) und „gard“ (Schutz).

Reinhard, m., ahd. „rât“ (Rat) und „hart“ (kühn).

Reinharda, w., Form von *Reinhard.*

Reinhild, w., Nebenform von *Reinhilde.*

Reinhilde, w., ahd. „rât“ (Rat) und „hiltja“ (Kampf).

Reinhold, m., ahd. „rât“ (Rat) und „waltan“ (herrschen).

Reinka, w., Form von *Reinke.*

Reinke, m., Kurzform eines mit Namens mit *Rein-.*

Reinko, m., Nebenform von *Reinke.*

Reinmar, m., Nebenform von *Reimar.*

Reinmund, m., ahd. „ragin“ (Rat) und „munt“ (Schutz).

Reinold, m., ahd. „ragin“ (Rat) und „waltan“ (herrschen).

Reinolf, m., ahd. „ragin“ (Rat) und „wolf“ (Wolf), Nebenform von *Reinulf.*

Reintraud, m., ahd. „ragin“ (Rat) und „trûd“ (wehrhaft).

Reintrude, w., Nebenform von *Reintraud.*

Reinulf, m., ahd. „ragin“ (Rat) und „wolf“ (Wolf), Nebenform von *Reinolf.*

Reinwald, m., ahd. „ragin" (Rat) und „waltan" (herrschen).

Reinward, m., ahd. „ragin" (Rat) und „wart" (Hüter).

Reitz, m., Kurzform von *Heinrich*.

Reka, w., hebr. „rekhab" (weich, zart).

Relf, m., fries., Kurzform von *Radolf*.

Rella, w., ungar., Koseform von *Aurelia*.

Rembert, m., Nebenform von *Reimbert*.

Remigius, m., lat. „der Ruderer".

Remmert, m., Nebenform von *Reimbert*.

Remo, m., ital., Form von *Remus*.

Remus, m., lat., legendärer Mitbegründer Roms.

Rena, w., Kurzform von *Renata*, *Renate*, *Irene* und *Verena*.

Renárd, m., franz., Form von *Reinhard*.

Renata, w., ital., Form von *Renate*.

Renate, w., lat. „die Wiedergeborene".

Renato, m., ital., Form von *Renatus*.

Renatus, m., lat. „der Wiedergeborene".

Renault, m., franz., Form von *Reinhold*.

René, m., franz., Form von *Renatus*.

Renée, w., franz., Form von *Renate*.

Renette, w., Weiterbildung von *Renée*.

Reni, w., Koseform von *Renata*, *Renate*, *Irene* und *Verena*.

Renja, m./w., russ., Kurzform von *Andreas* und *Renate*.

Renka, w., fries., Kurzform von *Reinharda*.

Renke, m., fries., Kurzform von *Reinhard*.

Reno, m., ital., Kurzform von *Renato*.

Rentje, m., fries., Kurzform von Namen mit *Rein-*.

Renz, m., Kurzform von *Lorenz*.

Renza, w., Kurzform von *Laurentia*.

Renzo, m., Kurzform von *Laurentius*.

Resi, w., oberdeutsch, Koseform von *Therese*.

Rex, m., engl., Kurzform von *Reginald*.

Rhea, w., griech., Mutter des Zeus, Tochter des griech. Himmelsgottes Uranus und der Erdgöttin Gaia.

Rhonda, w., engl., Herkunft und Bedeutung unklar.

Ria, w., Kurzform von *Maria*.

Rica, w., Kurzform von Namen mit *-rica*.

Ricarda, w., span., Form von *Richarda*, bekannte Namensträger: die Schriftstellerin Ricarda Huch.

Ricardo, m., ital., Form von *Richard*.

Ricca, w., Form von *Riccarda*.

Riccarda, w., ital., Form von *Richarda*.

Riccardo, m., ital., Form von *Richard*.

Ricci, m., ital., Kurzform von *Riccardo*.

Ricco, m., ital., Kurzform von *Riccardo*.

Richard, m., ahd. „rîch“ (Fürst, Herrscher, mächtig) und „hart“ (kühn).

Richarda, w., Form von *Richard*.

Richart, m., ahd. „rîch“ (Fürst, Herrscher, mächtig) und „hart“ (kühn).

Richbald, m., ahd. „rîch“ (Fürst, Herrscher, mächtig) und „bald“ (kühn).

Richbert, m., ahd. „rîch" (Fürst, Herrscher, mächtig) und „beraht" (glänzend).

Richhild, w., ahd. „rîch" (Fürst, Herrscher, mächtig) und „hiltja" (Kampf).

Richlind, w., Nebenform von *Richlinde.*

Richlinde, w., ahd. „rîch" (Fürst, Herrscher, mächtig) und „linta" (der Lindenholzschild).

Richmar, m., ahd. „rîch" (Fürst, Herrscher, mächtig) und „mâr" (berühmt).

Richmodis, w., latinisierte Form von *Richmute.*

Richmut, m., Nebenform von *Richmute.*

Richmute, w., ahd. „rîch" (Fürst, Herrscher, mächtig) und „muot" (Gesinnung).

Richo, m., Kurzform von *Richold.*

Richold, m., Nebenform von *Richwalt.*

Richwald, m., ahd. „rîch" (Fürst, Herrscher, mächtig) und „waltan" (herrschen).

Richwalt, m., ahd. „rîch" (Fürst, Herrscher, mächtig) und „waltan" (herrschen).

Richwin, m., ahd. „rîch" (Fürst, Herrscher, mächtig) und „wini" (Freund).

Rick, m., engl./amerik., Kurzform von Namen mit *Rich-* und *Rick-*.

Ricka, w., fries., Kurzform von Namen mit *Rich-*.

Rickard, m., schwed., Form von *Richard.*

Rickert, m., niederdeutsch, Nebenform von *Richard.*

Ricki, m., Koseform von Namen mit *Rich-* und *Rick-*.

Rickmer, m., fries., Form von *Richmar.*

Ricksta, w., fries., Kurzform von Namen mit *Rich-*.

Ricky, m., Koseform von Namen mit *Rich-* und *Rick-*.

R

Ridolfo, m., ital., Form von *Rudolf.*

Ridzart, m., fries., Form von *Richard.*

Riek, m., niederdeutsch, Kurzform von *Richard.*

Rieka, w., niederdeutsch, Kurzform von *Friederike* und *Henrike.*

Rienzo, m., ital., Kurzform von *Lorenzo.*

Rigbert, m., Nebenform von *Richbert.*

Righard, m., Nebenform von *Richard.*

Rigo, m., Kurzform von *Rigobert.*

Rigobert, m., Nebenform von *Richbert.*

Rik, m., niederl., Kurzform von *Hendrik.*

Rika, w., Kurzform von Namen mit *-rike.*

Rike, w., Kurzform von Namen mit *-rike.*

Rikkart, m., niederl., Form von *Richard.*

Riklef, m., fries. „rîch" (Fürst, Herrscher, mächtig) und „leiba" (Erbe, Sohn).

Rimbert, m., Nebenform von *Reimbert.*

Rina, w., Kurzform von Namen mit *-rina.*

Rinaldo, m., ital., Form von *Reinold*, brasilianisches Fußballwunder.

Ringo, m., Kurzform von Ringolf, bekannter Namensträger: der Ex-Beatles-Schlagzeuger.

Ringolf, m., ahd. „rîch" (Fürst, Herrscher, mächtig) und „wolf" (Wolf).

Rino, m., ital., Kurzform von *Rinaldo.*

Risto, m., finn., Kurzform von *Christoph.*

Rita, w., ital., Kurzform von *Margherita* und *Maritta*, bekannte Namensträgerin: die CDU-Politikerin Rita Süssmuth.

Ritsche, m., Kurzform von *Richard.*

Ritz, m., Kurzform von *Heinrich.*

Rixta, w., fries., Kurzform von Namen mit *Rich-.*

Roald, m., nordisch, Kurzform von *Rodewald*, bekannter Namensträger: der Humorist und Schriftsteller Roald Dahl.

Roar, w., nordisch, Form von *Rüdiger.*

Rob, m., Lallform von *Robert.*

Robbie, m., Koseform von *Robert*, Teeny-Schwarm und Popsänger Robbie Williams, US-Motorrad-Stuntman Robbie Knievel.

Robby, m., Koseform von *Robert.*

Robert, m., Nebenform von *Rupert.*

Roberta, w., Form von *Robert.*

Roberto, m., ital., Form von *Robert.*

Robin, m., engl., Kurzform von *Robert.*

Robina, w., engl., Form von *Robin.*

Robine, w., engl., Form von *Robin.*

Robinson, m., engl., Weiterbildung von *Robin.*

Robrecht, m., Nebenform von *Rodebrecht* und *Rodebert.*

Rocco, m., ital., Form von *Rochus.*

Roch, m., Kurzform von *Rochus.*

Rochus, m., latinisierte Form von Namen mit *Roch-*, eventuell hergeleitet von germ. „rohn" (schreien, brüllen).

Rock, m., 1. engl. „der Felsen", 2. Nebenform von *Rochus.*

Rocky, m., 1. engl. „der Felsen", 2. Nebenform von *Rochus.*

Roda, m., Kurz- und Koseform von Namen mit *Rod-*,

bekannter Namensträger: der Schriftsteller mit dem Pseudonym Roda Roda.

Rodebert, m., ahd. „hrôth“ (Ruhm) und „beraht“ (glänzend).

Rodebrecht, m., ahd. „hrôth“ (Ruhm) und „beraht“ (glänzend).

Rodegang, m., ahd. „hrôth“ (Ruhm) und „gang“ (Zweikampf, Streit).

Rodegard, w., ahd. „hrôth“ (Ruhm) und „gard“ (Schutz).

Rodehild, w., ahd. „hrôth“ (Ruhm) und „hiltja“ (Kampf).

Rodelind, w., ahd. „hrôth“ (Ruhm) und „linta“ (der Lindenholzschild).

Roderic, m., engl., Nebenform von *Roderick*.

Roderica, w., engl., Form von *Roderick*.

Roderich, m., ahd. „hrôth“ (Ruhm) und „rîch“ (Fürst, Herrscher, mächtig).

Roderick, m., engl., Form von *Roderich*.

Rodewald, m., ahd. „hrôth“ (Ruhm) und „waltan“ (herrschen).

Rodlof, m., nordisch, Nebenformen von *Rudolf*.

Rodolf, m., nordisch, Nebenformen von *Rudolf*.

Rodolfo, m., ital., Form von *Rudolf*.

Rodolphe, m., franz., Form von *Rudolf*.

Rodrigo, m., span., Form von *Roderich*.

Rodrigue, m., franz., Form von *Roderich*.

Rodulfo, m., ital., Form von *Rudolf*.

Röbbe, m., Kurzform von *Robert*.

Roele, m., fries., Form von *Rudolf*.

Roelef, m., fries., Form von *Rudolf*.

Roger, m., niederdeutsch, Nebenform von *Rüdiger*, bekannter Zeitgenosse: Roger Willemsen, TV-Kulturredakteur und -Moderator.

Roland, m., ahd. „hrôth" und „nand" (kühn), ursprüngliche germ. Form „Hrdnand".

Rolanda, w., Form von *Roland.*

Rolande, w., Form von *Roland.*

Rolando, m., ital., Form von *Roland.*

Rolf, m., Nebenform von *Rudolf.*

Rolland, m., franz., Form von *Roland.*

Rolli, m., Koseform von *Roland* und *Rudolf.*

Rollo, m., Kurzform von *Roland* und *Rudolf.*

Rolof, m., nordisch, Nebenformen von *Rudolf.*

Rolph, m., Nebenform *Rolf.*

Romain, m., franz., Form von *Roman.*

Roman, m., „der Römer", prominenter Namensträger: Roman Herzog, siebter Präsident der Bundesrepublik und Verfassungsjurist.

Romana, w., ital. „die Römerin".

Romano, m., ital. „der Römer".

Romanus, m. „der Römer".

Romek, m., poln., Form von *Bartholomäus.*

Romeo, m., ital., Form von *Bartholomäus.*

Romi, w., Koseform von *Rosemarie.*

Romilda, w., ahd. „hrôth" (Ruhm) und „hiltja" (Kampf).

Romuald, m., Nebenform von *Rumold.*

Romulus, m., lat., legendärer Mitbegründer Roms.

Romy, w., Koseform von *Rosemarie*, bekannte Namensträgerin: die Schauspielerin Romy Schneider.

Ron, m., engl., Kurzform von *Ronald*.

Ronald, engl., Form von *Reinold*, bekannter Namensträger: Ronald McDonald, Fast-Food-Clown.

Ronan, m., ahd., Kurz- und Koseform von *Ronald*.

Ronja, w., schwed., Neubildung von Astrid Lindgren analog zu *Sonja* („Ronja, die Räubertochter").

Ronni, w., engl., Kurz- und Koseform von *Veronica*.

Ronny, 1. w., engl., Kurzform von *Veronica*, 2. engl., m., Koseform von *Ronald*.

Ros, m., engl., Kurzform von Namen mit *Ros-*.

Rosa, w., lat. „die Rose", bekannte Namensträgerin: die sozialistische Politikerin Rosa Luxemburg.

Rosabella, w., lat. „die schöne Rose".

Rosalba, w., lat./span. „die weiße Rose".

Rosaleen, w., engl., Form von *Rosalie*.

Rosalia, w., ital., Weiterbildung von *Rosa*.

Rosalie, w., ital., Weiterbildung von *Rosa*.

Rosalind, w., Nebenform von *Rosalinde*.

Rosalinde, w., ahd. „hrôth" (Ruhm) und „linta" (der Lindenholzschild).

Rosalita, w., Weiterbildung von *Rosa*.

Rosalyn, w., engl., Form von von *Rosalie*.

Rosamunde, w., ahd. „hrôth" (Ruhm) und „munt" (Schutz).

Rosanna, w., ital., Doppelname aus *Rosa* und *Anna*.

Rosaria, w., ital., Weiterbildung von *Rosa*.

Rose, w., engl., Form von *Rosa*.

Roseanne, w., engl.,

Doppelname aus *Rose* und *Anne*.

Rosemarie, w., Doppelname aus *Rose* und *Marie*.

Rosemary, w., engl., Form von *Rosemarie*.

Rosette, w., franz., Weiterbildung von *Rosa*.

Rosi, w., Koseform von *Rosa*, *Roswitha* und *Rosemarie*.

Rosika, w., ungar., Weiterbildung von *Rosa*.

Rosina, w., span., Weiterbildung von *Rosa*.

Rosine, w., span., Weiterbildung von *Rosa*.

Rosita, w., span., Koseform von *Rosa*.

Rosmargret, w., Doppelname aus *Rosa* und *Margret*.

Rossana, w., Doppelname aus *Rosa* und *Anna*.

Rostraud, w., ahd. „hrôth" (Ruhm) und „trûd" (wehrhaft).

Roswin, m., ahd. „ros" (Pferd) und „wini" (Freund).

Roswitha, w., ahd. „hrôth" (Ruhm) und „swinths" (stark).

Rothard, m., ahd. „hrôth" (Ruhm) und „hart" (kühn).

Rother, m., ahd. „hrôth" (Ruhm) und „hêr" (Krieger).

Rotraut, w., Nebenform von *Rostraud*.

Rouven, m., hebr., Nebenform von *Ruben*.

Roux, m., franz., Nebenform von *Rudolf*.

Rowana, w., Nebenform von *Rowena*.

Rowena, w., engl. „die Weißmähnige", Neubildung durch den Schriftsteller Sir Walter Scott („Ivanhoe").

Rowland, m., engl., Form von *Roland*.

Roxana, w., amerik. „die Glänzende", hergeleitet von persisch „roschana".

Roxane, w., Nebenform von *Roxana.*

Roy, m., kelt./engl. „hruod“ (der Rote).

Ruben, m., hebr. „Schaut, ein Sohn!“.

Rubina, w., Form von *Ruben.*

Rubine, w., Nebenform von *Rubina.*

Rudenz, m., schweiz. „reuten“ (roden).

Rudgar, m., Form von *Rüdiger.*

Rudhard, m., ahd.„hrôth“ (Ruhm) und „hart“ (kühn).

Rudi, m., Koseform von *Rudolf.*

Rudibert, m., Neubildung von der Kurzform *Rudi-* und ahd. „beraht“ (glänzend).

Rudmar, m., ahd. „hrôth“ (Ruhm) und „mâr“ (berühmt).

Rudolf, m., ahd. „hrôth“ (Ruhm) und „wolf“ (Wolf).

Rudolfa, w., Form von *Rudolf.*

Rudolfine, w., Weiterbildung von *Rudolfa.*

Rudolph, m., engl., Form von *Rudolf.*

Rüdeger, m., ahd. „hrôth“ (Ruhm) und „gêr“ (Speer).

Ruedi, m., schweiz., Kurzform von *Rüdeger* und *Rüdiger.*

Rüdiger, m., ahd. „hrôth“ (Ruhm) und „gêr“ (Speer).

Rütger, m., Nebenform von *Rüdiger* und *Rüdeger.*

Rufina, w., Form von *Rufus.*

Rufine, w., Nebenform von *Rufina.*

Rufinus, m., lat. „der Rothaarige“.

Rufus, m., Nebenform von *Rufinus*, bekannter Namensträger: der Schauspieler Rufus Beck.

Rumold, m., ahd. „hrôth“

(Ruhm) und „waltan" (herrschen).

Runa, w., Kurform von Namen mit *Run-* oder *-run.*

Runfried, m., ahd. „rûna" (Geheimnis) und „fridu" (Frieden).

Runhild, w., Nebenform von *Runhilde.*

Runhilde, w., ahd. „rûna" (Geheimnis) und „hiltja" (Kampf).

Ruodi, w., schweiz., Kurzform von *Rudolf.*

Rupert, m., ahd. „hrôth" (Ruhm) und „beraht" (glänzend), bekannte Zeitgenossen: der Leiter der Hilfsorganisation Cap Anamur Rupert Neudeck, der Medienmächtige Rupert Murdoch.

Ruperta, w., Form von *Rupert.*

Rupertus, m., latinisierte Form von *Rupert.*

Rupp, m., oberdeutsch, Kurzform von *Rupert* und *Ruppert.*

Ruppert, m., Nebenform von *Rupert.*

Ruprecht, m., Nebenform von *Rupert.*

Rurik, m., russ., Form von *Roderich.*

Rus, m., Kurzform von *Russel.*

Russel, m., engl., unklare Herkunft und Bedeutung, eventuell „der Rote".

Rut, w., hebr. „Freundschaft, Freundin", bibl. Herkunft, aus dem Stamme der Moabiter, Ahnfrau Davids.

Rutgard, w., ahd. Nebenform von *Rodegard.*

Rutger, m., ahd. „hrôth" (Ruhm) und „gêr" (Speer).

Ruth, w., Nebenform von *Rut*, bekannte Zeitgenossin: die Schriftstellerin Ruth Klüger.

Ruthard, m., ahd. „hrôth" (Ruhm) und „hart" (kühn).

Ruthild, w., ahd. Nebenform von *Rodehild.*

Rutlieb, m., ahd. „hrôth“ (Ruhm) und „liob“ (lieb).

Ruven, m., hebr., Nebenform von *Ruben*.

Ruwen, m., hebr., Nebenform von *Ruben*.

S

Sabin, m., 1. baskisch, 2. römischer Beiname für den italischen Stamm der Sabiner.

Sabina, w., Nebenform von *Sabine*.

Sabine, w., lat. „aus dem Stamme der Sabiner".

Sabrina, w., engl., Name der Nymphe des Flusses Severn.

Sacha, m., franz., Form von *Sascha*.

Sachar, m., russ., Form von *Zacharias*.

Sachso, m., lat. „der Sachse".

Sadie, w., amerik., Kurzform von *Sarah*.

Sally, w., engl., Koseform von *Sarah*, bekannt wurde der Name durch die triumphale Beziehungskomödie der 80er Jahre: „Harry und Sally".

Salome, w., hebr. „die Friedensreiche", bibl. Herkunft, Stoff der bildenden Künste, der Literatur und Musik (Richard Strauss' Oper „Salome"), Salomes Stiefvater Antipas versprach ihr für die Darbietung eines verführerischen Tanzes die Hälfte seines Reiches, sie forderte und erhielt das Haupt Johannes' des Täufers.

Salomo, m., hebr. „schelomoh" (friedfertig), bibl. Herkunft.

Salomon, m., Nebenform von *Salomo*.

Salim, m., Nebenform von *Salomo*.

Salvator, m., lat. „der Erlöser, der Erretter, der Heiland".

Salvatore, m., ital., Form von *Salvator*.

Salvia, w., lat. „die Gesunde, die Wohlbehaltene".

Salwija, w., slaw., Form von *Salvia*.

Sam, m., engl., Kurzform von Namen mit *Sam-*.

Samantha, w., Form von *Samuel*, bekannte Zeitgenossin: Popsängerin der 80er Jahre, Samantha Fox.

S

Samira, w., hebr. „der Gesang".

Sammy, m., engl., Koseform von Namen mit *Sam-*.

Samson, m., lat., hergeleitet von hebr. „simson" (der Erhöhte), bibl. Herkunft.

Samuel, m., hebr. „schmu el" ([ich wurde] von Gott erhört), bibl. Herkunft, der letzte der Richter Israels.

Sander, m., engl., Kurzform von *Alexander*.

Sandie, w., engl., Kurz- und Koseform von *Alexandra*.

Sándor, m., ungar., Form von *Alexander*.

Sandra, w., ital., Kurzform von *Alessandra*.

Sandrina, w., Koseform von *Sandra*.

Sandro, m., ital., Form von *Alessandro*.

Sandy, m./w., engl., Kurz- und Koseform von *Alexander* und *Alexandra*.

Sanja, w., russ., Kurzform von *Alexandra*.

Sanna, w., Kurzform von *Susanna* und *Susanne*.

Sanne, w., Kurzform von *Susanna* und *Susanne*.

Sanni, w., Kurzform von Susanne.

Saphira, w., hebr. „der Edelstein, die Schöne".

Sara, w., Nebenform von *Sarah*.

Sarah, w., hebr. „die Fürstin".

Sari, w., Weiterbildung von *Sarah*.

Sarina, w., Weiterbildung von *Sarah*.

Sascha, m., russ., Kurzform von *Alexander*.

Saskia, w., niederl., Form von *Sasso*.

Sasso, m., Nebenform von *Sachso*.

Saul, m., hebr. „scha ul" (der

Geforderte, der Erbetete), bibl. Herkunft, bekannter Namensträger: US-amerikanischer Schriftsteller Saul Bellow.

Saulus, m., lat., Form von *Saul*.

Scarlett, w., engl. 1. „die Scharlachrote“, 2. Weiterbildung von *Charles*.

Scholastica, w., lat. „die Lernende, die Lehrende“.

Scholastika, w., Nebenform von *Scholastica*.

Schöntraud, w., ahd. „schön“ (schön) und „trûd“ (wehrhaft).

Schorsch, m., bay., Koseform von *Georg*.

Schura, m./w., russ., Kurzform von *Alexander* und *Alexandra*.

Schwanhilde, w., ahd. „Schwan“ (Schwan) und „hiltja“ (Kampf).

Scott, m., engl. „der Schotte“.

Sczepan, m., poln., Form von *Stephan*.

Sean, m., kelt., möglicherweise Form von *Johannes*, bekannter Namensträger: der schottische Filmschauspieler Sean Connery (James-Bond-Darsteller).

Sebald, m., Nebenform von *Siegbald*.

Sebalde, w., Form von *Sebald*.

Sebaldus, m., Nebenform von *Siegbald*.

Sebastian, m., griech. „sebastos“ (verehrungswürdig, erhaben).

Sebastiane, w., Form von *Sebastian*.

Sebastiano, m., ital., Form von *Sebastian*.

Sébastien, m., franz., Form von *Sebastian*.

Sebastina, w., Form von *Sebastian*.

Sebastine, w., Form von *Sebastian*.

Sebastino, m., ital., Form von *Sebastian*.

S

Sebe, w., fries., Kurzform von *Sebald*.

Sebert, m., Kurzform von *Sebald*.

Sebo, m., Kurzform von *Siegbald*.

Seffa, w., Kurz- und Koseform von *Josepha*.

Seffi, w., Kurz- und Koseform von *Josepha*.

Segismund, m., Nebenform von *Siegmund*.

Seibolt, m., Nebenform von *Siegbald*.

Selim, m., Nebenform von *Salomo*.

Selene, w., griech., Name der griech. Mondgöttin.

Selina, w., engl., Form von *Céline* und *Cölestina*.

Seline, w., engl., Form von *Céline*.

Selma, w., engl., Kurzform von *Anselma*, bekannte Namensträgerin: die schwedische Autorin Selma Lagerlöf.

Selmar, m., Neubildung zu *Selma*.

Semjon, w., russ., Form von *Simon*.

Sent, m., Kurzform von *Vinzenz*.

Senta, w., wahrscheinlich Kurzform von *Kreszentia*, bekannte Namensträgerin: die Schauspielerin Senta Berger.

Sepp, m., oberdeutsch, Kurzform von *Joseph*.

Seppel, m., oberdeutsch, Koseform von *Joseph*.

Seraph, m., hebr. „der Flammende", bibl. Herkunft, Engelsname, die manchmal vorkommende Form *Seraphim* ist die Pluralform und als Vorname ungeeignet.

Seraphia, w., hebr. „die Flammende".

Seraphin, m., Nebenform von *Seraph*, Heiligenname.

S

Serena, w., lat. „die Fröhliche, die Heitere".

Serenus, m., lat. „der Fröhliche, der Leuchtende".

Serge, m., franz., Form von *Sergius*.

Sergei, m., russ., Form von *Sergius*.

Sergeij, m., russ., Form von *Sergius*.

Sergia, w., Form von *Sergius*.

Sergio, m., ital./span., Form von *Sergius*.

Sergiu, m., rumän., Form von *Sergius*, prominenter Namensträger: der Dirigent Sergiu Celibidache.

Sergius, m., lat. „aus dem römischen Geschlecht der Sergier".

Servaas, m., niederl., Form von *Servatius*.

Servais, m., franz., Form von *Servatius*.

Serva, w., lat. „die Strenge, die Ernste".

Servatius, m., lat. „der Gerettete".

Servaz, m., lat., Nebenform von *Servatius*.

Servazio, m., ital., Form von *Servatius*.

Severa, w., Form von *Severinus*.

Severin, m., lat., Form von *Severinus*.

Severina, w., Form von *Severinus*.

Severine, w., Form von *Severinus*.

Severinus, m., lat. „der Ernsthafte, der Strenge".

Sextus, m., lat. „der Sechste, der als Sechster geborene".

Shalom, hebr. „Friede", Grußform, 1. m., bekannter Namensträger: der Religionsphilosoph Schalom Ben Chorin, 2. w., Shalom Harlow, Schauspielerin und Model.

Sharon, w., amerik., Herkunftsname (Ort in den USA),

bekannte Zeitgenossin: die amerikanische Schauspielerin Sharon Stone.

Sheila, w., engl., Kurzform von *Cäcilie*.

Shirley, w., amerik., Herkunfts- und Familienname, bekannte Namensträgerin: die US-Entertainerin Shirley MacLaine.

Siard, m., fries., Kurzform von *Sighart* und *Sieghard*.

Sib, w., Kurzform von *Sibylle*.

Sibil, w., engl., Form von *Sibylle*.

Sibo, m., fries., Kurzform von Namen mit *Sieg-*, Nebenform von *Siebo*.

Sibyl, w., engl., Form von *Sibylle*.

Sibylla, w., engl., Nebenform von *Sibylle*.

Sibylle, w., engl., sagenhafte Frau, die in Marpessos bei Troia lebte, Apollon verlieh ihr die Gabe der Weissagung, der Name bezeichnete im antiken Griechenland als Gattungsbegriff weissagende Frauen.

Sida, w., Kurzform von *Sidonie*.

Sidney, m., engl./amerik., Weiterbildung von *Denis*.

Sidonia, w., lat., 1. Frau aus der Stadt Sidon, 2. weibl. Form von *Sidonius*.

Sidonie, w., lat., Form von *Sidonia*.

Sidonius, m., lat. „Mann, der aus der Stadt Sidon kommt“.

Siebo, m., fries., Kurzform von Namen mit *Sieg-*, Nebenform von *Sibo*.

Siegbald, m., ahd. „sieg“ (Sieg) und „bald“ (kühn), Nebenform von *Siegbold*.

Siegbert, m., ahd. „sieg“ (Sieg) und „beraht“ (glänzend).

Siegberta, w., Form von *Siegbert*.

Siegbod, m., ahd. „sieg“

(Sieg) und „boto“ (Bote, Gebieter).

Siegbold, m., ahd. „sieg“ (Sieg) und „bald“ (kühn), Nebenform von *Siegbald*.

Siegbrand, m., ahd. „sieg“ (Sieg) und „brant“ (Schwert).

Siegbrecht, m., ahd. „sieg“ (Sieg) und „beraht“ (glänzend).

Siegburg, m., Nebenform von *Siegburga*.

Siegburga, w., ahd. „sieg“ (Sieg) und „bergan“ (schützen).

Sieger, m., ahd. „sieg“ (Sieg) und „hêr“ (Krieger), Nebenform von *Siegher*.

Siegfried, m., ahd. „sieg“ (Sieg) und „fridu“ (Frieden), Nebenform von *Sigfried*.

Siegfriede, w., Form von *Siegfried*.

Sieghard, m., ahd. „sieg“ (Sieg) und „hart“ (kühn).

Siegher, m., ahd. „sieg“ (Sieg) und „hêr“ (Krieger), Nebenform von *Sieger*.

Sieghild, w., Nebenform von *Sieghilde*.

Sieghilde, w., ahd. „sieg“ (Sieg) und „hiltja“ (Kampf).

Sieghelm, m., ahd. „sieg“ (Sieg) und „helm“ (Schutz).

Sieglind, w., Nebenform von *Sieglinde*.

Sieglinde, w., ahd. „sieg“ (Sieg) und „linta“ (der Lindenholzschild).

Siegmar, m., ahd. „sieg“ (Sieg) und „mâr“ (berühmt).

Siegmund, m., ahd. „sieg“ (Sieg) und „munt“ (Schutz), Nebenform von *Sigmund*.

Siegmunde, w., Form von *Siegmund*.

Siegolf, m., ahd. „sieg“ (Sieg) und „wolf“ (Wolf).

Siegrun, w., Nebenform von *Siegrune*.

Siegrune, w., ahd. „sieg“

(Sieg) und „rûna“ (Geheimnis).

Sigfried, m., ahd. „sieg“ (Sieg) und „fridu“ (Frieden), Nebenform von *Siegfried*.

Sigi, w., Kurz- und Koseform von Namen mit *Sieg*- und *Sig*-.

Siglind, w., Nebenform von *Sieglinde*.

Sigmund, m., ahd. „sieg“ (Sieg) und „munt“ (Schutz).

Siegrad, m., ahd. „sieg“ (Sieg) und „rât“ (Rat).

Siegram, m., ahd. „sieg“ (Sieg) und „hraban“ (Rabe).

Siegrich, m., ahd. „sieg“ (Sieg) und „rîch“ (Fürst, Herrscher, mächtig), Nebenform von *Siegerich*.

Siegwald, m., ahd. „sieg“ (Sieg) und „waltan“ (herrschen).

Siegward, m., ahd. „sieg“ (Sieg) und „wart“ (Hüter).

Siegwin, m., ahd. „sieg“ (Sieg) und „wini“ (Freund).

Sierd, m., fries., Kurzform von *Sieghard* und *Sighard*.

Sierk, m., fries., Kurzform von *Siegrich*.

Sigga, w., Koseform von Namen mit *Sieg*- und *Sig*-.

Siggi, m./w., Koseform von Namen mit *Sieg*- und *Sig*-.

Siggo, m., Koseform von Namen mit *Sieg*- und *Sig*-, Nebenform von *Sigo*.

Sighart, m., ahd. „sieg“ (Sieg) und „hart“ (kühn).

Sigi, m./w., Koseform von Namen mit *Sieg*- und *Sig*-.

Sigisbert, m., Nebenform von *Siegbert*.

Sigismond, m., Nebenform von *Siegmund*.

Sigismondo, m., ital., Form von *Siegmund*.

Sigismund, m., Nebenform von *Siegmund*.

Sigmund, m., Nebenform von *Siegmund*.

Sigo, m., Koseform von Namen mit *Sieg-* und *Sig-*, Nebenform von *Siggo.*

Sigrid, m., nordisch „sigr" (Sieg) und „fridhr" (schön).

Sigrun, w., Nebenform von *Siegrun.*

Sigune, w., nordisch „sigr" (Sieg) und „unn" (Welle, Woge).

Sigurd, m., nordisch, Form von *Siegward* und *Siegfried.*

Sikko, m., Koseform von Namen mit *Sieg-* und *Sig-.*

Silia, w., fries., Kurzform von *Cäcilia.*

Silja, w., fries., Nebenform von *Silia.*

Silke, w., niederdeutsch, Koseform von *Cäcilie.*

Silko, m., Nebenform von *Silke.*

Silva, w., Kurzform von *Silvana*, bekannte Namensträgerin: Silvia, Königin von Schweden.

Silvain, m., franz., Form von *Silvan.*

Silvan, m., Form von *Silvanus.*

Silvana, w., Form von *Silvanus.*

Silvanius, m., latinisierende Weiterbildung von *Silvanus.*

Silvano, m., ital., Form von *Silvanus.*

Silvanus, m., lat., römischer Feld- und Waldgott vermutlich etruskischer Herkunft.

Silvest, m., Kurzform von *Silvester.*

Silvester, m., lat. „silva" (der Wald), „der Waldmensch", Nebenform von *Sylvester.*

Silvetta, w., ital., Koseform von *Silvia.*

Silvio, m., ital., Form von *Silvius.*

Silvia, w., lat. „die Waldbewohnerin".

Silvie, w., lat., Form von *Silvius.*

Silvina, w., Form von *Silvia.*

Silvio, m., ital., Form von *Silvius*, in der ehemaligen DDR verbreitet, bekannter Namensträger: Medienunternehmer und Politiker in Italien Silvio Berlusconi.

Silvius, m., lat. „der Wald".

Silvus, m., Form von *Silvius.*

Sim, m., Kurzform von Namen mit *Sim-.*

Sima, m., russ., Form von *Simon.*

Simeon, m., hebr. „schimeon" ([Geschenk] von Gottes Erhörung)", bibl. Herkunft.

Simon, m., griech., Form von *Simeon.*

Simone, w., Form von *Simon*, bekannte Namensträgerin: die Schriftstellerin Simone de Beauvoir.

Simonette, w., Weiterbildung von *Simone.*

Simson, m., hebr., Form von *Samson.*

Sina, w., Kurzform von *Rosina.*

Sine, w., Kurzform von *Rosine.*

Sinikka, w., finn., Form hergeleitet von russ. „sinij" (blau).

Sinold, m., ahd. „sint" (Reise) und „waltan" (herrschen).

Sintbald, m., ahd. „sint" (Reise) und „bald" (kühn).

Sintbert, m., ahd. „sint" (Reise) und „beraht" (glänzend).

Sintram, m., ahd. „sint" (Reise) und „hraban" (Rabe).

Sirena, w., griech., Gestalt der griech. Mythologie.

Sireno, m., ital., Form von *Sirana.*

Siri, w., schwed., Kurz- und Nebenform von *Sigrid.*

Sirid, w., schwed., Kurz- und Nebenform von *Sigrid.*

Sirk, m., Kurzform von Namen mit *Sieg-.*

Sirke, w., fries., Kurzform von nordisch „sigr“ (Sieg) und „rik“ (reich).

Sirun, w., Kurzform von *Sigrun*.

Siska, 1. w., schwed., Kurzform von *Franziska*, 2. m., literarische Umwandlung durch den Drehbuchautor Herbert Reinecker, Name des Titelhelden und „Derrick“-Nachfolgers.

Sissa, w., schwed., Form von *Caecilia*.

Sissi, w., Kurz- und Koseform von *Elisabeth* und *Cecily*, bekannte Namensträgerin: die österreichische Kaiserin Sissi.

Sissy, w., Kurz- und Koseform von *Elisabeth* und *Cecily*.

Sista, w., ital., Form von *Sixta*.

Sisto, m., ital., Form von *Sixtus*.

Sitt, m., Kurzform von *Sidonis*.

Sitta, w., Kurzform von *Sidonie*.

Siw, w., nordisch „Braut, Ehefrau“.

Sixt, m., griech. „der Glatte“, beliebter Papstname.

Sixta, w., Form von *Sixtus*.

Sixten, m., schwed., Form hergeleitet von altnordisch „sigr“ (Sieg) und „sten“ (Stein, Felsen).

Sixtina, w., Weiterbildung von *Sixta*.

Sixtus, m., latinisierende Form von *Sixt*.

Sjard, m., fries., Kurzform von *Sieghard*.

Slava, w., slaw., Kurzform von Namen mit *-slava*.

Slavka, w., slaw., Kurzform von Namen mit *-slava*.

Slavko, m., slaw., Kurzform von Namen mit *-slava*.

Smarula, w., slaw., Weiterbildung und Koseform von *Maria*.

Söhnke, m., niederdeutsch „das Söhnchen“.

S

Söncke, m., niederdeutsch, „das Söhnchen“.

Sönke, m., niederdeutsch, „das Söhnchen“.

Sören, m., dän., Form von *Severinus.*

Sófia, w., russ., Form von *Sophia.*

Sofie, w., Nebenform von *Sophia.*

Sófija, w., russ., Form von *Sophia.*

Solveig, w., altnordisch „salr“ (Halle) und „vig“ (Kampf).

Soma, w., Herkunft und Bedeutung unklar, bekannte Namensträgerin: Soma Morgenstern, Autorin der Romantrilogie „Funken im Abgrund“, Chronistin jüdischen Lebens in Ostgalizien.

Sondra, w., amerik., Form von *Sandra.*

Sonija, w., russ., Koseform von *Sófija.*

Sonja, w., russ., Form von *Sófija.*

Sonnfried, m., Neubildung aus „Sonne“ und „Frieden“.

Sonngard, w., Neubildung aus „Sonne“ und „gard“ (Schutz).

Sonnhard, m., Neubildung aus „Sonne“ und „hard“ (kühn).

Sonnhild, w., Neubildung aus „Sonne“ und „hiltja“ (Kampf).

Sonntraud, w., Neubildung aus „Sonne“ und „trûd“ (wehrhaft).

Sonntrud, w., Neubildung aus „Sonne“ und „trûd“ (wehrhaft).

Sophia, w., griech. „die Weisheit“, bekannte Namensträgerin: die italienische Schauspielerin Sophia Loren.

Sophie, w., Nebenform von *Sophia.*

Sóphos, m., griech. „der Kluge, der Weise“.

Sophus, m., latinisierende Form von *Sóphos.*

Soraya, w., pers., hergeleitet

von sanskrit „su“ (wohl) und „raja“ (König), bekannte Namensträgerin: die ehemalige persische Kaiserin.

Spela, w., slaw., Kurzform von *Elisabeth.*

Stachus, m., Kurzform von *Eustachius*, bekannt ist Stachus als populäre Bezeichnung für den Karlsplatz in München, ein Gasthaus mit einem Wirt names Eustachius verlieh dem Platz seinen Namen.

Stacia, w., engl., Kurzform von *Anastasia.*

Stacy, w., engl., Koseform von *Anastasia.*

Stan, m., engl., Kurzform von *Stanley.*

Stanel, m., oberdeutsch, Form von *Stanislaus.*

Stanerl, w., oberdeutsch, Koseform von *Stanislaus.*

Stanes, w., oberdeutsch, Form von *Stanislaus.*

Stani, m., Koseform von *Stanislaus.*

Stanisl, m., Koseform von *Stanislaus.*

Stanislao, m., ital., Form von *Stanislaus.*

Stanislaus, m., latinisierte Form von *Stanisław.*

Stanislav, m., tschech., Nebenform von *Stanisław.*

Stanislava, w., slaw., Form von *Stanisław.*

Stanisław, m., poln. „stani“ (standhaft) und „slava“ (Ruhm).

Stanisława, w., poln., Form von *Stanisław.*

Stani, m., Kurzform von *Stanislaus.*

Stanko, m., Kurzform von *Stanislaus.*

Stanley, m., engl., zuerst Ortsname, dann Familienname.

Stano, w., Kurzform von *Stanislaus.*

Stanze, w., Kurzform von *Konstanze.*

Stanzi, w., Koseform von *Konstanze*.

Stasi, w., oberdeutsch, Kurzform von *Anastasia*.

Stasik, m., Kurzform von *Stanislaus*.

Stef, m., Kurzform von *Stefan*.

Stefan, m., Nebenform von *Stephan*.

Stefania, w., Nebenform von *Stephania*.

Stefanie, w., Nebenform von *Stephanie*, bekannte Namensträgerin: die Tennisspielerin Stefanie Graf, besser bekannt unter der Vornamenskurzform Steffi.

Stefano, m., ital., Form von *Stefan*.

Steffel, m., oberdeutsch, Form von *Stefan*.

Steffen, m., Kurzform von *Stefan*.

Steffi, w., Kurz- und Koseform von *Stefanie*.

Stella, w., lat. „der Stern".

Sten, m., nordisch, Kurzform von Namen mit *Sten-* und *-sten*.

Stenka, w., slaw., Form von *Stefan*.

Stenz, m., Kurzform von *Stanislaus*, im Schlesischen verbreitet.

Stenzel, m., Kurzform von *Stanislaus*, im Schlesischen verbreitet.

Stepan, m., slaw., Form von *Stefan*.

Stephan, m., griech. „Kranz, Krone", Form von *Stefan*.

Stephana, w., Form von *Stephan*.

Stéphane, m., franz., Form von *Stefan*.

Stephania, w., griech. „Kranz, Krone".

Stephanie, w., griech. „Kranz, Krone".

Stéphanie, w., franz., Form von *Stephanie*.

Stephen, m., engl., Form von *Stephan*, Nebenform von *Steven*.

Stepka, w., slaw., Kurzform von *Stefan*.

Stepko, m., slaw., Kurzform von *Stefan*.

Steve, m., engl., Kurzform von *Steven*.

Steven, m., 1. engl., Form von *Stefan*, Nebenform von *Stephen*, 2. niederl., Form von *Stefan*.

Steward, m., engl. „ward" (Hüter), Nebenform von *Stuart*.

Stig, m., dän. „Wanderer".

Stillfried, m., ahd. „still" (Ruhe, Frieden) und „fridu" (Frieden).

Stillfriede, w., ahd., Form von *Stillfried*.

Stina, w., 1. Kurzform von Namen mit *-stina*, 2. schwed., Kurzform von *Christina*.

Stine, w., 1. Kurzform von Namen mit *-stine*, 2. schwed., Kurzform von *Christine*.

Stinnes, m., rheinisch, Kurzform von *August*.

Stoffel, m., oberdeutsch, Kurzform von *Christoph*.

Stofferl, m., oberdeutsch, Kurz- und Koseform von *Christoph*.

Strobe, m., engl., Bedeutung und Herkunft unklar, bekannter Namensträger: Strobe Talbott, Kosovo-Vermittler und Vize-Außenminister der USA.

Stu, m., engl., Kurzform von *Stuart*.

Stuart, m., altengl. „stig" (Haus) und „weard" (Hüter), Nebenform von *Steward*.

Su, w., engl., Kurzform von *Susan* und *Susanna*.

Sue, w., engl., Kurzform von *Susan* und *Susanna*.

Suitbert, m., altengl. „suid, swind" (schnell) und „beraht" (glänzend), Nebenform von *Swidbert*.

Sulamith, w., hebr. „schulammith“ (die Friedvolle), bibl. Herkunft.

Suleika, w., arab. „die Verführerin“.

Sulpicius, m., lat. „aus dem römischen Geschlecht der Sulpicier“.

Sulpiz, m., lat., Nebenform von *Sulpicius*.

Sunhild, w., Nebenform von *Sunhilde*.

Sunhilde, w., Nebenform von *Schwanhilde*.

Susa, w., ital., Kurzform von *Susanne*.

Susan, w., engl., Form von *Susanne*.

Susanka, w., slaw., Form von *Susanne*.

Susanna, w., hebr. „schuschan“ (die [rote] Lilie), bibl. Herkunft.

Susanne, w., Nebenform von *Susanna*.

Suse, w., Kurzform von *Susanne*.

Susen, w., engl., Form von *Susanne*.

Susetta, w., ital., Koseform von *Susanna*.

Susette, w., franz., Koseform von *Suzanne*.

Susi, w., Koseform von *Susanne*.

Susy, w., engl., Koseform von *Susan*.

Suzanne, w., franz., Form von *Susanne*.

Suzette, w., franz., Koseform von *Susanne*.

Svane, w., Kurzform von Namen mit *Swaan-* und *Swan-*

Svea, w., schwed./nordisch „die Schwedin“.

Sven, m., schwed., altnordisch „sveinn“ (Knappe, Krieger), Nebenform von *Svend* und *Swen*.

Svend, m., schwed./norweg.,

Nebenform von *Sven* und *Swen.*

Svenia, w., Weiterbildung von *Svenja.*

Svenja, w., nordisch, Form von *Sven.*

Swaantje, w., fries., Koseform von *Swanhild.*

Swanhild, w., Nebenform von *Swanhilde.*

Swanhilde, w., niederdeutsch, Form von *Schwanhild.*

Swante, m., Kurzform des slaw. Namens *Swantopolk.*

Swantje, w., Form von *Swaantje.*

Swantopolk, slaw. „svanto" (stark) und „polk" (Volk).

Swen, m., schwed., Nebenform von *Sven* und *Svend.*

Swetlana, w., russ. „swetly" (hell).

Swidbert, m., altengl. „suid, swind" (schnell) und „beraht" (glänzend), Nebenform von *Suitbert.*

Swidgard, w., altengl. „suid, swind" (schnell) und „gard" (Schutz).

Swindbert, m., altengl. „suid, swind" (schnell) und „beraht" (glänzend).

Swinde, w., Kurzform von Namen mit *Swi-*.

Swinder, m., Kurzform von Namen mit *Swi-*.

Sybil, w., engl., Form von *Sibylle.*

Sybille, w., sprachgeschichtlich ungewöhnliche, aber von den Standesämtern akzeptierte Nebenform von *Sibylle.*

Sylva, w., Nebenform von *Silvana.*

Sylvana, w., Nebenform von *Silvana.*

Sylvester, m., lat. „der Waldbewohner, der Waldmensch", Nebenform von *Silvester.*

Sylvi, w., nordisch, Kurz- und Koseform von *Silvia*.

Sylvia, w., engl., Form von *Silvia*.

Sylvie, w., franz., Form von *Silvia*.

T

Tabea, w., lat., Form von *Tabitha.*

Tabitha, w., hebr. „tabja“ (die Gazelle), Frau, die von Petrus wieder ins Leben zurückgerufen wurde.

Tade, m., fries., Kurzform von Namen mit *Diet-.*

Täve, m., Kurzform von *Gustav*, bekannter Namensträger: Name des ehemaligen Radsportidols der DDR.

Tage, m., nordisch „Bürge, Gewährsmann“.

Tale, w., fries., Kurzform von *Adelheid.*

Talesia, w., baskisch, Form von *Adelheid.*

Talida, w., fries., Kurzform von *Adelheid.*

Talika, w., fries., Kurzform von *Adelheid.*

Talitha, w., hebr. „die Tochter, das Mädchen“.

Tamara, w., hergeleitet von hebr. „tamar“ (Dattelpalme).

Tamina, w., Form von *Tamino.*

Tamino, m., griech./ital. „kleiner Gebieter“, Form hergeleitet von griech. „tamias“ (Gebieter, Herr), bekannt durch Mozarts Oper „Zauberflöte“.

Tamme, m., Nebenform von *Tammo.*

Tammo, m., Kurzform von *Dankmar* und *Thomas.*

Tammy, w., amerik., Koseform von *Tamara.*

Tana, w., franz., Kurzform von *Tatiana.*

Tania, w., russ., Kurzform von *Tatiana.*

Tanja, w., russ., Kurzform von *Tatiana.*

Tanko, m., Kurzform von Namen mit *Thank-.*

Tankred, m., kelt./engl., Form von *Dankrad*, bekannter Namensträger: der Autor Tankred Dorst.

Tarek, m., arab., Name eines

Militärs, der 711 am Felsen des Tarek (Gibraltar) auf der iberischen Halbinsel landete und die Verdrängung der Goten einleitete.

Tasja, w., russ., Koseform von *Anastasia.*

Tassja, w., russ., Kurzform von *Anastasia.*

Tassilo, m., Weiterbildung von *Tasso*, Nebenform von *Thassilo*, bekannte Namensträger: bayerische Herzöge im Frühmittelalter.

Tasso, m., Herkunft und Bedeutung unklar, eventuell von lat. „taxus“ (Eibe) oder germ. „dahs“ (Dachs), Nebenform von *Thasso.*

Tatiana, w., lat., Form von *Tatius.*

Tatjana, w., russ., Form von *Tatiana.*

Tatius, m., lat., Name eines Sabinerkönigs.

Tea, w., Kurzform von *Dorothea*, *Theodora* und *Therese.*

Tebaldo, m., ital., Form von *Theobald.*

Tebbe, m., fries., Nebenform von *Tebbo.*

Tebbo, m., fries., Kurzform von *Theodebert.*

Ted, m., engl., Kurzform von *Edward* und *Theodore.*

Teddy, m., engl., Koseform von *Edward* und *Theodore.*

Tede, m., fries., Kurzform von Namen mit *Diet-*.

Teida, w., fries., Kurzform von *Adelheid.*

Teilhard, m., altfranzösisch „teil“ (Linde) und „hart“ (kühn).

Tela, w., fries., Kurzform von *Adelheid.*

Tell, m., schweiz., möglicherweise von „telge“ (junger Busch), bekannt durch Schillers Drama über die Herausbildung der Eidgenossenschaft.

Telsa, w., fries., Kurzform von *Elisabeth.*

T

Temme, w., fries., Kurzform von Namen mit *Diet-*.

Temmo, m., fries., Kurzform von Namen mit *Diet-*.

Teo, m., neuverbreitete Nebenform von *Theo*.

Teodora, w., neuverbreitete Nebenform von *Theodora*.

Terence, m., engl./amerik., Herkunft und Bedeutung unklar, bekannter Namensträger: der Leinwandkomiker Terence Hill.

Teresa, w., engl./span., Form von *Theresa*.

Térèse, w., franz., Form von *Theresa*.

Terry, w., engl., Kurzform von *Teresa*.

Terzia, w., lat. „die Dritte" und „Frau, die an dritter Stelle geboren wurde".

Tess, w., engl., Kurz- und Koseform von *Teresa*.

Tessa, w., engl., Kurz- und Koseform von *Teresa*.

Tessy, w., engl., Kurz- und Koseform von *Teresa*.

Tetje, m., fries., Kurzform von Namen mit *Diet-* und *Theo-*.

Teudelinde, w., Form von *Dietlinde*.

Teut, m., Neubildung nach Namen mit *Diet-* (das Volk).

Tewes, m., Kurzform von *Matthäus*.

Thaddäus, m., aramäisch „Geschenk Gottes", bibl. Herkunft, Apostelname, Nebenform von *Theodor*.

Thaisen, m., fries., Kurzform von *Matthäus*.

Thankmar, m., Nebenform von *Dankmar*.

Thassilo, m., Weiterbildung von *Tasso*, Nebenform von *Tassilo*, bekannte Namensträger: bayerische Herzöge im Frühmittelalter.

Thasso, m., Nebenform von *Tasso*.

Thea, w., Kurzform von

Dorothea, Theodora und *Therese.*

Theda, w., niederdeutsch, Kurzform von *Dorothea* und *Theodora* und Namen mit *Diet-.*

Thedamaria, w., Doppelname aus *Theda* und *Maria.*

Theis, w., Kurzform von *Matthias.*

Thekla, w., griech. „theos“ (Gott) und „kleos“ (Ruhm), bekannte Namensträgerin: die Schauspielerin Thekla Carola Wied.

Thelma, w., engl., Nebenform von *Selma.*

Themke, w., Kurzform von *Dietmar.*

Theo, m., Kurzform von Namen mit *Theo-.*

Theobald, m., latinisierte Form von *Dietbald*, Nebenform von *Theodebald.*

Theoda, w., Kurzform von Namen mit *Theo-.*

Theodebald, m., Form von *Dietbald*, Nebenform von *Theobald.*

Theodebert, m., Form von *Dietbert.*

Theodelinde, w., Form von *Dietlinde.*

Theodemar, m., Form von *Dietmar.*

Theoderich, m., Form von *Dietrich.*

Theodeward, m., Form von *Dietward.*

Theodolf, m., Form von *Dietwolf.*

Theodor, m., Form von *Theódóros*, bekannter Namensträger: der Journalist und Schriftsteller Theodor Fontane.

Theodora, w., Form von *Theodor.*

Theodore, w., engl., Form von *Theodor.*

Théodore, m., franz., Form von *Theodor.*

T

Theodoro, m., ital., Form von *Theodor.*

Theódóros, m., griech. „theos“ (Gott) und „doron“ (Gabe, Geschenk).

Theodosia, w., griech., Form von *Theódóros.*

Theodósios, m., griech., Form von *Theódóros.*

Theodolf, m., Form von *Dietwolf.*

Theodulf, m., Nebenform von *Theodolf.*

Theofried, m., Form von *Dietfried.*

Theophil, m., griech. „theos“ (Gott) und „philos“ (freundlich, freundschaftlich), „Gottesfreund“, Nebenform von *Amadeus* und *Gottlieb.*

Theophilius, m., griech., Nebenform von *Theophil.*

Theophora, w., griech. „theos“ (Gott) und „phora“ (tragen), „Gottesträgerin“.

Theresa, w., griech. „Frau von der Insel Thera“ (Santorin), Herkunftsname.

Therese, w., griech., Nebenform von *Theresa*, bekannte Namensträgerin: die Schauspielerin Therese Giehse.

Thérèse, w., franz., Form von *Theresa.*

Theresia, w., griech., Nebenform von *Theresa.*

Thery, w., Form von *Theresa.*

Thesi, w., Kurzform von *Theresa.*

Thesy, w., Form von *Theresa.*

Thias, m., Kurzform von *Matthias.*

Thibaut, m., franz., Form von *Theobald.*

Thiemo, m., Kurzform von *Thietmar* und *Timotheus*, Nebenform von *Tiemo.*

Thierri, m., franz., Form von *Dietrich.*

Thierry, m., franz., Nebenform von *Thierri.*

T

Thies, m., Kurzform von *Matthias*.

Thieß, m., Kurzform von *Matthias*.

Thietmar, m., Nebenform von *Dietmar*.

Thilde, w., Kurzform von *Mathilde* und *Klothilde*.

Thilo, m., Kurzform von Namen mit *Diet-*, Nebenform von *Tilo*, bekannter Namensträger: der Schauspieler Thilo Brückner.

Thimo, m., Kurzform von *Thiemo*.

This, m., Kurzform von *Matthias*.

Thomas, m., hebr. „thaom" (Zwillingsbruder), bibl. Herkunft, Apostelname.

Thomé, m., franz., Form von *Thomas*.

Thoma, m., Kurzform von *Thomas*.

Thona, w., Kurzform von *Antonia*.

Thor, m., nordisch, germ. Gott Donar.

Thora, w., nordisch, Kurzform von Namen mit *Thor-*.

Thoralf, m., nordisch „Thor" (germ. Gott) und „alf" (Naturgeist), Nebenform von *Toralf*.

Thorbjörn, m., nordisch „Thor" (germ. Gott) und „bero" (Bär), Nebenform von *Torbjörn*.

Thorbrand, m., nordisch „Thor" (germ. Gott) und „brant" (Schwert).

Thordis, w., nordisch „Thor" (germ. Gott).

Thore, m., nordisch, Nebenform von *Thor*, nur als Zweitname zugelassen.

Thorgard, w., nordisch „Thor" (germ. Gott) und „gard" (Schutz).

Thorger, m., nordisch „Thor" (germ. Gott) und „gêr" (Speer).

Thorgert, m., Neubildung aus „Thor" (germ. Gott) und *Gert*.

Thorgund, w., nordisch „Thor“ (germ. Gott) und „gund“ (Kampf).

Thorhild, w., nordisch „Thor“ (germ. Gott) und „hiltja“ (Kampf).

Thorid, w., nordisch „Thor“ (germ. Gott).

Thorkell, w., nordisch „Thor“ (germ. Gott) und „ketil“ (Helm, Kessel).

Thorleif, w., nordisch „Thor“ (germ. Gott) und „leif“ (Sohn, Nachkomme).

Thornton, m., germ./altengl., geographische Bezeichnung, eventuell „Land mit Dornensträuchern.“

Thorolf, m., nordisch „Thor“ (germ. Gott) und „wolf“ (Wolf), Nebenform von *Torolf*.

Thorsten, m., nordisch „Thor“ (germ. Gott) und „sten“ (Felsen, Stein), Nebenform von *Torsten*.

Thorwald, m., nordisch „Thor“ (germ. Gott) und „waltan“ (herrschen), Nebenform von *Torwald*.

Thurid, w., Nebenform von *Thorid*.

Thusnelda, w., ahd. „thurs“ (Riese) und „hiltja“ (Kampf).

Tiada, w., fries., Kurzform von Namen mit *Diet-*.

Tiade, m., fries., Kurzform von Namen mit *Diet-*.

Tialf, m., fries., Kurzform von *Dietleib*.

Tiana, w., Kurzform von *Christiana*.

Tiard, m., fries., Kurzform von *Diethard*.

Tiark, m., fries., Kurzform von *Dietrich*.

Tiba, w., fries., Kurzform von Namen mit *Diet-*.

Tibe, m., fries., Kurzform von Namen mit *Diet-*.

Tiberius, m., lat. „dem Gott des Tiber geweiht“.

T

Tibor, m., ungar., Form von *Tiberius.*

Tida, w., fries., Kurzform von *Adelheid.*

Tiede, m., fries., Kurzform von *Dietrich.*

Tiedo, m., fries., Kurzform von *Dietrich.*

Tiemo, m., Kurzform von *Thietmar* und *Timotheus*, Nebenform von *Thiemo.*

Tiger, m., amerik., Herkunft und Bedeutung unklar, direkter Bezug auf die Raubkatzenart wahrscheinlich, bekannter Namensträger: Golf-Profi Tiger Woods.

Tilg, m., niederl., Form von *Ägidius.*

Till, m., 1. Kurzform von *Ägidius*, 2. Niederdeutsch, Kurzform von *Dietrich*, bekannter Namensträger: die literarische Gestalt des Till Eulenspiegel.

Tilla, w., Kurz- und Koseform von *Mathilde* und *Ottilie.*

Tilli, w., Kurz- und Koseform von *Mathilde* und *Ottilie.*

Tillmann, m., Weiterbildung von *Till.*

Tilly, w., Kurz- und Koseform von *Mathilde* und *Ottilie.*

Tilman, m., Weiterbildung von *Till*, bekannter Namensträger: Tilman Riemenschneider, Bildschnitzer der Spätgotik.

Tilo, m., Kurzform von Namen mit *Diet-*, Nebenform von *Thilo.*

Tilse, w., fries., Kurzform von *Elisabeth.*

Tim, m., engl., Koseform von *Timothy.*

Timm, m., engl., Kurzform von *Thiemo*, *Timotheus* und *Timothy.*

Timmo, m., engl., Kurzform von *Thiemo*, *Timotheus* und *Timothy.*

Timmy, m., engl., Koseform von *Timothy.*

T

Timo, m., engl., Kurzform von *Thiemo*, *Timotheus* und *Timothy*.

Timofej, m., russ., Form von *Timotheus*.

Timothée, m., franz., Form von *Timotheus*.

Timotheus, m., griech. „Ehre Gott!“.

Timothy, m., engl., Form von *Timotheus*, bekannter Namensträger: der Schauspieler Timothy Dalton.

Tina, w., 1. Kurzform von *Christina*, 2. Kurz- und Koseform von Namen mit *-tina*.

Tine, w., 1. Kurzform von *Christine*, 2. Kurz- und Koseform von Namen mit *-tine*.

Tinette, w., franz., Koseform von *Antoinette*.

Tini, w., 1. Kurzform von *Christine* und *Christina*, 2. Kurz- und Koseform von Namen mit *-tine* und *-tina*.

Tinka, w., Kurzform von *Katharina* und *Kathinka*.

Tino, w., ital., Kurzform von Namen von *-tino*.

Tirza, w., hebr. „tir sah“ (die Anmut, der Liebreiz).

Titia, w., Kurzform von *Lätitia* und *Laetitia*.

Tito, m., ital., Form von *Titus*.

Titus, m., italisch, Name eines sabinischen Stammes, römischer Ehrentitel, bekannter Namensträger: die Bühnengestalt Titus Feuerfuchs des Dramatikers Johann Nepomuk Nestroy.

Tizia, w., Kurzform von *Lätitia* und *Laetitia*.

Tiziana, w., Weiterbildung von *Tizia*.

Tiziano, m., Form von *Tiziana*.

Tjalf, m., fries., Kurzform von *Detlef*.

Tjard, m., fries., Kurzform von *Diethard*.

Tjark, m., fries., Kurzform von *Dietrich*.

T

Tjerk, m., fries., Kurzform von *Dietrich*.

Tobby, m., engl., Koseform von *Tobias*.

Tobi, m., engl., Nebenform von *Tobias*.

Tobias, m., hebr. „tobijjah" (Gott ist gütig), bibl. Herkunft.

Toby, m., engl., Koseform von *Tobias*.

Tönnies, m., niederdeutsch, Kurzform von *Antonius*.

Tom, m., engl., Kurzform von *Thomas*.

Toma, m., russ., Form von *Thomas*.

Tommaso, m., ital., Form von *Thomas*.

Tommy, m., engl., Koseform von *Thomas*.

Tomy, m., engl., Koseform von *Thomas*.

Tona, w., Kurzform von *Antonia*.

Tonia, w., Koseform von *Antonia*.

Toni, w., 1. m., Kurzform von *Anton*, 2. w., Koseform von *Antonia*.

Tonio, m., ital., Kurzform von *Antonio*.

Tonja, w., russ., Koseform von *Antonina*.

Tony, 1. m., engl., Kurzform von *Antony*, 2. w., Koseform von *Antonia*.

Tonya, w., Koseform von *Antonia*.

Topsy, w., fries., Koseform von weibl. Kurzformen von *Tobias*.

Toralf, m., nordisch „Thor" (germ. Gott) und „alf" (Naturgeist), Nebenform von *Thoralf*.

Torbjörn, m., nordisch „Thor" (germ. Gott) und „bero" (Bär), Nebenform von *Thorbjörn*.

Tord, m., schwed., Kurzform von Namen mit *Thor-* oder *Tor-*.

Tordis, w., Nebenform von *Thordis*.

Tore, m., schwed., Kurzform von Namen mit *Thor-* oder *Tor-*.

Torhild, w., Nebenform von *Thorhild*.

Torid, w., Nebenform von *Thorid*.

Torolf, m., nordisch „Thor" (germ. Gott) und „wolf" (Wolf), Nebenform von *Thorolf*.

Torsten, m., nordisch „Thor" (germ. Gott) und „sten" (Felsen, Stein), Nebenform von *Thorsten*.

Torwald, m., nordisch „Thor" (germ. Gott) und „waltan" (herrschen), Nebenform von *Thorwald*.

Tosca, w., ital. „Frau aus der Toskana".

Tosja, w., russ., Kurzform von *Antonia*.

Toska, w., Nebenform von *Tosca*.

Tracy, w., engl., Kurzform von *Teresa*, bekannte Namensträgerin: die Musikerin Tracy Chapman.

Traude, w., Kurz- und Koseform von *Gertraud*, *Gertrud* und *Waltraud*.

Traudel, w., Form von *Traude*.

Traudhild, w., ahd. „trûd" (wehrhaft) und „hiltja" (Kampf).

Traudlinde, w., ahd. „trûd" (wehrhaft) und „linta" (der Lindenholzschild).

Traugott, m., pietistische Neubildung.

Traute, w., Kurz- und Koseform von *Gertraut*, *Gertrut* und *Waltraut*.

Trautel, w., Nebenform von *Traute*.

Trauthelm, m., ahd. „trûd" (wehrhaft) und „helm" (Schutz).

Trauthold, m., ahd. „trûd" (wehrhaft) und „waltan" (herrschen).

T

Trautmann, m., ahd. „trûd“ (wehrhaft) und „man“ (Mann).

Trautmar, m., ahd. „trûd“ (wehrhaft) und „mâr“ (berühmt).

Trautmund, m., ahd. „trûd“ (wehrhaft) und „munt“ (Schutz).

Trautwein, m., ahd. „trûd“ (wehrhaft) und „wini“ (Freund), Weiterbildung von *Trudwin*.

Tressa, w., amerik., Kurzform von *Teresa*.

Treumund, m., ahd. „treu“ (zuverlässig, aufrichtig) und „munt“ (Schutz).

Treumunde, w., ahd. „treu“ (zuverlässig, aufrichtig) und „munt“ (Schutz).

Trina, w., niederdeutsch, Kurzform von *Katharina*.

Trine, w., Nebenform von *Trina*.

Tristan, m., Form hergeleitet von kelt. „drest“ (Waffenlärm).

Trix, w., Kurzform von *Beatrix*.

Trixi, w., Koseform von *Beatrix*.

Trudbert, m., ahd. „trt“ (wehrhaft) und „beraht“ (glänzend).

Trude, w., Kurzform von *Gertrud* und *Trudhilde*, bekannte Namensträgerin: die Vorsitzende der Senioren-Partei „Graue Panther“, Trude Unruh.

Trudel, w., Kurz- und Koseform von *Gertrud* und *Trudhilde*.

Trudeliese, w., Doppelname aus *Trude* und *Liese*.

Trudhild, w., Nebenform von *Trudhilde*.

Trudhilde, w., ahd. „trûd“ (wehrhaft) und „hiltja“ (Kampf).

Trudi, w., Koseform von *Gertrud* und *Trudhilde*.

Trudo, m., Kurzform von *Trudbert*.

T

Trudwin, m., ahd. „trûd" (wehrhaft) und „wini" (Freund).

Trutz, m., oberdeutsch „Trotz, Widerstand".

Tün, m., Kurzform von *Anton*, verbreitet im Rheinland.

Tünnes, m., Kurzform von *Antonius*, verbreitet im Rheinland.

Tulla, w., Koseform von *Ulla* und *Ursula*.

Tulle, w., Koseform von *Ulla* und *Ursula*.

Ture, m., schwed., Kurzform von Namen mit *Thor-* oder *Tor-*.

Turid, w., Nebenform von *Thorid*.

Tusja, w., russ., Kurzform von *Natalija*.

Tycho, m., griech. „der Glückliche".

Tyra, w., Nebenform von *Thyra*.

U

Uba, w., Kurzform von *Ubald*.

Ubald, m., germ. „hugu" (Gedanke) und „bald" (kühn).

Ubbo, m., fries., Kurzform von *Ubald*.

Ubert, m., germ. „hugu" (Gedanke) und „beraht" (glänzend).

Uda, w., Nebenform von *Oda*.

Udalbert, m., ahd. „uodal" (Hof, Gut) und „beraht" (glänzend).

Udelar, m., ahd., Nebenform von *Adelar*.

Udele, w., Nebenform von *Adele*.

Udo, m., Nebenform von Namen mit *Ud-*, *Ul-* und von *Odo*.

Ueli, m., schweiz., Form von *Ulrich*.

Ufe, m., Kurzform von *Ulfried*.

Uffo, m., fries., Kurzform von *Ulfried*.

Ugo, m., ital., Form von *Hugo*.

Uhl, m., Kurzform von *Ulrich*.

Ulbe, m., fries., Kurzform von *Ulbert*.

Ulbert, m., ahd. „uodal" (Hof, Gut) und „beraht" (glänzend), Kurzform von *Udalbert*.

Uldricus, m., latinisierte Form von *Ulrich*.

Ule, w., fries., Form von *Ulrich*.

Uletta, w., ital., Koseform von Namen mit *Ul-*.

Ulf, m., nordisch, 1. „wolf", 2. Kurzform von Namen mit *Ulf-* und *-ulf*, prominenter Namensträger: der Fußballspieler Ulf Kirsten.

Ulfart, m., Nebenform von *Ulfried*.

Ulfert, m., Kurzform von *Ulfried* und *Ulfhard*.

Ulfhild, w., nordisch, Nebenform von *Wulfhild*.

Ulfo, m., Kurzform von *Ulfried*.

U

Ulfried, m., ahd. „uodal" (Hof, Gut) und „fridu" (Frieden).

Uli, 1. m. Kurz- und Koseform von *Ulrich* und Namen mit *Ul-*, 2. w., Kurz- und Koseform von *Ulrike* und Namen mit *Ul-*

Ulita, w., russ., Form von *Julitta*.

Uljana, w., russ., Form von *Juliana*.

Ulla, w., Kurzform von *Ursula*.

Ulla-Brit, w., schwed., Doppelname aus *Ulla* und *Brigitta*.

Ulli, 1. m. Kurz- und Koseform von *Ulrich* und Namen mit *Ull-*, 2. w., Kurz- und Koseform von *Ulrike* und Namen mit *Ull-*.

Ullmann, m., ahd. „uodal" (Hof, Gut) und „man" (Mann).

Ullus, m., Weiterbildung von *Ulrich*.

Ulrich, m., ahd. „uodal" (Hof, Gut) und „rîch" (Fürst, Herrscher, mächtig).

Ulrik, m., niederdeutsch, Form von *Ulrich*.

Ulrika, w., Nebenform von *Ulrike*.

Ulrike, w., Form von *Ulrich*.

Ultima, w., lat. „die Letzte" und „die Letztgeborene".

Ultimus, m., lat. „der Letzte" und „der Letztgeborene".

Ulv, w., schwed. „Wolf", Nebenform von *Ulf*.

Ulysses, m., lat., Form von *Odysseus*.

Umberto, m., ital., Form von *Humbert*, bekannter Namensträger: der Sprachwissenschaftler und Schriftsteller Umberto Eco.

Umma, w., fries., Kurz- und Lallform von Namen mit *Od-* und *Ot-*.

Umme, m., fries., Kurzform von Namen mit *Od-* und *Ot-*.

U

Ummo, m., fries., Kurz- und Lallform von Namen mit *Od-* und *Ot-*.

Undine, w., lat. „unda" (die Welle), Wasserjungfrau.

Unno, m., fries., Nebenform von *Onno*.

Uno, w., schwed., Form hergeleitet von nordisch „una" (gedeihen, sich heimisch fühlen).

Urban, m., lat., Nebenform von *Urbanus*.

Urbanus, m., lat. „Städter".

Urd, w., nordisch, germanische Schicksalsgöttin.

Urda, w., Form von *Urd*.

Uri, m., schweiz., Kurzform von *Urias* und *Uriel*.

Urias, m., Nebenform von *Uriel*.

Uriel, m., hebr. „uri el" (Gott ist mein Licht).

Urs, m., lat./schweiz., Nebenform von *Ursus*.

Ursa, w., lat., Form von *Urs*.

Urschel, w., Koseform von *Ursula*.

Ursel, w., Kurzform von *Ursula*.

Ursin, m., franz., Form von *Urs*.

Ursina, w., Nebenform von *Ursine*.

Ursine, w., Form von *Ursinus*.

Ursinus, m., lat., Weiterbildung von *Ursus*.

Ursio, m., ital., Form von *Ursus*.

Ursly, w., engl., Form von *Ursula*.

Ursola, w., span., Form von *Ursula*.

Ursula, w., lat. „kleine Bärin".

Ursule, w., franz., Form von *Ursula*.

Ursuline, w., Form hergeleitet von Ursula, ursprünglich Name der Schwestern der Klostergemeinschaft (Ursulinerinnen).

Ursus, m., lat. „Bär".

Urte, w., baltisch, Kurzform von Dorothea.

Uschi, w., Koseform von *Ursula*.

Uta, w., Form von *Oda*.

Ute, w., Form von *Ode*.

Uthelm, m., Neubildung aus „Ute" und ahd. „helm (Schutz).

Utlinde, w., Nebenform von *Otlinde*.

Uto, m., Nebenform von *Udo*.

Utta, w., Nebenform von *Uta*.

Utz, m., oberdeutsch, Kurzform von Namen mit *Ul-*.

Uwe, m., fries., Kurzform von Namen mit *Ul-*.

Uz, m., oberdeutsch, Nebenform von *Utz*.

V

Vaaz, m., Kurzform von *Servatius*.

Václav, m., tschech., Form von *Wenzeslaus*, bekannter Namensträger: der Präsident der tschechischen Republik Václav Havel.

Valborg, w., schwed., Form von *Walburga*.

Valente, m., ungar., Form von *Valentin*.

Valentin, m., lat. „valens" (gesund), „der Gesunde".

Valentina, w., Form von *Valentin*.

Valentine, w., Nebenform von *Valentina*.

Valentino, m., ital., Form von *Valentin*.

Valeria, w., Form von *Valerius*.

Valerian, m., lat., Weiterbildung von *Valerius*.

Valeriane, w., Form von *Valerian*.

Valeria, w., Nebenform von *Valerie*.

Valerie, w., Form von *Valerius*.

Valerio, m., ital., Form von *Valerius*.

Valerius, m., lat. „aus dem römischen Geschlecht der Valerier".

Valeska, w., slaw., Form von *Valeria*.

Valli, w., Kurzform von Namen mit *Val-* oder *Wal-*.

Valten, m., Kurzform von *Valentin*.

Vanda, w., Form von *Wanda*.

Vanessa, w., engl., Name einer Schmetterlingsgattung, verbreitet vom Schriftsteller Jh. Swift, bekannte Namensträgerin: die Schauspielerin Vanessa Redgrave.

Vanja, m., Nebenform von *Wanja*.

Vasco, m., span. „der Baske", bekannter Namensträger: der portugisische Seefahrer Vasco da Gama.

Vasja, m., russ., Form von *Basilius*.

Vedastus, m., lat., Name eines flämischen Heiligen.

Veicht, m., oberdeutsch, Form von *Vitus*.

Veidl, w., oberdeutsch, Form von *Vitus*.

Veil, w., oberdeutsch, Form von *Vitus*.

Veit, m., ahd., Kurzform von *Vitus*.

Velten, m., Weiterbildung von *Valentin*.

Veltin, m., Weiterbildung von *Valentin*.

Vera, w., russ. „der Glaube, die Zuversicht".

Veramaria, w., Doppelname aus *Vera* und *Maria*.

Verena, w., lat. „verens" (scheu), „die Scheue, die Zurückhaltende".

Vérène, w., franz., Form von *Verena*.

Vérénice, w., franz., Form von *Berenice* und *Berenike*.

Veritas, w., lat. „die Wahrheit".

Verona, w., oberdeutsch, Kurzform von *Veronika*, bekannte Zeitgenossin: Verona Feldbusch, RTL-Moderatorin.

Veronica, w., Nebenform von *Veronika*.

Veronika, w., Form hergeleitet über „Beronike" von griech. „pherenike" (die Siegbringende).

Véronique, w., franz., Form von *Veronika*.

Veruschka, w., russ., Koseform von *Vera*.

Vesta, w., lat., altitalische Göttin des Herdfeuers, mit der griechischen Göttin Hestia gleichgesetzt.

Veva, w., Kurzform von *Genoveva*.

V

Vibianus, m., lat. „aus dem römischen Geschlecht der Vibier".

Vicco, ital., 1. Kurzform von *Victor* und *Viktor*, 2. Kurzform von Namen mit *-vico*, Nebenform von *Vico*, bekannter Namensträger: der Autor, Schauspieler und Regisseur Vicco von Bülow, besser bekannt unter dem Namen Loriot.

Vicente, m., ital., Form von *Vinzenz*.

Vicki, w., Kurz- und Koseform von *Viktoria*.

Vicky, w., Nebenform von *Vicki*.

Vico,m., ital., 1. Kurzform von *Victor* und *Viktor*, 2. Kurzform von Namen mit *-vico*, Nebenform von *Vicco*.

Victor, m., 1. lat. „der Sieger", 2. engl./franz., Form von *Viktor*, bekannter Namensträger: der Tagebuchautor und Sprachwissenschaftler Victor Klemperer.

Victoria, w., römische Siegesgöttin, entspricht der im antiken Griechenland verehrten Nike.

Victorien, m., franz., Form von *Viktor*.

Victorine, w., franz., Form von *Victoria*.

Vigil, m., lat., Nebenform von *Vigilius*.

Vigilius, m., „der Wachsame".

Viki, w., Nebenform von *Vicki*.

Vikram, m., Herkunft und Bedeutung unklar, bekannter Namensträger: Vikam Chandra, indischer Gegenwartsautor.

Viktor, m., Nebenform von *Victor*.

Viktoria, w., Nebenform von *Victoria*.

Viktorian, m., Weiterbildung von *Viktor*.

Viktorianus, m., Weiterbildung von *Viktor*.

Viktorine, w., Nebenform von *Victorine*.

Viliana, w., russ., Bedeutung und Herkunft unklar.

Vilja, w., finn., Herkunft und Bedeutung unklar, eventuell „Reichtum".

Vilma, w., ungar., Form von *Wilhelmine*.

Vilmar, m., ahd. „vilu" (viel) und „mâr" (berühmt).

Vilmos, m., ungar., Form von *Wilhelm*.

Vincenco, m., ital., Form von *Vinzenz*.

Vincent, m., franz./niederl., Form von *Vinzenz*, bekannter Namensträger: der Maler Vincent van Gogh.

Vinzent, m., Kurzform von *Vincentius*.

Vinzenta, w., Form von *Vinzenz*.

Vinzentia, w., Form von *Vinzenz*.

Vinzenz, m., lat. „vincere" (siegen), „der Sieger".

Viola, w., lat. „das Veilchen".

Violet, w., engl., Form von *Viola*.

Violetta, w., ital., Koseform von *Viola*.

Violette, w., franz., Koseform von *Viola*.

Viona, w., Form von *Fiona*.

Virgie, w., engl., Kurzform von *Virginia*.

Virgil, m., lat., Bedeutung unklar, etruskische Herkunft wahrscheinlich, altrömischer Geschlechtername.

Virgilia, w., Form von *Virgil*.

Virginia, w., lat. „aus dem Geschlecht der Virginier", Vermengung mit der Bedeutung „virgo" (Jungfrau), bekannte Namensträgerin: die Schriftstellerin Virginia Woolf.

Virginie, w., franz., Form von *Virginia*.

Virna, w., ital., Form von *Virginia*.

V

Vit, m., Kurzform von *Vitus*.

Vita, w., lat. 1. „das Leben", 2. Form von *Vitus*.

Vitali, m., Kurzform von *Vitalis*.

Vitalis, m., lat. „der Lebenskräftige, der Lebendige".

Vito, ital., Form von *David* und *Vitus*, bekannter Namensträger: der Verleger Vito von Eichborn, in jüngster Zeit durch den DaimlerCrysler-Konzern verbreiteter Markenname eines Kleintransporters.

Vittore, m., ital. Form von *Viktor*.

Vittorino, m., ital., Weiterbildung von *Viktor*.

Vittorio, m., ital., Form von *Viktor*.

Vitus, m., latinisierte Form von *Veit*.

Vivi, w., Koseform von *Viviane*.

Viviana, w., lat., Weiterbildung von *Vibianus*.

Viviane, w., Weiterbildung von *Vivian*.

Vivien, w., engl., Form von *Vivian*.

Vivienne, w., franz., Form von *Viviane*.

Vladislav, m., tschech., Form von *Wladislaus*.

Vlado, m., tschech., Kurzform von *Vladislav*.

Volbert, m., Nebenform von *Volkbert*.

Volbrecht, m., ahd. „folc" (Heerhaufen) und „beraht" (berühmt).

Volkbert, m., ahd. „folc" (Heerhaufen) und „beraht" (glänzend).

Volkberta, w., Form von *Volkbert*.

Volkbrand, m., ahd. „folc" (Heerhaufen) und „brant" (Schwert).

Volker, m., ahd. „folc" (Heerhaufen) und „hêr" (Krieger).

Volkert, m., Nebenform von *Volkhard.*

Volkhard, m., ahd. „folc" (Heerhaufen) und „hart" (kühn).

Volkhart, m., Nebenform von *Volkhard.*

Volkher, m., Nebenform von *Volker.*

Volkhild, w., Nebenform von *Volkhilde.*

Volkhilde, w., ahd. „folc" (Heerhaufen) und „hiltja" (Kampf).

Volkhold, m., ahd. „folc" (Heerhaufen) und „waltan" (herrschen).

Volkmann, m., ahd. „folc" (Heerhaufen) und „man" (Mann).

Volkmar, m., ahd. „folc" (Heerhaufen) und „mâr" (berühmt).

Volko, m., Kurzform von Namen mit *Volk-.*

Volkrad, m., ahd. „folc" (Heerhaufen) und „rât" (Rat).

Volkrat, m., ahd., Nebenform von *Volkrad.*

Volkram, m., ahd. „folc" (Heerhaufen) und „hraban" (Rabe).

Volkwald, m., ahd. „folc" (Heerhaufen) und „waltan" (herrschen).

Volkward, m., ahd. „folc" (Heerhaufen) und und „wart" (Hüter).

Volkwart, m., ahd., Nebenform von *Volkward.*

Volkwin, m., ahd. „folc" (Heerhaufen) und „wini" (Freund).

Volla, w., fries., Kurzform von Namen mit *Vol-.*

Vollrat, m., Nebenform von *Volkrat.*

Volma, w., fries., Kurzform von *Volkmar.*

Volmar, m., Nebenform von *Volkmar.*

Volprecht, m., Nebenform von *Volbert*.
Volrat, m., Nebenform von *Volkrat*.

Vreni, w., schweiz., Kurzform von *Verena*.

Vreneli, w., schweiz., Koseform von *Verena*.

Vroni, w., oberdeutsch, Kurz- und Koseform von *Veronika*.

W

Waast, w., Nebenform von *Gaston*.

Walbert, m., Nebenform von *Waldebert*.

Walberta, w., Form von *Walbert*.

Walburg, m., Nebenform von *Walburga*.

Walburga, w., ahd. „waltan" (herrschen) und „bergan" (schützen).

Walburge, w., Nebenform von *Walburga*.

Walda, w., Kurzform von Namen mit *Wal-*.

Waldburg, w., Nebenform von *Walburga*.

Waldburga, w., Nebenform von *Walburga*.

Waldebert, m., ahd. „waltan" (herrschen) und „beraht" (glänzend).

Waldeberta, w., ahd. „waltan" (herrschen) und „beraht" (glänzend).

Waldegund, w., Nebenform von *Waldegunde*.

Waldegunde, w., ahd. „waltan" (herrschen) und „gund" (Kampf).

Waldemar, m., ahd. „waltan" (herrschen) und „mâr" (berühmt), bekannte Namensträger: der Autor Waldemar Bonsels („Biene Maja") und der Sportberichterstatter des Bayerischen Rundfunks Waldemar Hartmann.

Waldfried, m., ahd. „waltan" (herrschen) und „fridu" (Frieden), Nebenform von *Walfried*.

Waldhild, w., Nebenform von *Walthild*.

Waldhilde, w., Nebenform von *Walthild*.

Waldmann, m., ahd. „waltan" (herrschen) und „man" (Mann).

Waldo, m., Kurzform von Namen mit *Wald-* und *-wald*, bekannter Namensträger: der amerikanische Schriftsteller Ralph Waldo Emerson.

W

Waldomar, m., Nebenform von *Waldemar*.

Waldtraut, w., Nebenform von *Waltraud*.

Walfried, m., ahd. „waltan" (herrschen) und „fridu" (Frieden), Nebenform von *Waldfried*.

Walfriede, w., Form von *Walfried*.

Walli, w., Kurzform von Namen mit *Val-* und *Wal-*.

Wally, 1. w., Nebenform von *Walli*, 2. m., engl., Koseform von *Walter*.

Walo, m., Form von *Waldo*

Walpurga, w., Nebenform von *Walburga*.

Walpurgis, w., Nebenform von *Walburga*.

Walram, m., ahd. „waltan" (herrschen) und „hraban" (Rabe), Nebenform von *Waltram*.

Walt, m., engl., Kurzform von *Walter*.

Walter, m., ahd. „waltan" (herrschen) und „hêr" (Krieger), Nebenform von *Walter*.

Walthard, m., ahd. „waltan" (herrschen) und „hart" (kühn).

Waltheide, w., „waltan" (herrschen) und Heide.

Walther, m., ahd. „waltan" (herrschen) und „hêr" (Krieger), Nebenform von *Walter*.

Walthild, w., Nebenform von *Walthilde*.

Walthilde, w., ahd. „waltan" (herrschen) und „hiltja" (Kampf).

Waltrada, w., ahd. „waltan" (herrschen) und „rûna" (Geheimnis).

Waltrade, w., Nebenform von *Waltrada*.

Waltram, m., ahd. „waltan" (herrschen) und „hraban" (Rabe), Nebenform von *Walram*.

Waltraud, w., ahd. „waltan" (herrschen) und „trûd" (wehrhaft).

W

Waltraut, w., Nebenform von *Waltraud.*

Waltrud, w., Nebenform von *Waltraut.*

Waltrun, w., ahd. „waltan“ (herrschen) und „rûna“ (Geheimnis).

Waltrune, w., Nebenform von *Waltrun.*

Wanda, w., slaw. Bedeutung unklar, bekannt durch die Filmkomödie „Ein Fisch namens Wanda“.

Wanja, m., russ., Koseform von *Iwan.*

Warand, m., ahd. „der sich Wehrende“.

Warja, w., russ., Koseform von *Warwara.*

Warmund, m., ahd. „warjan“ (wehren) und „munt“ (Schutz).

Warner, m., fries., Nebenform von *Werner.*

Warnert, m., fries., Form von *Wernhard.*

Warnfried, m., ahd. „warin“ (vom Stamme der Warnen) bzw. „werjan“ (wehren) und „fridu“ (Frieden), Nebenform von *Wernfried*, Neubildung von *Werner* und *Friedrich.*

Warren, m., altengl., Bedeutung und Herkunft unklar.

Warrick, altengl., Bedeutung und Herkunft unklar, eventuell „Festung, Bollwerk“, Nebenform von *Warwick.*

Warwara, w., russ., Form von *Barbara.*

Warwick, m., altengl., Nebenform von *Warrick.*

Wasja, m., russ., Koseform von *Wassili.*

Wassilij, m., russ., Form von *Basilius*, bekannter Namensträger: der Maler Wassilij Kandinsky.

Wasmod, m., ahd. „was“ (wachstum) und „muot“ (Gesinnung).

Wasmut, m., Nebenform von *Wasmod.*

W

Wastl, m., oberdeutsch, Kurzform von *Sebastian*.

Watt, m., engl., Kurzform von *Walther*.

Wazlav, m., Kurzform von *Wladislaus*, Nebenform von *Vaclaw* und *Wenzelslaus*.

Weda, w., fries., Kurzform von *Wedekind*.

Wedekind, m., niederdeutsch/friesisch, Nebenform von *Widukind*.

Wedig, m., fries., Kurzform von *Wedekind*.

Wedis, w., Form von *Weda*.

Weeke, m., fries., Kurzform von *Wedekind*.

Weerd, m., fries., Kurzform von *Wichard*.

Weert, m., Nebenform von *Weerd*.

Weerta, w., fries., Form von *Weert*.

Weigand, m., Nebenform von *Wigand*.

Weihart, m., Nebenform von *Weikhard*.

Weikhard, m., oberdeutsch, Nebenform von *Wichard*.

Weinrich, m., ahd. „wini" (Freund) und „rîch" (Fürst, Herrscher, mächtig), Nebenform von *Winrich*.

Weke, w., fries., Kurzform von *Wedekind*.

Welda, w., Nebenform von *Walda*.

Welf, m., ahd. „welf" (Tierjunges, Welpen).

Welfhard, m., ahd. „welf" (Tierjunges, Welpen) und „hart" (kühn).

Wellem, m., niederdeutsch/niederl., Form von *Wilhelm*.

Wellemina, w., niederdeutsch/niederl., Form von *Wilhelmine*.

Wellmer, fries., Kurzform von *Willimar*.

Wencke, w., schwed., Herkunft und Bedeutung unklar.

W

Wendel, m., Kurzform von Namen mit *Wendel-*.

Wendelbert, m., ahd. „wandale“ (vom Stamme der Vandalen) und „beraht“ (glänzend).

Wendelburg, w., ahd. „wandale“ (vom Stamme der Vandalen) und „bergan“ (schützen).

Wendelgard, w., ahd. „wandale“ (vom Stamme der Vandalen) und „gard“ (Schutz).

Wendelin, m., Koseform von Namen mit *Wendel-*.

Wendeline, w., Form von *Wendelin*.

Wendelmar, m., ahd. „wandale“ (vom Stamme der Vandalen) und „mâr“ (berühmt).

Wendi, w., Kurzform von Namen mit *Wendel-*.

Wendula, w., Weiterbildung von *Wendi* und *Wendeline*.

Wendy, w., Kurz- und Koseform von Namen mit *Wendel-*.

Wenzel, m., Kurzform von *Wenzeslaus*.

Wenzeslaus, m., latinisierte Form von slaw. „vjae“ (mehr) und „slava“ (Ruhm).

Wera, w., Form von *Vera*.

Werna, w., slaw., Nebenform von Verena.

Wernburg, m., ahd. „warin“ (vom Stamme der Warnen) bzw. „werjan“ (wehren) und „bergan“ (schützen).

Werner, m., ahd. „warin“ (vom Stamme der Warnen) bzw. „werjan“ (wehren) und „hêr“ (Krieger).

Werngar, m., ahd. „warin“ (vom Stamme der Warnen) bzw. „werjan“ (wehren) und „gard“ (Schutz).

Wernhard, m., ahd. „warin“ (vom Stamme der Warnen) bzw. „werjan“ (wehren) und „hart“ (kühn).

Wernher, m., Nebenform von *Werner*.

Wernfried, m., ahd. „warin“

(vom Stamme der Warnen) bzw. „werjan“ (wehren) und „fridu“ (Frieden), Nebenform von *Warnfried*.

Wernhild, w., Nebenform von *Wernhilde*.

Wernhilde, w., ahd. „warin“ (vom Stamme der Warnen) bzw. „werjan“ (wehren) und „hiltja“ (Kampf).

Werni, m., Kurzform von Namen mit *Wern-*.

Werno, m., Kurzform von Namen mit *Wern-*.

Wernt, m., Kurzform von Namen mit *Wern-*.

Wetzel, m., Kurzform von *Werner*.

Wiard, w., fries., Kurzform von *Wichard* und *Wighard*.

Wibald, m., ahd. „wîg“ (Kampf) und „bald“ (kühn).

Wibert, m., Nebenform von *Wigbert*.

Wiberta, w., Nebenform von *Wigberta*.

Wibke, w., Kurzform von Namen mit *Wib-* oder *Wig-*.

Wibo, w., fries., Kurzform von *Wigbald*.

Wibrande, w., Form von *Wigbrand*.

Wichard, m., ahd. „wîg“ (Kampf) und „hart“ (kühn).

Widar, m., ahd. „witu“ (Wald) und „heri“ (Krieger).

Wide, m./w., fries., Kurzform von Namen mit *Wede-* und *Wide-*.

Wido, m., Kurzform von Namen mit *Wid-* und *Wit-*.

Widukind, m., ahd. „witu“ (Wald) und „kind“ (Kind).

Wiebke, w., Nebenform von *Wibke*.

Wiegand, m., ahd. „wîg“ (kämpfen) und „nant“ (kühn), Nebenform von *Wigand*.

Wieland, m., ahd. „Kunstarbeiter“, nordische Sagengestalt, Nebenform von *Wiland*.

W

Wienand, m., Nebenform von *Winand.*

Wiete, w., fries., Kurzform von Namen mit *Wig-.*

Wigalf, m., ahd. „wîg" (Kampf) und „alf" (Naturgeist), bekannte Namensträger: der Satiriker Wigalf Droste.

Wigand, m., ahd. „der Kämpfende", Nebenform von *Wiegand.*

Wigbald, m., ahd. „wîg" (Kampf) und „bald" (kühn).

Wigbert, m., ahd. „wîg" (Kampf) und „beraht" (glänzend), Nebenform von *Wigbrecht.*

Wigberta, w., ahd. „wîg" (Kampf) und „beraht" (glänzend).

Wigbrand, m., ahd. „wîg" (Kampf) und „brant" (Schwert).

Wigbrecht, m., ahd. „wîg" (Kampf) und „beraht" (glänzend), Nebenform von *Wigbert.*

Wigburg, w., Nebenform von *Wigburga.*

Wigburga, w., ahd. „wîg" (Kampf) und „bergan" (schützen).

Wigo, m., fries., Kurzform von Namen mit *Wig-.*

Wigg, m., bay., Koseform von *Ludwig.*

Wiggo, m., fries., Kurzformen von Namen mit *Wig-.*

Wighard, m., Nebenform von *Wichard.*

Wigmar, m., ahd. „wîg" (Kampf) und „mâr" (berühmt).

Wigmund, m., ahd. „wîg" (Kampf) und „munt" (Schutz).

Wignand, m., Nebenform von *Winand.*

Wikko, m., Kurzform von *Viktor.*

Wilbert, m., Nebenform von *Willibert.*

Wilbrand, m., ahd. „willeo" (Wille) und „brant" (Schwert)

Wilbur, m., engl., Form hergeleitet von „Wildeboer" (Bauer auf Ödland).

Wilburg, w., ahd. „willeo" (Wille) und „bergan" (schützen).

Wilderich, m., ahd. „willeo" (Wille) und „rîch" (Fürst, Herrscher, mächtig).

Wildfried, m., ahd., Nebenform von *Wilfried.*

Wilfried, m., ahd. „willeo" (Wille) und „fridu" (Frieden).

Wilfrieda, w., ahd. „willeo" (Wille) und „fridu" (Frieden).

Wilfriede, w., Nebenform von *Wilfrieda.*

Wilgard, w., ahd. „willeo" (Wille) und „gard" (Schutz).

Wilgund, w., Nebenform von *Wilgunde.*

Wilgunde, w., ahd. „willeo" (Wille) und „gund" (Kampf).

Wilhard, m., ahd. „willeo" (Wille) und „hart" (kühn).

Wilhelm, m., ahd. „willeo" (3 „rîch" (Fürst, Herrscher, mächtig).

Wilhelma, w., ahd. „willeo" (Wille) und „helm" (Schutz).

Wilhelmina, w., Weiterbildung von *Wihelma.*

Wilhelmine, w., Weiterbildung von *Wihelma,* heute nicht mehr in Gebrauch, bekannte Namensträgerin: Wilhelmine Lübke, Bundespräsidentengattin.

Wilka, w., fries., Kurzform von Namen mit *Wil-.*

Wilke, w., Nebenform von *Wilka.*

Wilken, m., fries., Form von *Wilhelm.*

Wilkin, m., engl., Form von *Wilhelm.*

Wilko, m., fries., Kurzform von Namen mit *Wil-.*

Will, m., Kurzform von Namen mit *Wil-.*

Willa, w., Kurzform von Namen mit *Wil-.*

W

Willard, m., engl., Weiterbildung von *William*.

Willbrecht, m., Nebenform von *Wilbert*.

Willehad, m., ahd. „willeo" (Wille) und „hadu" (Kampf).

Willehalm, m., alte Form von *Wilhelm*.

Willem, m., niederl., Form von *Wilhelm*.

Willeram, m., ahd. „willeo" (Wille) und „hraban" (Rabe), Nebenform von *Williram*.

Willerich, m., ahd. „willeo" (Wille) und „rîch" (Fürst, Herrscher, mächtig).

Willi, m., Kurzform von Namen mit *Wil-*.

William, m., engl., Form von *Wilhelm*, bedeutender Namensträger: der englische Schriftsteller William Somerset Maugham.

Willibald, m., ahd. „willeo" (Wille) und „bald" (kühn).

Willibert, m., ahd. „willeo" (Wille) und „beraht" (glänzend), Nebenform von *Wilbert*.

Willibrand, m., ahd. „willeo" (Wille) und „brant" (Schwert), Nebenform von *Wilbert*.

Willibrord, m., ahd. „willeo" (Wille) und „brort" (Speerspitze).

Willigis, m., fries. „willeo" (Wille) und „gisen" (antreiben).

Willimar, m., ahd. „willeo" (Wille) und „mâr" (berühmt).

Williram, m., ahd. „willeo" (Wille) und „hraban" (Rabe), Nebenform von *Willeram*.

Willmar, m., ahd., Nebenform von *Vilmar*.

Willo, m., Kurzform von Namen mit *Will-*.

Willram, m., ahd. „willeo" (Wille) und „hraban" (Rabe).

Willy, m., Kurzform von Namen mit *Wil-*.

Wilm, m., Kurzform von

W

Wilhelm, Nebenform von *Wim*.

Wilma, w., Kurzform von *Wilhelma* und *Wilhelmina*, bekannte Namensträgerin: Steinzeit-Hausfrau der US-Erfolgsserie „The Flintstones".

Wilmont, m., ahd. „willeo" (Wille) und „munt" (Schutz).

Wilrun, w., ahd. „willeo" (Wille) und „rûna" (Geheimnis).

Wilson, m., engl. „der Sohn Williams".

Wiltraud, w., Nebenform von *Wiltrud*.

Wiltraut, w., Nebenform von *Wiltrud*.

Wiltrud, w., Nebenform von *Wiltrude*.

Wiltrude, w., ahd. „willeo" (Wille) und „trûd" (wehrhaft).

Wilwert, m., Kurzform von *Willibrord*.

Wim, m., Kurzform von *Wilhelm*, Nebenform von *Wilm*.

Wina, w., Kurzform von *Winfrieda*.

Winald, m., ahd. „wini" (Freund) und „waltan" (herrschen).

Winand, m., ahd. „wini" (Freund) und „nant" (kühn), Nebenform von *Wienand*.

Winemar, m., ahd. „wini" (Freund) und „mâr" (berühmt).

Winfried, m., ahd. „wini" (Freund) und „fridu" (Frieden).

Winfrieda, w., Nebenform von *Winfriede*.

Winfriede, w., ahd. „wini" (Freund) und „fridu" (Frieden).

Wingolf, m., ahd. „wini" (Freund) und „wolf" (Wolf).

Wini, m., Koseform von Namen mit *Win-*.

Winibald, m., ahd. „wini" (Freund) und „bald" (kühn).

Winibert, m., ahd. „wini" (Freund) und „beraht" (glänzend), Nebenform von *Winibrecht*.

Winibrecht, m., ahd. „wini" (Freund) und „beraht" (glänzend), Nebenform von *Winibert*.

Winifred, w., engl., Form von *Winfrieda*.

Winimar, m., ahd. „wini" (Freund) und „mâr" (berühmt), Nebenform von *Winnimar*.

Winni, m./w., Koseform von Namen mit *Win-*, Nebenform von *Wini*.

Winnie, w., Kurz- und Koseform von *Winifred* und *Winifrieda*.

Winnetou, m., literarische Neubildung von Karl May, als männlicher Vorname zugelassen.

Winnimar, m., ahd. „wini" (Freund) und „mâr" (berühmt), Nebenform von *Winimar*.

Winona, w., amerik., Bedeutung und Herkunft unklar.

Winold, m., fries., Nebenform von *Winald*.

Winrich, m., ahd. „wini" (Freund) und „rîch" (Fürst, Herrscher, mächtig).

Winston, m., ahd./engl. „wini" (Freund) und „sten" (Fels, Stein).

Wintrud, w., Nebenform von *Wintrude*.

Wintrude, w., ahd. „wini" (Freundin) und „trûd" (wehrhaft).

Wipert, m., Nebenform von *Wigbert*.

Wippold, m., Nebenform von *Wigbald* und *Wigbert*.

Wiprecht, m., Form von *Wigbert*.

Wisgard, m., ahd. „wîs" (weise) und „gard" (Schutz).

Wisgund, w., ahd. „wîs" (weise) und „gund" (Kampf).

Wishart, m., ahd. „wîs" (weise) und „hart" (kühn).

W

Wismut, w., ahd. „wîs“ (weise) und „muot“ (Gesinnung).

Witiko, m., Kurzform eines Namens mit *Wid-* oder *Wit-*.

Wito, m., ahd., Nebenform von *Wido*.

Witold, m., ahd. „witu“ (Wald) und „waltan“ (herrschen).

Witta, w., Kurzform von Namen mit *Wit-*, bekannte Namensträgerin: die Schauspielerin Witta Pohl.

Wittekind, m., Nebenform von *Widukind*.

Wjatscheslaw, m., russ., Form von *Wenzeslaus*.

Wladimir, m., slaw. „vladi“ (Herrschaft) und „mir“ (Frieden).

Wadisłaus, m., slaw., Form von *Ladislaus*.

Wladisław, m., poln., Form von *Ladislaus*.

Woldemar, m., niederdeutsch, Form von *Waldemar*.

Wolf, m., Kurzform von Namen mit *Wolf-*.

Wolfbert, m., ahd. „wolf“ (Wolf) und „beraht“ (glänzend).

Wolfdieter, m., Doppelname aus *Wolf* und *Dieter*.

Wolfdietrich, m., Doppelname aus *Wolf* und *Dietrich*.

Wolfer, m., ahd. „wolf“ (Wolf) und „hri“ (Krieger).

Wolfgang, m., ahd. „wolf“ (Wolf) und „gang“ (Zweikampf, Waffengang).

Wolfger, m., ahd. „wolf“ (Wolf) und „gêr“ (Speer).

Wolfgund, w., Kurzform von *Wolfgunde*.

Wolfgunde, w., ahd. „wolf“ (Wolf) und „gund“ (Kampf).

Wolfhard, m., ahd. „wolf“ (Wolf) und „hart“ (kühn).

Wolfhart, m., ahd. „wolf“ (Wolf) und „hart“ (kühn).

Wolfhelm, m., ahd. „wolf“ (Wolf) und „helm“ (Schutz).

Wolfhild, w., Nebenform von *Wolfhilde*.

Wolfhilde, w., ahd. „wolf" (Wolf) und „hiltja" (Kampf).

Wolfi, m., Koseform von Namen mit *Wolf-*.

Wolfrad, m., ahd. „wolf" (Wolf) und „rât" (Rat).

Wolfram, m., ahd. „wolf" (Wolf) und „hraban" (Rabe).

Wolfried, m., Neubildung von „wolf" (Wolf) und „fridu" (Frieden).

Wolfrun, w., ahd. „wolf" (Wolf) und „rûna" (Geheimnis).

Wolftraud, w., Nebenform von *Wolftrud*.

Wolftrud, w., Nebenform von *Wolftrude*.

Wolftrude, w., ahd. „wolf" (Wolf) und „trûd" (wehrhaft).

Wolodja, m., russ., Koseform von *Wladimir*.

Wolrad, m., Nebenform von *Wolfrad*.

Wolter, m., niederdeutsch, Form von *Walter*.

Woodrow, m., engl., Herkunft und Bedeutung unklar.

Woody, m., engl., Koseform von *Woodrow*, prominenter Namensträger: der Autor, Schauspieler und Regisseur Woody Allen.

Wulf, m., Nebenform von *Wolf*.

Wulfhild, w., Nebenform von *Wolfhilde*.

Wulfhilde, w., Nebenform von *Wolfhilde*.

Wunibald, m., ahd. „wunna" (Freude, Lust, Wonne) und „bald" (kühn).

Wunibert, m., ahd. „wunna" (Freude, Lust, Wonne) und „beraht" (glänzend).

Wunna, w., ahd. „die hohe Freude".

Wunnibald, m., ahd., Nebenform von *Wunibald*.

Wyneke, m., fries. Kurzform von *Winand*.

X

Xander, m., Kurzform von *Alexander.*

Xandi, m., Koseform von *Alexander.*

Xandra, w., Kurzform von *Alexandra.*

Xaver, m., baskisch „Mann vom Schloß Xaverio (Javier)“ in Navarra, Spanien.

Xaveria, w., Form von *Xaver.*

Xavier, m., engl./franz., Form von *Xaver.*

Xenia, w., Kurzform von *Polyxenia.*

Xerxes, m., pers. „Löwenkönig“.

Xylon, m., griech. „Holz“, in englischsprachigen Ländern verbreitet.

Y

Yago, m., span., Kurzform von *Jacob*.

Yale, w., engl./amerik., ahd. „geil“ (fröhlich, übermütig).

Yan, m., franz., Kurzform von *Yannick*.

Yanneck, m., schweiz., Nebenform von *Yannick*.

Yannic, m., franz., Nebenform von *Jean*.

Yannick, m., franz., Nebenform von *Jean*, bekannter Namensträger: Sohn des Tennisspielers Boris Becker.

Yasmin, w., Nebenform von *Jasmin*.

Yasmina, w., Nebenform von *Yasmin*.

Yliane, w., Weiterbildung von *Iliane*.

Ylva, w., nordisch „kleine Wölfin“.

Ylvi, w., Nebenform von *Ylva*.

Yola, w., Kurzform von *Yolanthe*.

Yolanda, w., Nebenform von *Yolanthe*.

Yolande, w., Nebenform von *Yolanthe*.

Yolanthe, w., Nebenform von *Jolanthe*.

York, m., 1. dän., Kurzform von *Georg*, 2. Name eines Adelsgeschlechts.

Yule, w., nordisch „jul“ (Winterfest).

Yvan, m., russ., Form von *Iwan*.

Yves, m., franz., Form von *Ivo*, prominente Namensträger: der Schauspieler Yves Montand und der Modemacher Yves Saint Laurent.

Yvette, w., franz., Form von *Yves*.

Yvo, m., franz., Nebenform von *Yves*.

Yvon, m., franz., Form von *Ivo*.

Yvonne, w., franz., Form von *Yves*.

Z

Zachäus, m., Nebenform von *Zacharias*.

Zacharias, m., hebr. „zekhare jahu“ (der Herr erinnert sich meiner!), bibl. Herkunft.

Zacharie, w., Form von *Zacharias*.

Zammert, m., fries., Form von *Dietmar*.

Zander, m., schweiz., Form von *Alexander*.

Zarah, w., Nebenform von *Sarah*, bekannte Namensträgerin: die Sängerin Zarah Leander.

Zäzilie, w., eingedeutschte Form von *Caecilie*.

Zdenka, w., tschech., Form von *Sidonia*.

Zdenko, m., tschech., Form von *Sidonius*.

Zech, m., Kurzform von *Ezechiel*.

Zelda, w., Nebenform von *Griselda*.

Zeljko, m., slaw., Herkunft und Bedeutung unklar, bekannter Namensträger: Zeljko Raznajatovic alias „Arkan“, mutmaßlicher Kriegsverbrecher in den serbischen Reihen.

Zella, w., Nebenform von *Cella*.

Zelma, w., amerik., Nebenform von *Selma*.

Zena, w., Form von *Zeno*.

Zeno, m., griech. „Geschenk des Zeus“, Kurzform von Namen mit *Zeus-*.

Zenobia, w., latinisierte Form von *Zeno*.

Zenobie, w., Nebenform von *Zenobia*.

Zenobio, m., latinisierte Form von *Zeno*.

Zenobios, m., griech. „Zeno“ (Zeus) und „bios“ (Leben).

Zenodoros, m., griech. „Zeno“ (Zeus) und „doros“ (Gabe, Geschenk).

Z

Zenovia, w., Nebenform von *Zenobia.*

Zenta, w., oberdeutsch, Kurzform von *Innozentia, Vinzenta* und *Vinzentia.*

Zenz, m., oberdeutsch, Kurzform von *Innozenz* und *Vinzenz.*

Zenzi, w., oberdeutsch, Kurz- und Koseform von *Crescentia, Innozentia* und *Kreszenz.*

Zerlinda, w., literarische Neubildung, Gestalt in Mozarts Oper „Don Giovanni“.

Ziena, w., fries., Kurzform von Namen mit *-cina* und *-sina.*

Zilla, w., Kurz- und Koseform von *Cäcilia* und *Cäcilie.*

Zilli, w., Nebenform von *Zilla.*

Zilly, w., Nebenform von *Zilla.*

Zinnia, w., engl., Form hergeleitet vom Namen einer Korbblütlergattung Mittelamerikas.

Zippora, w., hebr. „sipporah“ (Vögelchen, Singvogel), „die Zwitschernde“.

Ziska, w., Kurzform von *Franziska.*

Zita, w., Kurzform von *Felizitas.*

Zizi, w., Koseform von *Zenobia.*

Zlatko, m., slaw. „der Goldige“.

Zoe, w., griech. „Leben“.

Zoë, w., schweiz., hergeleitet von griech. „zoe“ (das Leben), bekannte Namensträgerin: Zoë Jenny, vielgelobte Nachwuchsautorin der Schweiz („Das Blütenstaubzimmer“).

Zölestin, w., Nebenform von *Cölestin.*

Zölestine, w., Nebenform von *Cölestine.*

Zölestinus, m., Nebenform von *Cölestinus.*

Zoltán, m., ungar., Form von *Sultan.*

Z

Zora, w., slaw., Form von *Aurora*.

Zorah, w., Nebenform von *Zora*.

Zuleika, w., Nebenform von *Suleika*.

Zwaantje, w., Nebenform von *Swaantje*.

Zwi, m., hebr. „Hirsch“.

Zygmunt, m., poln., Form von *Sigismund*, Nebenform von *Zymunt*.

Zymunt, m., poln., Form von *Sigismund*, Nebenform von *Zygmunt*.

Zyprian, m., griech., Nebenform von *Cyprian*.

Zyriak, m., Nebenform von von *Cyriacus*.

Zyriakus, m., Nebenform von von *Cyriacus*.

Wichtige Namenstage

A

Abraham 9. Okt., 20. Dez.
Achim 12. Mai, 16. Aug.
Adalbert 26. Feb., 4. März, 23. April, 20. Juni, 1. Nov.
Adam 15. Aug., 24. Dez.
Adelgunde 30. Jan.
Adelheid 5. Feb., 10. Feb., 16. u. 17. Dez.
Adolf 11. u. 13. Feb., 17. Juni
Adrian 8. Sept.
Adrienne 2. Aug.
Ägidius 1. Sept.
Afra 5. Aug.
Agape 1. u. 5. April, 2. Dez.
Agatha 5. Feb.
Agnes 21. u. 28. Jan., 16. Nov.
Alan 14. Okt.
Alberich 14. Nov.
Albert 23. Juli, 7. Aug., 5. Sept., 22. Okt., 15. Nov.
Alban 21. Juni
Albert 15. Nov.
Albrecht 22. April, 20. Juni, 1. Nov.
Alexander 26. Feb., 3., 18. u. 29. Mai, 12. Dez.
Alexandra 20. Feb., 21. April
Alexis 17. Juli
Alf 28. Okt.
Alfons 1. Aug., 30. Okt., 22. Nov.
Alfred 14. März, 26. Okt.
Alice 21.April, 12. Juni
Alois 21. Juni, 1. Sept.
Almut 12. März
Amalia 10. Juli, 21. Nov.
Amanda 26. Okt.
Amandus 6. Feb., 30. März, 24. Aug., 26. Okt.
Amatus 13. Sept.
Ambrosius 7. Dez.
Anastasia 25. Dez.
André 12. Juli
Andrea 12. Juni
Andreas 30. Jan., 4. Feb., 19. Juni, 30. Nov.
Angela 4. u. 27. Jan., 21. Feb., 31. Mai, 1. Juni, 2. Nov.
Angelika 4. Jan., 28. März
Angelina 10. Dez.
Anita 26. Juli
Anke 9. Juni
Anna 9. Feb., 26. Juli, 28. Nov.
Annelise 26. Nov.
Annemarie 26. Juli
Anno 5. Dez.
Anselm 21. April
Ansgar 3. u. 4. Feb.
Antonia 6. Mai
Antonio 28. Feb.
Antonius 15. u. 17. Jan., 13. Juni
Antonie 28. Feb., 6. Juni
Apollonia 9. Feb.
Arbogast 21. Juli
Armin 2. Juni

Arno 24. Jan., 13. Juli
Arnold 1. Mai, 18. Juli, 1. Dez.
Arnulf 18. Juli
Arthur 20. Okt.
Astrid 10. Aug.
Audrey 22. u. 23. Juni
Augustinus 26, 27. u. 28. Mai, 18. u. 25. Juli, 28. Aug., 1. Dez.
Aurelia 13. u. 15. Okt.
Axel 21. März

B

Balduin 6. Okt.
Balthasar 6. Jan.
Baptist 24. Juni
Barbara 4. Dez.
Bartholomäus 24. u. 25. Aug.
Basilius 1. Jan., 22. März, 14. u. 16. Juni
Beate 8. März, 29. Juni, 6. Sept.
Beatrix 17. Jan., 29. Juli, 25. Nov.
Beatus 9. Mai
Ben 19. Dez.
Benedikt 12. Feb., 21. März, 16. April, 11. u. 17.Juli, 4. Dez.
Benjamin 31. März, 30. Aug., 30. Nov.
Benno 16. Juni
Bernadette 18. Feb., 16. April, 22. Sept.
Bernd 30. Okt.
Bernhard 15. Juni, 20. Juli
Bernward 20. Nov.
Bert 28. März, 28. Nov.
Berta 8. April, 4. u. 24. Juli, 8. u. 28. Nov.
Berthold 29. März, 20. Juni, 13. Juli, 27. Juli, 14. Dez.
Bertram 10. Mai, 6. Juni, 30. Juli
Bettina 27. Feb.
Bianca 2. Dez.
Birgitta 23. Juli, 8. Okt.
Blandina 2. Juni
Blanka 1. Dez.
Blasius 3. Feb.
Bodo 2. Feb.
Bonaventura 15. Juli
Bonifatius 14. Mai, 5. Juni, 30. Nov.
Boris 2. Mai
Brigida 1. Feb.
Brigitte 1. Feb.
Brunhild 17. Dez.
Bruno 14. Feb., 27. Mai, 6. Okt., 11. Okt.
Burkhard 4. März, 14. Okt.

C

Cäcilia 22. Nov.
Camillus 14., 15. u. 18. Juli
Carina 7. Nov.
Carmen 16. Juli
Carola 17. Aug.
Cäsarius 27. Aug.
Chantal 12. Dez.

Charlotte 5. u. 17. Juli, 4. Nov.
Christian 14. Mai, 24. Mai, 27. Juli, 3. Nov., 4. Dez.
Christiane / Christina 13. Feb., 24. Juli, 6. Nov., 15. Dez.
Christophorus 15. März, 24. u. 25. Juli, 3. Aug.
Chrysanthus 25. Okt.
Clara 8. Mai, 12. u. 17. Aug.
Claudia 20. März, 18. Aug.
Claudius 30. Okt..
Clemens 15. März, 15. April, 23. Nov.
Cölestin 6. April, 19. Mai
Columbanus 21. Nov.
Constantia 18. Feb.
Cordelia 22. Okt.
Cordula 22. Okt.
Cornelia 31. März, 16. Sept.
Cornelius 14. Sept.
Crescentia 5. April, 15. Juni
Crispinus 8. Feb., 6. u. 8. März, 20. Juni, 27. Aug., 25. Okt.
Cyprian 14. Juni, 16. Juni, 31. Aug., 14., 16. u. 26. Sept.

D

Dagmar 24. Mai, 23. Dez.
Dagobert 23. Dez.
Damian 1. Juli, 27. Sept., 17. Okt., 1. Nov.
Daniel 10. April, 21. Juli, 11. Dez.
Daniela 27. Juni
Daria 25. Okt.
David 26. Juni, 11. u. 29. Dez.
Debora 21. Sept.
Desiderius 23. Mai
Desiree 23. Mai
Detlef 28. April, 23. Nov.
Diana 10. Juni
Dieter 1. u. 9. Juli, 7. Sept.
Dietlinde 22. Jan., 28. Juni
Dietmar 5. März, 28. Sept.
Dietrich 2. Feb., 6. Mai, 1. Juli
Dionysius 3. u. 9. Okt.
Dirk 9. Juli
Dodo 30. März
Dominika 5. Aug.
Dominikus 4., 6. u. 8. Aug., 30. Okt., 20. Dez.
Donata 25. Juni
Donatus 7., Aug.
Dora, Dorothea 6. Feb., 25. Juni

E

Eberhard 9. Jan., 14. April, 22. Juni, 14. Aug., 12. u. 29. Sept.
Eckhard 25. Sept., 27. Nov.
Edeltraud 23. Juni
Edgar 8. Juli, 10. Sept.
Editha 26. Jan., 9. Aug., 16. Sept.
Edmund 16. u. 20. Nov.
Eduard 5. Jan., 18. März, 26. Mai, 13. Okt.

Edwin 4. Okt.
Egbert 26. Aug.
Egon 15. Juli
Ekkehard 28. Juni
Eleonore 21. Feb., 25. Juni
Elfriede 8. Feb., 20. Mai,
19. Okt., 29. Okt.
Elias 20. Juli
Elisabeth 17. Juni, 8. Juli,
5. u. 19. Nov.
Elke 16. Dez.
Ella 3. Jan.
Ellen 31. Juli
Elmar 24. März,
18. u. 28. Aug.
Elsa 18. Juni
Elvira 27. Jan., 25. Aug.
Emanuel 26. März, 1. Okt.
Emerentia 23. Jan.
Emerich 3., 4. u. 5. Nov.
Emil 8. Feb., 21. Mai, 11. Sept.
Emilie 5. Jan., 17. Feb., 2. Juni,
24. Aug.
Emma 31. Jan., 19. April, 27. Juni
Emmeran 22. Sept.
Emmerich 5. Nov.
Engelbert 7. Nov.
Engelmar 14. Jan.
Ephraim 9. Juni
Erasmus 2. u. 3. Juni
Erhard 8. Jan.
Erich 9. Feb., 18. Mai, 10. Juli
Erika 18. Mai, 10. Juli
Erna 12. Jan.
Ernst 12. Jan., 13. März, 3. Juli,
7. Nov.
Erwin 25. April, 29. Mai
Esther 24. Mai
Ethel 11. Okt.
Eugen 1. u. 13. Nov., 13. Dez.
Eugenia 16. Sept., 25. Dez.
Eulalia 12. Feb.
Euphemia 18. Juni, 16. Sept.
Eugen 2. Juni
Eustachius 20. Sept.
Eva 24. Dez.
Evelyne 14. März
Ewald 3. Okt.

F

Fabian 20. Jan.
Fabiola 27. Dez.
Falko 20. Feb.
Felicitas 6. u. 26. März, 23. Nov.
Felix 14. Jan., 18. u. 30 Mai,
11. Sept., 20. Nov.
Ferdinand 30. Mai, 19. Okt.
Fina 12. März
Fidelis 24. April
Flora 29. Juli, 24. Nov.
Florentine 17. Okt.
Florian 18. April, 4. Mai
Fortunatus 14. Okt.
Franziska 9. März, 21. Aug.,
14. u. 22. Dez.
Franziskus 15. u. 24. Jan.,
2. u. 4. April, 26. Mai,
14. u. 24. Juli, 17. u. 25. Sept.,
4. Okt., 3. u. 12. Dez.

Frauke 25. April
Fridolin 6. März
Frieda 3. März, 19. Okt.
Friedrike 24. März
Friedrich 19. Feb., 5. März, 8. Mai, 18. Juli, 20. u. 29. Nov.

G

Gabriel 15. Jan., 16. u. 24. März, 26. Sept.
Gabriele 18. Jan., 27. Feb., 24. März, 17. Juli, 29. Sept.
Gangolf 11. Mai
Gebhard 27. Aug.
Georg 23. April
Georgia 15. Feb., 11. März, 25. Sept.
Genoveva 3. Jan.
Gerald 7. Dez.
Gerbert 15. Mai
Gerd 24. Okt.
Gerda 5. u. 17. März
Gerhard 23. Feb., 19. März, 23. April, 24., 25. u. 26. Sept.
Gerlind 12. Okt.
Gernot 24. Sept.
Gero 29. Juni
Gerold 19. April, 7. Okt.
Gertraud 12. Aug.
Gertrud 17. März
Gervasius 19. Juni
Gilbert 4. Feb.
Gina 7. Sept.
Gisela 1. u. 13. Feb., 7. Mai
Gottfried 13. u. 19 Jan., 8. Nov.
Gotthard 5. Mai
Gregor 2. u. 10. Jan., 9. u. 12. März, 25. Mai, 1. u. 11., Juni, 3. Juli, 3. Sept., 17. Nov.
Grete 16. Nov.
Gudrun 8. Jan.
Guido 30. März, 12. Sept.
Gundula 8. u. 30. Jan., 6. Mai
Gunnar 16. März
Gunter 3. Juli, 9. Okt., 28. Nov.
Guntmar 11. Okt.
Guntram 28. März
Gustav 10. März, 8. Aug.
Gwendolin 18. Okt.

H

Hanna 9. Aug., 2. Okt., 4. Dez.
Hannelore 21. Aug.
Hanno 20. Sept.
Harald 27. Juni, 1. Nov.
Hartwig 14. Juni
Hedwig 14. April, 16. Okt.
Heide 5. Feb.
Heinrich 25. Jan., 2. u. 11. März, 13. u. 15. Juli, 20. Dez.
Helena 26. April, 22. Mai, 18. Aug.
Helga 7. Mai, 11. Sept.
Helmut 29. März, 28. April, 5. Okt.
Henriette 10. März, 6. Aug.
Herbert / Heribert 16. März, 25. Mai, 30. Aug.

Hermann 4. u. 7. April, 21. u. 24. Mai, 21. Juli, 24. Sept., 28. Dez.
Herta 12. April, 24. Nov.
Hieronymus 8. Feb., 9. Mai, 20. Juli, 30. Sept.
Hilarius 13., 14. u. 31. Jan., 19. Feb., 26. Juni, 22. Aug., 1. Nov.
Hilda 12. Jan., 3. Juni, 17. Nov.
Hildegard 30. April, 22. Juni, 17. u. 25. Sept.
Hiltrud 27. Sept.
Holger 20. Dez.
Horst 12. Okt.
Hubertus 20. u. 27. März, 29. April, 30. Mai, 30. Sept., 3. Nov.
Hugo 1. April, 29. April, 13. Mai, 5. Juli, 17. Nov., 27. Dez.

I

Ida 24. Feb., 13. April, 4. Sept.
Ignatius 1. Feb., 31. Juli, 23. Okt., 17. u. 18. Dez.
Igor 19. Sept.
Ilse 6. Sept.
Ines 2. März
Ingeborg 30. Juli, 30. Aug.
Ingo 21. Okt.
Ingrid 3. u. 30. Aug., 2. u. 9. Sept.
Innozenz 28. Juli
Irenäus 26. Aug.
Irene 21. Feb., 1. u. 5. April, 18. Sept., 22. Dez.
Iris 4. Sept.
Irma 13. März
Irmgard 19. Feb., 20. März, 16. Juli, 4. u. 14. Sept.
Irmina 24. Dez.
Irmtrud 29. Mai
Isa 6. Juli
Isabella 22. Feb., 4. u. 8. Juli, 21. Aug.
Isidor 4. April, 10. u. 15. Mai
Isolde 6. April, 5. Aug.
Ivo 19. u. 22. Mai, 1. Aug., 17., 27. u. 29. Okt.

J

Jacqueline 25. März, 23. Juli
Jakobus 1. u. 12. April, 3. u. 11. Mai, 4. u. 30. Juni, 2. u. 25. Juli, 15. Nov., 27. u. 28. Dez.
Jean 16. März
Jessica 28. Mai
Joachim 11. Mai, 26. Juli
Jochen 16. Aug.
Jodokus 13. Dez.
Johanna 4. Feb., 30. Mai, 21. Aug., 12. Dez.
Johannes 27. u. 30. Jan., 8. März, 6., 16. u. 20. Mai, 24. Juni, 12. Juli, 14. Sept., 12. u. 29. Nov., 14. u. 27. Dez.
Jolanda 17. Dez.
Jonas 21. Sept., 12. Nov.
Joseph 19. u. 23. März, 16. April, 27. Aug., 18. Sept.

Josephine 23. Okt.
Juan 8. März, 10., 11. u. 26. Mai, 3., 11., 12. u. 15. Juni, 3. Aug.
Judas Thaddäus 21. Aug., 28. Okt.
Judith 13. März
Julia 16. Feb., 8. April, 22. Mai, 21. Aug., 16. Sept.
Julian 9. u. 27. Jan., 19. Feb. 21. Juni
Juliana 16. Feb., 5. April, 19. Juni, 7. Aug.
Julitta, Juliette 30. Juli
Julius 12. April
Justina 26. Sept.
Justus 4. Aug., 10. Nov.
Jutta 13. Jan., 29. Nov., 22. Dez.

K

Kajetan 7. Aug.
Karin 30. April
Karl 28. Jan., 2. März., 4. Nov.
Karla 18. u. 28. Jan.
Karola 17. Aug.
Karolina 29. Jan.
Kasimir 4. März
Kaspar 6. Jan., 6. Juni, 14. Juli, 18. Aug.
Kassian 13. Aug.
Katharina 24. März, 30. April, 25. Nov.
Katrin 12. Aug.
Kevin 6. Juni
Kilian 8. Juni, 8. Juli
Kirsten 13. Feb.
Klaus 25. Sept., 6. Dez.
Knud 19. Jan., 10. Juli
Koloman 13. Okt.
Konrad 19. Feb., 4. u. 21. April, 26. Nov.
Konstantin 17. Feb., 21. Mai, 8. Dez.
Kontanze 18. Feb., 21. Mai, 25. Juli
Korbinian 8. Sept., 20. Nov.
Kosmas 1. Juli, 27. Sept., 17. Okt., 1. Nov.
Kreszenz 5. u. 7. April, 15. Juni
Kunigunde 3. März, 16. Juni, 13. Juli
Kuno 19. Mai, 12. Nov.
Kurt 14. Feb.

L

Laila 26. Jan.
Lambert 17. Sept.
Larissa 26. März
Laura 10. Aug., 8. u. 19. Okt.
Laurentius 2. Feb., 10. Aug., 5. Sept.
Lea 22. März
Leo 11. u. 19. April, 12. Juni, 10. Nov.
Leon 20. Juli
Leonhard 6. Nov.
Leopold 15. Nov.
Liane 19. Juni

Liborius 23. Juli
Licius 2. Dez.
Lina 4. Nov.
Linus 23. Sept.
Lioba 28. Sept.
Lisa 19. Nov.
Lorenz 21. Juli, 10. Aug.
Lothar 7. April, 15. Juni
Lucia 13. Dez.
Ludger 26. März
Ludolf 30. März
Ludwig 25. Aug., 9. u. 25. Okt.
Luise 31. Jan., 15. März, 24. Juli, 11. Aug., 17. Okt.
Luitpold 15. Nov.
Lukas 18. Jan., 17. Feb., 18. Okt.
Lutz 19. Aug.
Lydia 3. Aug.

M

Magda, Magdalena 24. Mai, 29. Mai, 22. Juli
Magnus 6. Sept.
Manfred 28. Jan.
Manuel 1. Okt.
Manuela 27. Aug.
Marcella 31. Jan.
Marcellus 30. Dez.
Margareta 18. Jan., 22. u. 25. Feb., 10. u. 20. Juni, 20. Juli, 16. Okt., 16. Nov.
Margot 30. Dez.
Maria 2. Feb., 25., 28., 29. u. 31. März, 2., 3. u. 4. April, 1., 15., 25. u. 31. Mai, 2. u. 22. Juli, 15., 22. u. 24. Aug., 8. u. 15. Sept., 11. u. 29. Okt., 8. Dez.
Marian 22. Dez.
Marianne 17. u. 27. April, 26. Mai
Marina 12. Feb., 18. Juni, 17. u. 25. Juli
Marinus 15. Nov.
Marion 22. Mai
Marius 4. u. 19. Jan., 26. Sept.
Markus 2., 11., 14. u. 31. Jan., 26. März, 9. u. 25. April, 25. Juni, 23. Sept., 3. u. 8. Okt.
Martha 19. Jan., 29. Juli
Martin 4. Juli, 11. Nov.
Martina 1., 13. u. 30. Jan., 2. Juli
Martinian 13. Feb.
Mathilde 14. März
Matthäus 21. Sept.
Matthias 24. Feb.
Mauritius 22. Sept.
Maurus 2., 15. u. 19. Jan., 5. Feb., 12. März, 10. Juni, 13. Nov.
Maximilian 12. Okt.
Mechthild 26. Feb., 10. April, 31. Mai, 6. Juli, 15. Aug., 12. Sept., 19. Nov.
Meinrad 21. Jan.
Melanie 31. Dez.
Melchior 6. Jan.
Michael 10. April, 8. Mai, 5. Juli, 29. Sept.
Michaela 24. Aug.
Mildred 13. Juli

Modestus 15. Juni
Monika 9. u. 20. April, 4. Mai, 27. Aug.

N

Nantwein 7. Aug.
Natalia 27. Juli, 1. Dez.
Nepomuk 16. Mai
Nicole 10. Sept.
Nicolette 6. März
Niels 5. Dez.
Niklas 21. März
Nikolaus 9. Mai, 27. Juni, 6. Dez.
Nina 25. Nov., 15. Dez.
Norbert 6. u. 7. Juni, 11. Juli
Notburga 15. Sept.
Notker 6. April, 7. u. 19. Mai

O

Odette 20. April
Odilia 13. Dez.
Odilio 2. Jan.
Olaf 10. Juli, 29. Juli
Olga 11. u. 21. Juli
Oliver 1. u. 11. Juli
Olivia 5. März, 10. Juni
Olympia 17. Dez.
Oskar 3. Feb.
Oswald 28. Feb., 5., 7., 8. u. 9. Aug., 8. Okt.
Ottmar 9. Sept., 16. Nov.
Otto 23. Feb., 30. Juni, 2. u. 3. Juli, 30. Sept., 2. Okt., 27. Nov.
Ottokar 26. Feb., 4. März, 1. Nov.

P

Pankratius 12. Mai
Pascal 17. Mai
Patricia 13. März, 15. u. 25. Aug.
Patrick 17. März
Paula 26. Jan.
Pauline 9. Jan.
Paulus 5. u. 25. Jan., 16. April, 29. u. 30. Juni, 6. Juli, 1. Sept., 18. Nov.
Pedro 14. u. 15. April, 26. Mai, 14. Juli, 19. Okt.
Petra 11. Juni
Petrus 18. u. 31. Jan., 22. Feb., 16. u. 28. April, 29. Juni, 1. u. 16. Aug., 9. Sept., 18. Nov., 25. Dez.
Philipp 8. Feb., 3., 11. u. 26. Mai, 22. Aug., 14. Nov., 18. Dez.
Philippa 16. Feb., 16. Okt.
Philomena 11. Aug.
Pia 6. u. 19. Jan., 3. Sept.
Pierre 9. Dez.
Pius 30. April, 11. Juli, 21. Aug., 3. Sept.
Prisca 18. Jan.

Q

Quirin 25. März, 30. April, 16. Juni

R

Rachel 30. Sept.
Radegunde 13. Aug.
Raffaela 11. Juni
Raimund 7. u. 23. Jan., 31. Aug.
Rainer, Reiner 11. u. 15. April, 5. Nov.
Ralf 21. Juni, 1. Dez.
Raphael 29. Sept., 24. Okt.
Rasso 19. Juni
Rebekka 23. März
Regina 18. Jan., 10. Mai, 1. Juni, 7. Juli, 7. Sept.
Regula 11. Sept.
Reinhard 7. März, 15. April
Reinhild 30. Mai
Reinhold 7. Jan.
Renate 23. April, 22. Mai
René 2. Sept.
Ria 12. Sept.
Ricarda 18. Sept., 18. Okt.
Richard 3. April, 21. Dez.
Rita 22. März, 22. Mai, 30. August
Robert 4. Jan., 29. April, 13. Mai, 7. Juni, 11. Aug., 17. Sept.
Rochus 16. Aug.
Roger 1. März, 6. Mai, 12. Okt.
Roland 14. Juli, 9. Nov.
Roman 18. Nov.
Romana 23. Feb.
Romuald 7. Feb.
Ronald 20. Aug.
Rosa 21. Feb., 23. u. 30. Aug., 4. Sept.
Rosalia 15. Juli, 4. Sept.
Roswitha 30. März, 5. Sept.
Rotraud 22. Juni, 23. Sept.
Rudolf 29. März, 17. April, 29. Okt., 6. Nov.
Rupert 23. Feb., 27. März, 15. Mai, 24. Sept.
Ruprecht 23. Feb., 27. März
Ruth 6. April, 17. Juli, 1. Sept.

S

Sabina 30. Jan., 1. Feb., 13. März, 2. Juni, 29. Aug., 27. Okt.
Salome 22. Okt.
Sandra 2. April
Sara 19. Jan., 13. Juli, 1. Sept., 10. Dez.
Sebald 19. Aug.
Sebastian 20. Jan.
Senta 13. Mai
Serena 30. Jan.
Serenus 7. u. 28. Juni
Sergius 8. Sept.
Servatius 13. Mai
Severin 8. Jan., 23. Okt.
Sibylle 18. März, 29. April, 18. Dez.

Siegbert 1. Feb., 12. Juli, 19. Aug.
Siegfried 15. Feb., 22. Aug.
Sieglinde 24. Juli
Sigbert 1. Feb.
Sigismund 2. Mai
Sigrid 7. Jan., 5. Mai
Silvester 26. Nov., 31. Dez., 2. Jan.
Silvia 3. Nov.
Simon 5. Jan., 18. Feb., 16. März, 29. April, 10. Mai, 28. Okt.
Sixtus 27. März
Sophia 15., 16. u. 24. Mai, 3. Sept.
Stanislaus 11. April, 7. u. 8 Mai
Stella 21. Juli
Stephanie 26. März, 14. Mai, 3. Aug.
Stephanus 7. Mai, 3. u. 20. Aug., 28. Nov., 26. Dez.
Susanne 19. Feb., 24. Mai, 11. Aug., 26. Sept.

T

Tamara 29. Dez.
Tassilo 11. Dez.
Tatiana 12. Jan.
Thea 5. April, 25. Juli, 19. Dez.
Thekla 23. u. 28. Sept.
Theobald 30. Juni, 1. Juli
Theodor 26. Jan., 6. u. 11. Feb., 16. Aug., 9. Nov., 28. Dez.
Theodora 1. April, 12. u. 17. Juli, 11. Sept.
Theodosius 11. Jan.
Theresia 9. Mai, 5. Sept., 1. u. 15. Okt.
Thomas 28. Jan., 22. Juni, 7. März, 21. Mai, 3. u. 6. Juli, 8., 18. u. 23. Sept., 8. Okt., 21. u. 29. Dez.
Tim 26. Jan.
Titus 6. Jan., 26. Jan., 18. Sept.
Tobias 13. Juni, 2. u. 13. Sept.

U

Udo 3. Okt., 28. Dez.
Ulf 8. Juni
Ulrich 11. März, 4. Juli
Ulrike 4. Juli
Urban 25. Mai
Urs 30. Sept.
Ursula 21. Okt.
Uta 3. Okt.
Ute 4. Juni
Uwe 4. Juli

V

Valentin 7. Jan., 14. Feb.
Valeria 14. u. 28. April, 4. u. 20. Mai
Valerius 29. Jan.
Vera 24. Jan.
Verena 22. Juli, 1. Sept.
Veronika 9. Jan., 4. u. 28. Feb., 9. Juli

Viktor 20. April, 30. Sept., 10. Okt.
Viktoria 5. Sept., 17. Nov., 23. Dez.
Vinzenz 22. Jan., 5. April, 5., 24., 26. u. 28. Mai, 6. Sept., 18. Nov.
Viola 3. Mai, 31. Dez.
Virgil 26. Sept., 27. Nov.
Virginia 7. Jan.
Vitalis 28. April
Vitus, Veit 15. Juni
Volker 7. März, 18. Okt.
Volkmar 9. Mai

W

Walburga 25. Feb., 4. März, 30. April, 1. Mai
Walter 27. Jan., 8. April, 17. Mai, 27. Juni
Waltraud 9. April
Wendelin 20. Okt.
Wenzel 4. März, 27. Juni, 28. Sept.
Werner 11. Jan., 18. April
Wilfried 24. April, 12. Okt.
Wilhelm 1. u. 10. Jan., 6. u. 26. April, 28. Mai
Wilhelmine 6. April, 19. Sept.
Willibald 7. Juli, 2. u. 26. Nov.
Wiltrud 6. Jan., 2. Juli
Winifried 5, 22. u. 24 Juni, 19. u. 20. Sept., 3., 4. u. 5. Nov.
Winthir 29. Dez.
Wladimir 15. Juli
Wolfgang 23. März, 31. Okt.
Wolfram 25. Jan., 20. März
Wunibald 15. Dez.

X

Xaver 3. Dez.

Y

Yvonne 19. Mai

Z

Zacharias 14. März, 6. Sept., 5. Nov.
Zeno 12. April, 21. Mai, 6. u. 8. Dez.
Zita 27. April